감사

David Steindl-Rast, OSB
GRATEFULNESS, THE HEART OF PRAYER
An Approach to Life in Fullness

Copyright © A Network for Grateful Living, 2014. All rights reserved.
First published in the United States by Paulist Press in 1984.

Translated by Kim Sujin
Korean translation copyright © 2019 by Benedict Press, Waegwan, Korea.
Korean translation rights arranged with A Network for Grateful Living, Ithaca, NY 14851, USA.

감사
충만한 삶에 이르는 길

2019년 2월 28일 교회 인가
2019년 3월 25일 초판 1쇄
2019년 10월 25일 초판 2쇄

지은이   다비드 슈타인들라스트
옮긴이   김수진
펴낸이   박현동
펴낸곳   성 베네딕도회 왜관수도원 ⓒ 분도출판사
찍은곳   분도인쇄소

등록   1962년 5월 7일 라15호
주소   04606 서울시 중구 장충단로 188 분도빌딩 102호(분도출판사 편집부)
            39889 경북 칠곡군 왜관읍 관문로 61(분도인쇄소)
전화   02-2266-3605(분도출판사) · 054-970-2400(분도인쇄소)
팩스   02-2271-3605(분도출판사) · 054-971-0179(분도인쇄소)
홈페이지   www.bundobook.co.kr

ISBN 978-89-419-1906-3   03230

충만한 삶에 이르는 길

감사

다비드 슈타인들라스트 지음
김수진 옮김

분도출판사

차례

태산 같은 감사의 마음

이 책은 진정한 기쁨을 주는 책이다! 그 안에 담겨 있는 놀라운 통찰과 예상치 못한 관점, 친절한 유머가 크나큰 즐거움을 선사하기 때문이다. 책을 다 읽고 손에서 내려놓으며 내 얼굴에는 감사의 미소가 번졌다. 이 책을 지은 유쾌한 수도자를 소개하고 싶어졌다. 책장을 넘나드는 동안 수없이 생각했다. '감사와 기쁨, 기도, 찬미를 아우르는 이 유쾌한 글들의 바탕에 계신 활기차고 생기 넘치는 다비드 수사님을 우리 독자들이 만날 수 있다면 얼마나 좋을까!'

다비드 수사님을 알게 된 것이 내게는 특별한 은총이다. 미국에 사는 동안 수사님이 내 인생에 등장하게 된 것은 커다란 축복이다. 신학 강좌를 맡게 되면 나는 거의 매번 다비드 수사님을 초빙해서 특강을 열었다. 성당이나 강의실, 요양 병원 등 장소는 중요치 않았다. 어디가 되었건 수사님의 강의를 접한 수많은 사람들이 결코 그를 잊지 못한다는 사실을 나는 잘 알고 있었다. 수사님의 이야기는 언제나 눈부시고 멋진 강연 그 이상이 된다. 그야말로 대단한 잔치가 되는 것이다. 다비드 수사님이 청중의 가슴을 울리면 그들에게 무언가 새로운 일이 일어난다. 물론 청중도 이것을 잘 안다.

다비드 수사님은 이상적인 선생님이다. 그는 자극이 되는 아이디어와 훌륭한 지식만 알려 주는 것이 아니다. 이런 아이디어와 지식이 두려움 없이 받아들여져 마음속에서 탐구의 대상이 될 수 있도록 여건을 만들어 주는 역할도 한다. 수사님은 영성생활에 대해 단순히 설명하는 것이 아니라 영성생활을 하고 있는 수도자의 권위를 바탕으로 이야기를 들려준다. 다비드 수사님에게는 가르치는 것과 설교, 기도, 명상 사이에 거의 구별이 없는 것처럼 보인다. 그에게는 이 모든 것이 똑같은 하나의 과정이다. 수사님은 청중을 자신의 체험의 일부가 되게 만드는 능력도 가지고 있다. 감사와 기쁨으로 가득 찬 곳으로 자신과 함께 가자고 청하기도 한다. 그의 생생한 몸짓과 항상 놀라움으로 가득 찬 눈, 무슨 질문이든 정성을 다하는 자세, 간결한 대답, 톡톡 튀는 유머, 그리고 무엇보다도 청중에 대한 확실한 사랑. 이러한 것들 덕분에, 수사님이 들려주는 진짜 이야기를 들은 후엔 닫혀 있던 마음이 열리게 된다. 다비드 수사님의 강의를 듣고 나면, 그 전까지만 해도 이해할 수 없었던 것이 분명해진다고 말하는 이들이 많다.

그런데 나를 당황스럽게 만드는 경우도 있었다. 같은 강좌에서 내가 자세히 탐구했던 개념들을 다비드 수사님이 다루면, 갑자기 예상치 못하게 그 개념들이 명확해지는 것이다. 그러니 아무리 당황스럽더라도 이것은 언제나 행복한 당황스러움이었다. 나 역시 이해가 명확해지는 체험을 했고, 새로운 방식으로 사랑받는다고 느꼈기 때문이다. 이 새로운 방식은 나를 자유롭게 하여 두려움을 크게 느끼지 않으면서 개념들을 이해하게 해 주었다.

다비드 수사님의 가르침에서 가장 놀랄 만한 특징 가운데 하나는 새삼스러울 것 하나 없는 묵은 말을 새롭게 만드는 능력이다. 기쁨, 평화, 인내, 겸손, 순명, 마음, 정신 같은 말은 아주 단순하고 '평범한' 말이다. 그런데 수사님은 마치 이런 말을 처음 사용하기라도 하듯 여기에 신선한 숨결을 불어넣는다. 게다가 세심히 정성을 다해 말씀하시기 때문에, 이런 평범한 말들이 다른 사람들과 기쁘게 공유하고 감탄할 만한 귀한 선물로 다시 태어난다. 이렇게 수사님의 말씀은 내적 변화를 위한 능동적 도구가 된다. 진심으로 경청한다면 하느님의 말씀이 육이 되신 신비를 이천 년 전처럼 살짝 엿볼수 있다.

본서는 수년간의 가르침이 맺은 소중한 결실이다. 다비드 수사님을 만나본 적이 있는 사람들은 책장을 넘길 때마다 그의 몸짓을 보고 그의 목소리를 듣고 그의 존재를 느낄 것이다. 아직 그를 알지 못하는 사람들은 여기 적혀 있는 글들이 진정한 진리 탐구자라면 누구나 가고 싶어 하는 곳에서 나온 것임을 눈치챌 것이다. 주의 깊게 귀를 기울이는 곳, 고요한 기쁨과 단단한 평화가 있는 곳 말이다.

비록 이 책이 영성생활의 대부분의 측면을 다루고 있고 그 핵심으로 믿음, 희망, 사랑에 대해 이야기하고 있지만, 글 전체의 분위기를 지배하고 있는 주제는 '감사'이다. 그리고 저자인 다비드 수사님의 삶도 이와 크게 다르지 않다. 수사님은 수도생활을 통해 감사하는 마음을 배웠다. 그는 수도자라면 감사를 표할 줄 아는 수도자가 되어야 함을 온전히 알고 있다. 그는 "인간의 가슴은 두루두루 찬미하기 위해 창조되었다"고 말하면서, 자신의 일상적인 수도생활 안에서 이 진리가 가시화되기를 바란다.

다비드 수사님이 나를 만나러 올 때마다 나는 감사로 충만한 그의 마음에 놀라지 않을 수 없었다. 다른 사람들이나 내가 한 행동이나 말에 대한 감사뿐만 아니라, 내가 당연시하며 받아들여 온 많은 선물들에 대해서도 그는 감사의 마음을 갖고 있었다. 수사님은 꽃 한 송이를 볼 때도 새로운 것을 발견한 듯 놀라워했다. 하늘을 볼 때는 경이로운 예술 작품을 감상하듯 했다. 시와 음악, 수공예 작품들을 대할 때에는 마음에서 우러나오는 열의를 가지고 감탄해 마지않았다. 그러면서 늘 새로운 선물 보따리를 풀어 주시는 하느님에게 감사와 찬양을 드릴 새로운 기회를 끝없이 발견하고 또 발견했다.

오늘날, 얼마나 쓸모 있는 것인지 – 심지어 얼마나 쓸모 있는 사람인지 – 끊임없이 자문하는 실용주의적 세상 한가운데에서, 다비드 수사님은 우리에게 '쓸모없는' 찬양을 하라고 외친다. 증오와 갈등, 폭력, 전쟁이 우리의 의식을 지배하는 세상 한가운데에서, 다비드 수사님은 우리의 시선을 다른 쪽으로 돌리고, 기쁨과 평화가 생각보다 훨씬 가까이 손에 닿는 곳에 있다고 이야기한다. 두려움과 불안, 의심 때문에 인색하고 편협하며 하찮은 삶을 살게 만드는 세상 한가운데에서, 다비드 수사님은 우리를 향해 팔을 내밀고 미소를 지으며 이렇게 말한다. "온 가슴으로 사랑하고, 놀라워하며, 감사와 찬미를 드리십시오. 그러면 삶의 충만함을 발견할 것입니다."

본서는 참으로 큰 기쁨을 주는 책이다. 이 책은 우리가 사는 어두운 세상에 한 줄기 빛을 비추어 우리의 눈을 뜨게 해 준다. 그리하여 우리가 항상 놀라워할 줄 알고 "티끌만 한 놀라움에 태산만 한 감사"를 드릴 수 있는 사람이 되어 지금 여기에서 살 수 있게 해 준다.

헨리 J.M. 나웬

살아 있음과 깨어 있음

이 책은 충만한 삶에 관한 것입니다. 또한 활기찬 살아 있음에 관한 책이기도 하지요. 나는 이 책의 내용을 단 한 마디로 요약할 수 있습니다. "깨어나세요!"

시인 카비르는 우리를 잠자리에서 벌떡 일으킬 정도로 생생하게 이 메시지를 표현할 줄 알았습니다. 그의 시에는 힘이 있어요. 그의 글을 읽으면 우리는 한 번도 가능하리라 생각했던 적 없는 살아 있음에 눈뜨게 됩니다.

당신에게 육체가 있는가?
그렇다면 현관 앞에 앉아 있지 말라!

밖으로 나가 빗속을 걸으라!

지금 사랑하고 있다면
어찌하여 잠들어 있는가?

깨어나라, 일어나라!
당신은 이미 수백만 년을 잠들어 있었다.
그러니 오늘 아침에는 일어나는 것이 어떨까?

시인이 말하고자 하는 것과 같은 메시지를 나는 내 나름의 방식으로 전달하려 노력합니다. 사실 사람들은 누구나 이 메시지에 굶주려 있어요. 내게 강연을 해 달라는 요청이 전 세계에서 날아드는 것만 봐도 그렇지요. 그리고 사람들로부터 늘 받는 질문이 있습니다.

"수사님 말씀을 글로 써 보면 어떨까요?"

그래요. 그래서 나는 지금 이렇게 글을 쓰고 있습니다.

그런데 머리말이라는 것이 무슨 소용이 있을까요? 몇몇 독자들은 머리말을 스치듯 읽을 테고, 나머지 독자들은 아예 건너뛸 텐데요. 그렇다면 머리말을 건너뛰는 독자들은 지금 이 부분을 읽지 않을 테니, 스치면서라도 읽을 독자들을 위해 한 가지 제안을 하겠습니다. 이 책의 마지막 부분을 보면 알파벳 순서로 정리한 핵심어 목록이 나옵니다. 아마 여러분은 이 목록을 쭉 훑어보고 싶은 마음이 들 겁니다. 내가 작업을 완전히 망친 것이 아니라면, 이 목록에서 두

가지 메시지를 얻을 수 있을 것입니다.

1. 깨어나는 것은 지속적인 과정입니다. 한번에 확실하게 완전히 깨어나는 사람은 없습니다. 깨어 있음에는 한계가 없습니다. 살아 있음에 한계가 없는 것과 마찬가지입니다.
2. 삶에 눈뜨고 깨어 있는 것은 위험한 일입니다. 그래서 용기가 필요합니다.

우리는 이런 위험과 저런 위험 중에서 선택해야 합니다. 일생 동안 잠들어 있는 채 절대 깨어나지 않는 위험을 무릅쓰거나, 잠들지 않고 삶의 위험에 응수하며 삶과 사랑의 도전에 정면으로 맞서는 것 중에서 선택하는 것이지요.

지금 사랑하고 있다면
어찌하여 잠들어 있는가?

이 질문에 직면해 있는 분들은 이 책이 도움이 된다고 여길 수 있습니다만 그렇지 않은 사람들에게는 이 책을 읽는 것이 시간 낭비가 될 것입니다. 카비르의 노래처럼 말이지요.

어차피 곧 깊은 잠에 빠져들 것이라면
어찌하여 침대를 매만지고 베개를 정리하며 시간을 낭비하는가?

놀라움과 감사

거저 받은 선물

무지개는 늘 놀라움을 안겨 줍니다. 하지만 예측할 수 없기 때문에 무지개가 놀라운 것은 아니지요. 놀라움은 간혹 예상 밖의 일을 뜻할 때도 있지만, 그 이상을 의미하는 경우가 더 많습니다. 온전한 의미에서 놀라움이라는 말 속에는 어쩐 일인지 무상無償이라는 뜻이 담겨 있습니다. 예측 가능한 일이더라도 우리가 이를 당연시하지 않으면 이내 놀라운 일로 변해 버립니다. 우리가 충분한 지식을 갖게 되면 모든 것이 예측 가능해지겠지만, 그럼에도 여전히 그 모든 것은 아무 대가 없이 무상으로 얻어진 것이라 여겨질 것입니다. 그래서 온 우주가 어떻게 돌아가는지 알게 되더라도, 우리는 우주가 있다는 사실에 여전히 놀랄 것입니다. 그것은 예측 가능한 일일지 모르나, 그 이상으로 놀라운 일이니까요.

모든 것을 당연하게 여기던 상태에서 깨어나는 순간, 우리는 우리를 둘러싼 세상의 놀라운 모습에 눈을 뜨게 됩니다. 무지개는 흔히 우리를 일깨우는 역할을 합니다. 어느 날 전혀 모르는 사람이 여러분의 소매를 붙잡고 하늘을 가리키며 이렇게 말할지도 모릅니다. "무지개를 보셨나요?" 하루하루 무료하게 지내던 어른이 설렘으로 가슴 뛰는 아이가 되는 순간이지요. 하지만 우리는 무지개를 보았을 때 가슴이 설렌 이유조차 모를 수 있습니다. 무엇 때문일까요?

우리 마음속에 무상이라는 생각이, 존재하는 모든 것이 거저 주어진 것이라는 생각이 불쑥 떠오릅니다. 이럴 때 우리가 보이는 자연스러운 반응이 바로 놀라움입니다. 플라톤은 놀라움에서 철학이 시작된다고 생각했습니다. 사실 감사도 놀라움에서 비롯되지요.

죽음을 가까이 스치듯 경험하고 나면 놀라움이 샘솟기도 합니다. 이런 경험이 어린 시절 일찍이 저를 찾아왔습니다. 나치 점령하의 오스트리아에서 자란 탓에 공습은 저에게는 일상적인 일이었지요. 그런데 한 차례의 공습이 한 사람의 눈을 뜨게 해 주기도 합니다. 한번은 공습경보가 울리자마자 폭탄이 하늘에서 떨어지기 시작했어요. 그때 마침 저는 집 밖에 나와 있었습니다. 당장 대피소를 찾을 수 없었던 저는 불과 몇 발자국 거리에 있는 교회로 달려갔습니다. 산산이 부서져 떨어지는 유리창과 잔해를 피하기 위해 교회 의자 밑으로 기어들어가 손으로 얼굴을 가렸습니다. 밖에서는 폭탄이 쏟아지고 발아래로는 땅이 심하게 흔들렸지요. 그런 상황에서 저는

'이제 곧 교회의 아치형 천장이 무너져 내려서 산 채로 이렇게 매장되나 보다' 하고 생각했습니다. 하지만 아직 때가 아니었던 모양입니다. 안정된 음조로 경보가 울리며 위험 상황이 종료되었음을 알려 왔지요. 저는 몸을 일으켜 옷에 묻은 먼지를 털며 영광 가득한 어느 5월의 아침 속으로 걸어 나갔습니다. 그렇습니다. 저는 살아 있었습니다. 놀랍게도 말이지요! 조금 전에 보았던 건물들은 채 한 시간도 지나지 않은 사이에 돌무덤으로 변하여 그 속에서 연기만 모락모락 피어오르고 있었습니다. 이런 가운데 저는 무언가가 남아 있는 것을 발견하고 무척 놀랐습니다. 이 모든 폐허 한가운데 놓인 자그마한 잔디밭을 저는 내려다보았습니다. 그 모습은 마치 친구가 선물이라며 내민 손바닥 위의 에메랄드 같았습니다. 그때 이전이나 이후로도 저는 그렇게 놀랍도록 푸르른 잔디를 본 적이 없답니다.

놀라움은 우리가 감사라고 부르는 충만한 감정의 시작일 뿐입니다. 그래요. 그것은 시작입니다. 그런데 감사가 인생을 대하는 우리의 기본 태도가 될 수 있다고 생각하는 것이 어려운 일일까요? 놀라움의 순간, 우리는 감사를 통해 열린 문틈으로 살짝 보이는 기쁨을 포착합니다. 아니, 그 이상이군요. 놀라움을 느끼는 순간 우리는 이미 문 너머로 한 발 들어서 있는 것입니다. 사람들 중에는 감사를 느껴 본 적이 없다고 주장하는 이들이 있습니다. 하지만 한 번도 놀라움을 경험하지 않은 사람이 있을까요? 해마다 찾아오는 봄날이지만 우리는 매번 새삼스럽게 다시 놀라지 않나요? 길모퉁이를 돌았을 때 눈앞에 펼쳐지는 광활한 해안은 또 어떤가요? 그 길을 운전해서 지날 때마다 놀라움으로 다가오지 않나요?

놀라움의 도화선이 되는 사물이나 사건은 단지 촉매 역할을 합니다. 앞서 제가 무지개로 이야기를 시작한 이유는 무지개가 대부분의 사람들에게 그런 작용을 하기 때문이지요. 하지만 이보다 더 개인적인 촉매제가 되는 것들이 있습니다. 따라서 우리는 각자 자신에게 맞는 촉매제를 찾아야 합니다. 홍관조가 겨울철 새 모이로 바위 위에 뿌려 놓은 옥수수 부스러기를 먹기 위해 얼마나 자주 찾아오는지는 중요하지 않습니다. 그 자체가 놀라움이 섬광처럼 빛나는 순간이기 때문이지요. 저는 그 작은 새가 찾아오리라는 것을 압니다. 심지어 그 새가 좋아하는 식사 시간이 언제인지도 알아요. 눈앞에 나타나지 않았지만 노랫소리만 들어도 그 새라는 것을 알지요. 하지만 엘리야의 제단에 떨어지는 번개처럼 그 줄무늬 작은 새가 바위 위로 쏜살같이 내려앉을 때에야 저는 e.e. 커밍스(1894~1962, 미국의 시인이자 화가)가 노래한 "나의 눈이 눈을 떴다"라는 시구절의 의미를 깨닫습니다.

이런 식으로 일단 눈을 떠야 깨어 있으려는 노력을 할 수 있습니다. 그리고 이렇게 한 다음에야 더욱더 또렷한 상태로 깨어 있을 수 있지요. 깨어나는 것은 하나의 과정입니다. 사람들이 아침에 잠에서 깨는 과정은 그야말로 각양각색입니다. 우리 중에는 잠자리에서 벌떡 일어나 하루 종일 맑게 깨어 있는 사람들이 있습니다. 행운아지요. 반면 잠에서 깨기 위해 커피를 한 잔 두 잔 마시면서 단계를 밟아야 하는 사람들도 있습니다. 과정이야 어떠하든 다시 잠자리에

들지 않는 것이 중요합니다. 이와 마찬가지로 과정을 이행하는 도중에 있는 우리에게 중요한 것이 있습니다. 놀라움의 순간이 우리에게 가르쳐 주고자 하는 것, 즉 모든 것이 아무 대가 없이 무상으로 주어진 것이며 모든 것이 선물이라는 바로 이 위대한 진실을 명심하는 것입니다. 이 진실에 어느 정도 눈을 뜨고 있는지에 따라 우리가 얼마나 생생히 살아 있는지 가늠할 수 있습니다. 무엇이 되었건 우리가 당연하다고 여기는 것 앞에서라면 우리는 죽은 것과 다름없지 않을까요? 분명 그렇습니다. 아무 느낌 없이 무덤덤하다면 죽은 것이나 마찬가지입니다. 놀라움을 통해 삶에 눈뜬 사람들 앞에는 죽음이 가로놓여 있지 않습니다. 죽음은 그들 뒤로 물러나 있지요. 놀라움을 받아들일 준비가 되어 있는 삶을 살면, 사는 것 안에 죽는 것이 포함되어 있더라도 훨씬 더 생생하게 살아가게 됩니다.

감사한 마음으로 깨어 있는 정도는 여러 가지입니다. 감사에 눈뜨려면 우리의 지성과 의지, 감정이 깨어나야 합니다. 이제 이러한 깨어남의 과정, 감사가 자라는 과정을 조금 더 자세히 들여다보도록 합시다.

사실 사프란 한 송이가 피는 것만으로도 우리 마음속에는 확신이 생깁니다. 제아무리 봄이 온다는 것을 예측할 수 있다 하더라도 봄은 아무 대가 없이 무상으로 주어지는 고마운 선물, 은총이라는 확신 말이지요. 우리는 지성 너머에 있는 지식으로 이러한 사실을 압니다. 하지만 이 사실을 아는 데에 지성도 기여합니다. 만약 지성이 제 기능을 다하지 않으면 우리는 감사를 느낄 수 없습니다. 선물이 선물인 줄 인식해야 감사할 수 있는데, 이 일을 할 수 있는 것은 오직 지성뿐이기 때문이지요.

어떤 이들에게는 이것이 쉽지 않을 수 있습니다. 사람들 중에는 그저 너무 둔하거나 눈치가 없어서, 아니면 너무 게을러서 무언가를 선물로 인식하지 못하는 경우가 있답니다. 이런 사람들의 경우 지성의 민첩성이 떨어지는 것이지요. 그들은 그저 모든 것을 당연하다고 받아들이며 멍한 상태로 삶을 삽니다. 감사를 느낄 수 있으려면 지적 예리함이 있어야 합니다. 반면 이런 사람들과는 정반대의 마음가짐을 지녀서 오직 지성에만 의존하는 사람들도 있습니다. 하지만 이런 영리한 사람들 역시 감사를 느끼는 데에 어려움을 겪을 수 있어요. 만약 이들의 지성이, 선물이 정말로 선물이라는 탄탄한 증거가 있어야 한다고 고집한다면 이들은 그 단계에서 앞으로 나아가지 못합니다. 선물처럼 보이지만 사실은 함정이나 미끼, 뇌물일 가능성은 언제나 있으니까요. 자, 여기서 크리스마스 선물을 개봉하면서 사람들이 어떤 말을 하는지 귀 기울여 볼까요? "어머나, 이것 좀 봐! 존스네 가족이 왜 이런 비싼 선물을 우리한테 한 거지? 새해에 어떤 부탁을 하려고 이러나 몰라!" 선물이 청탁과 전혀 무관하다고 증명할 방법이 있을까요? 선물을 받으면 우리의 마음은 이것이 정말로 아무 대가 없는 하나의 선물이라며 놀라고 싶어 합니다. 하지만 우리의 자랑스러운 지성은 놀라움에 직면하면 움찔한 채 이를 설명하려 들고, 설명해 버리려고 합니다.

지성은 단독으로 작용하면 한계가 있습니다. 지성은 감사를 느끼는 데에 한몫을 하지만, 말 그대로 오직 한 가지 몫만 할 뿐이니까요. 우리의 지성은 예측 가능한 겉껍질 속의 알맹이까지 꿰뚫어 보고 그 안에 들어 있는 놀라움을 간파할 수 있을 만큼 깨어 있어야 합니다. 이것 자체가 상당히 까다로운 숙제지요. 하지만 진실함까지 얻으려면 지성은 충분히 겸손한 자세를 지녀야 합니다. 다시 말해 자기 한계를 알 정도로 몸을 충분히 낮춰야 하지요. 모든 것에는 선물이라는 특성이 있습니다. 하지만 이런 특성은 인식될 수는 있으나 입증될 수는 없지요. 어떻게 하더라도 지성 하나만으로는 입증이 불가능하니까요. 그런데 이에 대한 증거는 삶 안에 있습니다. 지성이 포착할 수 있는 것보다 더 많은 것이 삶 속에 담겨 있어요.

우리의 의지 역시 제 역할을 다해야 합니다. 의지도 감사에 속합니다. 어떤 것을 선물로 인식하는 것은 지성의 임무이지만, 이러한 선물이라는 특성을 인정하는 것은 의지입니다. 인식과 인정은 임무의 성격이 완전히 다릅니다. 무언가가 우리의 의지에 반한다 하더라도 우리는 이것을 인식할 수 있습니다. 마찬가지로 의지는 지성의 눈에 보이는 것이라 하더라도 이를 인정하지 않겠다고 거부할 수 있지요. 우리가 놀라움을 느끼며 눈을 뜨고 깨어나게 되면 '주어진' 세상이라 불리는 것을 정말로 주어진 것으로 인식할 수 있습니다. 우리는 그 세상을 만들지도, 얻지도, 얻을 자격을 갖추지도 않았기 때문이지요. 이것을 선물로 인정해야만 우리는 인식의 단계에서 감사로 충만한 단계로 넘어가게 됩니다. 그런데 선물임을 인정하는 일은 선물을 인식하는 것보다 훨씬 더 어려울 수 있습니다.

날씨를 예로 들어 볼까요? 주어진 날의 주어진 날씨에 대해 아무리 불평을 한들 날씨를 바꿀 수 없다는 사실은 누구나 알고 있습니다. 하지만 날씨를 주어진 사실로 인식하기만 하는 것과 날씨를 실제로 주어진 것, 즉 선물이라고 선뜻 인정하는 것은 차이가 있습니다. 20세기 미국 시인 W.H. 오든은 자신이 관찰한 바를 다음과 같이 시로 표현했습니다.

　… 심술궂은 이들은 날씨에 대한 불만이 많지만
　다정한 사람들은 날씨를 보며 평범한 기쁨을 드러낸다네.

다정한 사람이나 심술궂은 사람이나 오늘의 날씨가 어떤지 인식할 때에는 이견을 보이지 않습니다. 하지만 바로 그다음 단계부터 이들은 다른 길로 갈라서고 맙니다. 다정한 사람들이 기뻐하는 이유는 과연 무엇일까요? 날씨 앞에서 그들은 마치 선물 포장을 뜯는 아이들 같아 보입니다. 반면 불만 많은 사람들은 날씨를 선물로 인정하려 들지 않아요.

　그렇다면 선물을 선물로 인정하기가 왜 이리 어려운 걸까요? 여기 그 이유가 있습니다. 무언가를 선물로 인정한다면 이는 그 선물을 주는 사람에게 의존한다는 것을 인정하는 셈이 되기 때문입니다. 그게 뭐 대수냐 싶겠지만, 우리 내면에는 의존이라는 개념에 대해 반감을 느끼는 무언가가 있습니다. 혼자 힘으로 일을 해내고 싶어 하는 것이 우리 마음이기 때문이지요. 그런데 선물은 그야말로 자기 자신에게는 줄 수 없는 것입니다. 적어도 선물이라며 줄 수는 없지요. 나를 위해 똑같은 것 혹은 그보다 더 나은 것을 살 수는 있습니다. 하지만 내가 나에게 준다면 그것은 선물이 될 수 없습니다. 외식을 하며 나 자신에게 멋진 식사를 제공할 수는 있습니다. 즐거운 시간을 보낸 것에 대해 스스로 흡족해할 수도 있지요. 하지만 자기 자신을 잘 대접했노라고 나 자신에게 감사하는 마음을 가질 수 있을까요? 그것은 아슬아슬한 묘기를 부리는 것처럼 정신적으로 곡예를 하는 셈이 되지요. 감사는 언제나 나 자신을 넘어선 곳에 있습니다. 무언가가 선물이 되려면 그것이 내게 주어져야 하기 때문이지요. 그리고 선물을 받는 쪽은 주는 쪽에 의존하게 됩니다.

선물을 주고받을 때면 늘 이런 의존관계가 생깁니다. 자녀로부터 아주 작은 선물을 받은 어머니조차 자녀에게 의존하게 되니까요. 꼬마 아이가 어머니에게 수선화 한 다발을 선물한다고 가정해볼까요? 이 아이는 자신이 받은 적 없는 것을 주는 것이 절대 아닙니다. 어머니는 그 아이가 선물을 사는 데에 쓴 돈뿐만 아니라 그의 삶을 주었고, 그를 배려심 있는 사람으로 양육해 냈습니다. 그런데도 아이의 선물을 받은 어머니는 아이에게 의존하게 됩니다. 이를 선물로 받아들일 수밖에 없으니까요. 그런데 어머니는 선물 자체보다 이런 의존관계에 더 큰 기쁨을 느낍니다. 결국 선물을 주는 행위는 주는 사람과 받는 사람을 하나로 만드는 결속 의례입니다.

내가 선물을 받았다고 인정하면 나와 선물을 준 사람을 묶는 결속 관계를 인정하는 셈이 됩니다. 하지만 우리는 이런 유대 관계에

뒤따르는 의무를 두려워하는 경향이 있어요. 삼십 년 전 제가 영어를 배우던 시절에는 미국식 영어로 감사를 표할 때 "정말 많은 도움이 되었습니다"라는 표현을 흔히 사용했습니다. 하지만 오늘날에는 이런 표현을 거의 쓰지 않아요. 왜 그럴까요? 이유는 간단합니다. 도움을 받고 싶지 않기 때문이에요. 자립을 원하기 때문이지요. 바로 이런 마음을 우리가 사용하는 언어가 증명해 주고 있는 것입니다.

물론 우리가 지니고 있는 독립에 대한 욕구에는 건전한 면도 있습니다. 우리는 혼자 힘으로 헤쳐 나가기를 원합니다. 이런 욕구가 없다면 우리는 떠먹여 주는 밥을 먹는 단계 이상으로 성장할 수 없을 것입니다. 이 단계를 넘어서려면 우리는 코와 턱과 귀와 턱받이에 이유식을 묻히며 먹는 단계를 거쳐야만 합니다. 하지만 스스로 먹는 법을 터득한 뒤라 하더라도, 필요한 경우에는 간호사가 먹여 주는 밥을 받아먹을 정도의 지각력이 있어야 합니다. 성장한다는 것은 스스로 알아서 하는 법만 아니라 필요한 경우 도움을 받는 법을 배우는 것도 의미하지요. 사람들 중에는 "나 혼자 할래" 단계 이상으로는 절대 성장하지 못하는 경우도 있습니다. 하지만 연민 어린 눈으로 바라보다 보면 고집스러울 정도로 독립적인 겉모습을 꿰뚫어 볼 수 있게 됩니다. 그리고 그 안에서 유아용 의자에 앉아 머리부터 발끝까지 이유식을 뒤집어쓰고 있는 한 아이를 발견하지요.

어떤 면에서 보면 의존을 두려워하는 것이 옳습니다. 단순한 의존 상태는 노예 상태와 같으니까요. 하지만 독립은 하나의 환상입니다. 의존과 독립 가운데 정말로 하나만 골라야 하는 상황이라면 참 난감할 것입니다. 이것은 실제로는 소외와 상호 의존 가운데 하나를 선택하는 문제입니다. 독립은 소외와 같기 때문이지요. 독립을 하면 우리는 다른 사람들로부터 차단되니까요. 하지만 미묘하게도 단순한 의존 역시 소외이기는 마찬가지입니다. 단순한 의존은 노예 상태와 같고, 노예는 이방인이기 때문이에요. 이에 반해 상호 의존은 즐겁게 주고받는 결속 관계, 소속감을 바탕으로 한 유대 관계를 통해 나와 다른 사람들을 연결해 줍니다. 반면 일방적 의존 관계는 노예라는 굴레로 우리를 속박하고, 독립은 환상이라는 굴레로 우리를 구속합니다. 하지만 상호 의존적 유대 관계는 우리를 자유롭게 하는 굴레입니다. 감사하며 인정하고 받아들인 선물 하나에는 소외의 굴레를 풀어 줄 힘이 있습니다. 그러면 따뜻한 집에 돌아온 것처럼 일이 다 해결됩니다. 모두가 서로에게 의존하는 가족이 사는 집처럼 말이지요.

감사가 지니는 상호 의존성은 참으로 상호적이라고 할 수 있습니다. 선물을 받는 사람은 주는 사람에게 의존합니다. 이것은 명백하지요. 하지만 감사라는 원圓은 선물을 주는 사람이 받는 사람, 즉 감사를 받는 사람이 되어야만 비로소 하나로 이어지게 됩니다. 우리는 감사의 마음을 표현할 때 우리가 받은 선물이 무엇이건 그 선물보다 더 큰 것을 주게 됩니다. 우리가 줄 수 있는 가장 위대한 선물은 바로 감사하는 것입니다. 선물을 줄 때는 우리가 내어 줄 수 있는 것을 주지만, 감사를 표할 때는 우리 자신을 주는 것이니까요. 다른 사람에게 "감사합니다"라고 말하는 사람은 사실은 "우리는 서로에게 속해 있어요"라고 말하는 셈입니다. 이렇듯 주는 사람과 감사를 표하는 사람은 서로에게 속해 있습니다. 이들을 하나로 묶는 유대 관계가 이들을 소외로부터 자유롭게 해 줍니다. 그렇다면 우리 사회가 그토록 소외 문제로 속앓이를 하는 이유는 우리가 감사를 깊이 드리지 못해서가 아닐까요?

내가 선물을 선물로 인정하고 그래서 나의 의존관계를 인정하는 순간, 나는 자유로워집니다. 그러면 온전히 감사를 드릴 수 있게 되지요. 이러한 충만함에는 선물의 진가를 알아보고 감탄하는 기쁨이 따릅니다. 감탄은 감정이 반응하는 것입니다. 지성은 선물을 선물로 인식하고, 의지는 이를 인정합니다. 선물에 기쁨으로 반응하여 온전히 감탄하는 일은 오직 감정만이 할 수 있습니다.

여러 해 전, 저는 결코 잊지 못할 사진 한 장을 보았습니다. 눈부시게 빛나는 미소를 내뿜고 있는 두 명의 아프리카 아이들 사진이었지요. 사진 아래에는 이런 문구가 적혀 있었습니다. "기쁨이란 하느님의 자녀들이 드러내는 감사의 마음이다." 그 후 아프리카를 여행하게 된 저는 그때 보았던 바로 그 미소를 다시 발견하고는 그 문구를 떠올렸습니다. 세상 어느 곳에서건 기쁨은 감사의 참된 표현입니다. 하지만 블랙 아프리카만큼 기쁨을 투명하게 드러내는 하느님 자녀의 얼굴은 어디에서나 볼 수 있는 것이 아니에요. 저는 그 어디에서도 나이지리아의 옛 비아프라에서보다 더 환한 기쁨이 어려 있는 아이들의 눈망울을 본 적이 없습니다. 나이지리아의 에누구에서는 어둠이 깔린 뒤 번잡한 거리 한쪽 모퉁이에 아이들이 떼 지어 모여드는 광경을 목격한 적이 있습니다. 아이들은 자리를 잡은 뒤 작은 제대를 마련하더니 묵주기도를 바치더군요. 그들 주위로 어른들이 제아무리 야단법석을 떨어도 전혀 동요하지 않았지요. 제가 듣기로 이곳 아이들은 가장 참혹했던 전쟁 기간 중에 이런 기도의 시간을 갖기 시작해서 이것이 관습처럼 전해 내려오게 되었다고 합니다. 십 년이 넘도록 한 세대의 아이들이 다음 세대로 이런 관습을 대물림해 오고 있었던 것이지요. 그러자 머릿속에 문득 이런 생각이 떠오르더군요. '어두운 물웅덩이 위로 햇빛이 반짝이듯, 지금 내가 목격한 기쁨은 가슴 깊이 품은 고통 위에서 반짝이고 있구나!' 가슴속으로 죽음에 익숙해져야만 이토록 깊이 있는 환희로 삶이라는 선물에 감탄할 수 있는 법이니까요.

감사라는 맥락에서 '가슴'의 의미가 무엇인지는 뒤에서 탐색할 예정입니다. 그럼으로써 지성과 의지와 감정, 이 세 가지가 감사를 표현하는 일에 동원되어야 하는 이유가 더욱 분명해질 것이라 믿습니다. 이들 세 가지는 모두 온전한 의미의 '가슴'에 속합니다. 그러므로 이 세 가지는 감사라는 개념에도 속하게 되지요. 감사를 표하는 것은 온 가슴으로 보여 주는 몸짓이어야지, 그렇지 않으면 아무 것도 아닌 것이 됩니다.

앞에서 우리는 주어진 세상을 진정한 선물로 인식하려면 지성이 둔감함과 영리함 사이에서 똑바로 나아가야 한다는 사실을 알았습니다. 하지만 우리는 복잡하고 뒤틀린 우리 머리로 이렇게 단순하게 직진하는 것이 얼마나 어려운지 이내 깨닫습니다. 선물로 맺어진 유대 관계를 마음껏 인정하려면 우리 의지는 독립이라는 강박관념과 의존이라는 노예 상태로부터 모두 거리를 두어야 합니다. 이것 역시 어려운 과제임은 금세 알 수 있지요. 반면 선물에 감탄하는 데에 감정이 어떤 역할을 하는지 생각해 본다면 이보다 더 쉬운 일은 없어 보입니다. 그렇지만 우리 감정이 보여 주는 반응, 즉 감사로 발산하는 천진난만하고 자유로운 반응을 발견하려면 이번에도 두 가지 함정을 피해야 합니다.

우리의 감정이 빠질 수 있는 두 함정 중 하나는 우리를 외톨이로 만들고, 다른 하나는 우리를 착취자로 만듭니다. 우리 내면에 있는 착취자는 너무나 갈망이 크기 때문에 파티를 완전히 즐기지 못합니다. 외톨이는 감히 즐길 엄두도 내지 못하기 때문에 착취자와 마찬가지로 축제를 즐기지 못하지요. 착취자는 매번 경험을 할 때마다 마지막 한 방울까지 감정을 쥐어짜냅니다. 외톨이는 감정에 상처를 너무 자주 받습니다. 하지만 우리 안에 있는 아이와 같은 마음은 자신의 이익은 잊은 채 자발적으로 밖으로 걸어 나와 감사를 표하는 우아한 몸짓을 취합니다.

우리는 삶이 주는 선물을 우리가 어느 정도로 잡아채고 움켜쥐고 싶어 하는지 알기에 첫 번째 함정을 잘 알고 있습니다. 우리 감정이 얼마나 여린지 떠올려 보면 두 번째 함정도 잘 알 수 있습니다. 가슴에서부터 반응하는 순간이야말로 우리가 가장 연약해지는 순간입니다. 감사의 순간은 우리가 가슴을 여는 순간이며 따라서 그 어느 때보다 쉽게 상처를 받을 수 있는 순간인 것이지요.

일례로 다음과 같은 상황을 떠올려 봅시다. 누군가 여러분을 향해 미소 짓고 있습니다. 여러분은 감사한 마음으로 그 미소에 응답하고자 다시 미소로 화답합니다. 그런데 이때 무언가 잘못되었다는 느낌이 드는군요. 뒤를 돌아보니 당신 뒤에는 애초에 미소를 받아야 할 주인이 서 있는 것이 아닙니까? 이런 경우 마음이 상하기 마련입니다. 그렇지 않은가요? 물론 심각한 트라우마가 생기는 것은 아닙니다. 하지만 반복적으로, 특히 유년기에 감정이 상하는 경험을 하게 된 사람은 영구적으로 상처가 남을 수도 있겠다는 생각이 듭니다. 그런 사람은 알고 봤더니 선물과는 거리가 먼 것을 선물로 알아챘거나, 다른 사람을 위한 선물을 자신의 것으로 오해한 경험이 많을 수 있습니다. 이럴 경우 감정에 생긴 상처의 흔적이 점차 깊어져 감정 반응이 서툴고 고통스러워집니다. 이런 사람은 감정을 발휘하는 데에 도움을 받아야 다시 감정적으로 민첩해질 수 있습니다. 감정적 차원에서 물리치료를 받는 것이라 생각하면 되지요.

지성, 의지, 감정, 이들은 각자 특별한 역할을 맡고 있지만, 온전한 감사 안에서는 이 세 가지가 조화를 이루어야 합니다. 자, 이제 한 걸음 더 들어가 이런 질문을 해 볼 수 있겠네요. 어떻게 하면 더 감사한 마음을 가질 수 있을까? 감사하는 마음을 성장시킬 방법을 찾기 위해 다시 한번 지성과 의지와 감정에 차례로 초점을 맞춰 살펴보도록 하겠습니다. 가장 먼저 명심해야 할 것은 현재 우리가 있는 곳에서 출발해야 한다는 점입니다. 사실 지금의 내 자리가 아닌 다른 곳에서 출발하는 것이 가능하기나 할까요? 그럼에도 우리는 자신의 자리보다 훨씬 앞선 곳에서 출발하려고 애쓰는 경우가 너무도 많습니다! 그러면 결국 아무 데도 가지 못하는데 말이지요. 하지만 우리가 서 있는 곳이 어디이건 우리는 도움을 받을 수 있습니다. 삶은 우리에게 필요한 도움을 모두 제공해 줍니다. 우리가 믿음을 가지고 도움을 구한다면 분명 얻게 될 것입니다. 삶은 놀라움으로 가득합니다. 그리고 놀라움은 감사를 드릴 수 있는 비결입니다.

우리가 아무리 둔하거나 지적 함정에 빠졌다 하더라도 놀라움은 손을 뻗으면 닿을 거리에 있습니다. 살면서 특별한 일 때문에 놀라는 경우가 없다 하더라도, 종종 평범한 일 때문에 새삼 놀라곤 하지요. 미네소타에 사는 친구가 보내온 편지 속 어느 겨울 아침 이야기처럼요. "그날 나는 동이 트기 전에 산에 올랐어. 그리고 하느님께서 산에 있는 나무들을 온통 하얗게 칠하시는 순간을 포착했다네. 하느님께서는 잠에서 깬 우리를 놀라게 하시려고 우리가 자는 동안 당신 최고의 작품을 만들고 계셨던 거라네."

이것은 우리가 무지개를 보며 느끼는 놀라움과 같습니다. 우리는 특별한 것뿐만 아니라 무엇보다도 평범한 것을 새롭게 바라봄으로써 놀라움이라는 감각을 발동시키는 법을 배울 수 있습니다. 19세기 영국 시인 제라드 맨리 홉킨스는 하느님의 위대함을 찬양하며 이렇게 노래했습니다. "자연은 결코 소모되지 않으리 / 모든 것의 내면에는 가장 진심 어린 새로움이 살고 있다네." 예상하지 못했던 일에 대한 놀라움은 퇴색해 사라지더라도, 새로움에 대한 놀라움은 결코 빛이 바래지 않습니다. 이는 무지개를 보면 분명히 알 수 있지요. 하지만 무지개만큼 명백하지는 않더라도 대부분의 평범한 것 안에는 우리를 놀라게 할 새로움이 존재합니다. 우리는 이것을 확실히 알아보는 법을 배울 수 있어요. 싱싱한 블루베리 위에 꽃처럼 피어 있는 분가루를 보며 미국의 시인 로버트 프로스트가 표현한 대로, "바람의 숨결에서 나온 안개 / 손을 대면 색이 변하는 것"이라고 확실히 알아보는 것처럼 말이지요.

우리는 이런 놀라움의 꽃을 알아보는 훈련을 할 수 있습니다. 그러려면 먼저 우리 눈에 제일 쉽게 띄는 부분을 포착해야 합니다. 우리 안에 있는 아이와 같은 마음은 늘 생기가 넘치며, 놀라움을 받아들일 준비가 되어 있고, 끊임없이 무언가에 놀라워하니까요. 이런 부분은 제라드 맨리 홉킨스의 시 「황조롱이」의 한 대목, "오늘 아침 나는 보았네 / 아침의 총아 / 얼룩진 새벽에 이끌린 매가 바람을 타고 나는 모습을 …"에서처럼 자연의 모습이 될 수도 있고, 단순히 오늘 아침에 내가 칫솔 위에 짠 치약이 될 수도 있습니다. 마음의 눈으로 보면 이 두 가지는 모두 똑같이 놀라워 보입니다.

어떤 것이든 존재한다는 사실, 우리가 여기 존재한다는 사실이야말로 놀라움 중에서도 가장 위대하기 때문입니다. 우리는 지성이 놀라움에 맛을 들이도록 지성의 취향을 기를 수 있습니다. 놀라운 눈으로 바라보게 만드는 것이라면 무엇이든 "우리 눈이 눈을 뜨게" 합니다. 그러면 우리는 모든 것을 선물로 보기 시작하지요. 티끌만 한 놀라움이 태산만 한 감사로 이끌 수 있습니다.

놀라움은 감사에 이르는 길로 우리를 인도합니다. 이것은 우리의 지성뿐만 아니라 의지의 경우에도 마찬가지입니다. 의지가 얼마나 끈질기게 독립에 매달리든, 삶은 이런 함정을 빠져나오게 도와줍니다. 독립은 환상입니다. 그리고 삶은 모든 환상을 결국 산산이 깨어 부숩니다. 만약 부모님이나 선생님, 친구가 없다면 우리 가운데 누구도 지금의 모습대로 존재할 수 없을 것입니다. 심지어 우리의 적조차 현재의 우리가 존재하는 데에 기여하지요. 자기 혼자 힘만으로 존재하는 사람은 절대 없습니다. 결국 삶을 통해 우리는 이런 진실을 뼈저리게 깨닫게 되지요. 그런데 오랫동안 병석에 있던 가족과 갑작스레 사별하는 경우나 그 밖의 방식들을 통해서도 삶은 놀라움으로 우리를 사로잡습니다. 사로잡는다? 아니, 놀라움으로 우리를 자유롭게 한다고 해야겠군요. 이것은 고통스러울 수 있지만, 고통은 자기기만으로부터 해방되기 위해 지불해야 할 작은 대가입니다.

단순한 자기충족은 어쩌면 깊은 차원의 자기기만입니다. 진정한 자기는 다른 자아들과 대비되는 작고 개별적인 자아, 소아小我가 아닙니다. 놀랍게도 우리는 다른 모든 존재와 깊은 교감을 경험하는 순간, 이런 사실을 깨닫게 됩니다. 누구나 살면서 이런 순간을 경험합니다. 우리는 이 순간을 깨달음과 살아 있음의 절정기, 가장 진정한 자신의 모습에 다다른 순간으로 기억할 수 있습니다. 또는 이런 순간을 지워 버리기 위해 애쓸지도 모릅니다. 교감이 싹트면서 우리를 포근하게 감싸는 방어적 고립 상태가 위협을 받기 때문이지요. 앞에서 우리 몸을 숨겨 주고 있는 벽들은 삶이 벽을 두드려도 오랫동안 버틸지 모릅니다. 하지만 어느 날 갑자기 위대한 놀라움이 벽을 뚫고 우리에게 다가올 것입니다. 돈 존슨의 『변화무쌍한 몸』*The Protean Body*에 나오는 다음 구절처럼 말입니다.

> 멕시코만의 어느 부두 위를 걷고 있을 때였다. 나는 더 이상 존재하지 않았다. 그저 바닷바람과 물살, 물고기, 햇살, 화려한 색의 야자수와 열대 꽃의 일부가 된 것 같은 느낌이었다. 과거나 미래에 대한 감각도 없었다. 이것은 특별히 행복한 경험은 아니었다. 오히려 혼란스러웠다. 내가 많은 에너지를 써 가면서 피하고 싶어 했던 황홀경 같은 것이었다. 나 자신이 물과 바람, 빛과 같다고 느꼈던 것이 아니라, 이들과 함께 동일한 움직임의 세계에 참여하고 있는 것처럼 느껴졌다. 우리는 모두 한데 어울려 춤을 추고 있었다.

이 위대한 춤 안에서 주는 자와 받는 자는 하나입니다. 특정한 시기에 이 두 역할 가운데 무엇을 맡을지는 별로 중요하지 않음을 우리는 문득 깨닫습니다. 시간을 초월한 차원에서는, 진정한 자아는 완벽한 고요함 안에서 휴식을 취합니다. 시간의 차원 안에서는, 삶이라는 춤을 추면서 우아하게 주거니 받거니 함으로써 진정한 자아가 실현됩니다. 빠르게 돌아가는 팽이가 멈춰 있는 것처럼 보이듯 고요함과 춤은 하나입니다. 진정한 자기충족은 이러한 하나 됨 안에서만 존재합니다. 다른 자기충족은 그저 환상에 불과하지요. 하지만 종국에는 그 어떤 환상보다 현실이 강합니다. 햇살이 안개를 뚫고 나오듯 결국 현실이 빛을 발할 것입니다. 우리의 스승인 삶이 그 역할을 맡을 것입니다.

때때로 우리는 자신에게 필요할 수도 있는 도움은 일체 거부하면서 다른 사람들을 돕고 싶다는 끊임없는 열망으로 강박적인 독립심을 표현합니다. 만약 이런 경우라면, 이번에도 역시 우리의 현재 위치에서 출발합시다. 이렇게 자문해 보는 겁니다. 내 도움이 필요한 사람이 하나도 없다면 어떻게 해야 할까? 도움이 필요한 사람에게 도움을 주는 사람이 필요한 만큼, 도움을 주는 사람에게는 도움받을 사람이 필요한 법입니다. 도움은 일방통행이 아니라 주고받는 것이기 때문입니다. 질문을 마친 다음에는 예전처럼 도움을 주는 즐거움을 계속 누립시다. 다만 다른 사람들에게 필요한 존재가 되어야 한다는 나 자신의 욕구를 인정하고 받아들일 때 느끼는 새로운 기쁨도 함께 누립시다. 일단 이 기쁨의 맛을 보게 되면 어디에서든 그 맛을 느끼게 될 것입니다. 어디에 있든 우리는 어떤 식으로든 주고받는 데에 참여하고 있기 때문이지요.

감정적으로 너무 큰 상처가 있거나 지친 탓에, 주고받는 이 위대한 행위에 온전히 설렘을 느끼지 못할 수도 있습니다. 이런 경우라면 기쁨으로 즉각 반응할 수 있는 작은 감정 조각부터 찾아야 합니다. 여기가 바로 우리의 출발점입니다. 거듭 말하지만, 우리가 가고 싶어 하는 곳이 아니라 지금 우리가 있는 곳이 바로 우리가 시작해야 하는 곳입니다. 그리고 이번에도 역시 놀라움이 불씨가 될 수 있습니다. 여러분의 기분을 좋게 만드는 것은 무엇인가요? 운동? 화목한 가정? 다른 사람을 도울 수 있는 기회? 그것이 무엇이건 그 뿌리에는 놀라움이 깃들어 있습니다. 우리의 감정은 '모든 것의 내면 깊이 숨어 있는 생생함'에 닿을 때마다 풋풋한 기쁨에 파르르 떱니다. 우리가 지금 있는 곳에서 온전히 기쁨을 맛보는 것부터 시작하면, 점점 더 넓은 범위의 감정이 다시 풋풋해져서 반응하게 될 것입니다. 감사는 우리를 젊게 만듭니다. 따라서 감사하는 마음을 키워 갈수록 우리는 매일 더 젊어집니다. 그렇지 않겠습니까?

자, 그럼 지금까지 말씀드린 내용을 정리해 볼까요? 놀라움을 느끼는 것이 바로 출발점입니다. 놀람을 통해 우리 내면의 눈은 모든 것이 아무 대가 없이 무상으로 주어졌다는 놀라운 사실에 눈을 뜨지요. 그 어느 것도 당연한 것으로 치부될 수 없습니다. 그리고 당연한 것이 아니라면 그것은 선물입니다. '주어진 세상'이라는 가벼운 표현이 지니고 있는 무거운 의미가 바로 이것입니다. 주어진 상황, 주어진 사실, 주어진 세상이라고 할 때 우리는 대부분 마음속으로 이것을 바꿀 수 없다는 생각을 합니다. 하지만 이런 생각을 가리켜 마음이 깨어 있다고 하지는 않습니다. 어떤 것이 '주어졌다'고 할 때 우리는 그것이 선물이라는 사실 또한 명심해야 합니다. 진정한 깨어 있음, 곧 마음 챙김은 세상이 지니고 있는 선물이라는 측면을 볼 수 있게 하지요. 우리의 지성이 이렇듯 선물이라는 세상의 모습을 인식하는 법을 배우면, 그리고 우리 의지가 이것을 인정하는 법을 배우면, 그리고 우리 감정이 이에 감탄하는 법을 배우면 마음 챙김이라는 원이 훨씬 더 넓어져서 우리가 사는 세상은 활기차게 살아 있는 곳이 될 것입니다. 연못 수면 위에서 잔물결이 퍼져 나가는 모습을 떠올려 봅시다. 연못에 조약돌을 던지면 '퐁당' 하면서 잔물결이 시작되지요. 이와 같은 조약돌 역할을 하는 것이 바로 놀라움입니다. 잔물결이 퍼져 나감에 따라 우리는 생생히 살아 있게 됩니다. 결국 감사는 무상으로 주어진 세상에서 우리의 삶을 온전히 생동적으로 이끌어 줄 것입니다.

당신 안에 쉬기까지는

앞서 살펴보았듯이 감사란 깨어 있는 마음의mindful 반응입니다. 우리가 고마움을 느낄 때 우리의 지성과 의지와 감정이 모두 작용하지요. 그런데 마음이 깨어 있다고 운을 떼면 인격을 이루는 것들 가운데 마음mind에 강조점을 둔다고 생각하는 사람들이 여전히 있습니다. 따라서 마음mind보다는 가슴heart에 대해 이야기하는 편이 오해의 소지가 적을 것 같습니다. 감사는 온전한 반응입니다. 우리는 이것을 느낍니다. 또한 이런 종류의 충만함은 반쪽짜리 가슴과는 함께할 수 없다는 것도 느끼지요. 감사는 언제나 온 가슴으로 하는 것입니다. 우리의 인격 전체가 여기에 동원되지요. 그러므로 가슴heart이라는 상징은 엄밀히 말해 인격 전체를 나타냅니다.

사랑에 빠진 사람이 연인에게 "내 가슴heart을 줄게요"라고 할 때 이 말은 '나의 **일부**를 줄게요'라는 의미가 아닙니다. 심지어 최고 의 부분을 준다는 의미도 아닙니다. 연인들이 하고자 하는 말은 그들 자신을 주고 싶다, 자신을 모두 주고 싶다, 가장 깊은 곳의 내적 존재를 내어 주고 싶다는 것입니다. 더 중요한 것은 가슴이 정적인 상징이 아니라는 점이에요. 가슴은 역동적이며 살아 있습니다. 육체적 의미 이상으로 우리를 살아 있게 하는, 두근거리는 심장부가 바로 가슴입니다. "그대에게 내 가슴을 드릴게요"라는 말은 "그대에게 내 삶을 드릴게요"라는 말과 같습니다. 감사란 충만하게 살아 있음을 뜻합니다. 그리고 바로 이렇게 살아 있음을 가슴이라는 상징이 압축해서 보여 주지요. 지금 이 순간 고동치는 가슴이 나의 모든 과거와 나의 모든 미래의 가능성을 하나로 모아 줍니다.

가슴에 관해 이야기할 때 핵심어는 '함께'입니다. 가슴은 지성과 의지와 감정, 마음과 몸, 과거와 미래가 함께 어우러지는 우리 존재의 중심입니다. 따라서 우리 삶이 함께 조화를 이루는 지점에서 가슴을 발견하게 되지요. 바로 이런 이유 때문에 저는 가슴을 인격 전체의 근간을 이루는 원뿌리라고 부릅니다. 민들레를 뽑거나 층층 나무를 옮겨 심으려고 원뿌리를 움켜잡는 순간 우리는 그 나무 전체를 붙잡고 있음을 깨닫습니다. 이처럼 우리 존재의 근간을 이루는 바로 그 뿌리를 무언가가 건드리는 순간들이 있습니다. 그 무엇이 우리 가슴에 작용한 것이지요.

우리 모두는 무엇인가 우리의 가슴을 사로잡았던 때를 기억합니다. 온 가슴을 기울여 깨어 있는 순간은 더없이 행복한 온전함의 순간이요 친교의 순간이며, 모두와 하나 됨을 느끼는 순간임을 우리는 체험으로 알고 있습니다. 이렇듯 우리의 가슴이 갑작스레 자기를 발견하도록 촉발하는 것은 어떤 중대한 결정일 수도 있고, 우리를 강타하는 한 줄기 운명일 수도 있으며, 기억에 남는 강렬한 만남, 오랫동안 기다렸던 일일 수도 있습니다. 하지만 대체로 우리 내면을 이토록 깊게 휘젓는 것은 놀랍게도 아주 작은 일, 매일매일 생기는 일, 이미 일백 번은 일어났던 일입니다. 그런데 그 일이 하필 백한 번째에 이토록 놀랍게도 우리 가슴을 움직이게 된 데에 특별한 이유가 있는 것은 아닌 듯합니다. 하지만 확실한 것은 우리 가슴이 움직인다는 것입니다. 예를 들어 볼까요? 매일 오후마다 요람 속에서 잠든 아기를 지켜보는 어머니가 있습니다. 그런데 유독 오늘은 그 모습에 어머니의 온 가슴이 형언할 수 없을 만큼 깊은 고마움으로 넘쳐 납니다. 또 다른 예를 들어 볼게요. 여러분이 차를 타고 날마다 왕복으로 지나다니는 고속도로가 있습니다. 그런데 오늘따라 붕붕거리는 자동차 소리, 중고 자동차 매장에서 나부끼는 알록달록한 깃발들 같은, 그 순간의 아주 평범한 것들이 특별한 힘으로 여러분의 가슴을 사로잡습니다.

이와 같은 생생함의 최고 정점을 포착해서 말로 표현하기란 불가능합니다. 하지만 말은 그 정점을 가리킴으로써 기억을 불러올 수 있지요. 가슴이 반응하는 이러한 순간들 안에서 가장 기억에 남는 것은 깊으면서도 속속들이 배이고 흘러넘치는 감사의 느낌입니다. 이러한 감사는 고마움을 표현하는 것과 같은 것이 아닙니다. 감사가 고마움을 표현하게 하기는 하지만, 깊은 감사는 더욱 심오한 곳에 있습니다. 하느님이나 삶에 대한 고마움으로 나타나기 전이라 하더라도 이러한 경험은 마땅히 감사라 할 수 있습니다. 이것이야 말로 무상으로 주어진 순간에 대한 우리의 온전한 응답이기 때문이지요. 무상으로 주어짐과 충만함, 이 두 가지가 하나가 될 때 우리는 문득 다 함께 하나가 됩니다. 우리는 가슴으로부터, 모두가 함께 있는 그 중심에서부터 반응하고 있는 것입니다.

가슴이 반응하는 이러한 순간들을 떠올리면 '함께'라는 말이 아주 적절하다는 사실을 금세 알 수 있습니다. 그 경험은 내면 깊은 곳에서 우리를 끌어당겨 함께하게 만들고 우리를 하나 되게 합니다. 그런데 그 경험을 기억하면 여기서 '함께'라는 말이 우리의 짐작보다 더 많은 것을 의미한다는 사실을 깨닫는 데에 결국 도움이 되지요. 우리는 온전하고 심오한 의미에서 우리의 가슴 한가운데에서 우리 자신과 함께하며 하나가 됩니다. 너무도 충만하고 깊이 있게 하나가 됨으로써, 이는 또한 다른 모든 사람과 함께하여 하나가 되는 것을 의미하기도 하지요.

가슴속 가장 깊은 곳에 도달할 때 우리는 자신을 편하게 느낄 뿐만 아니라 다른 사람들, 다른 모든 이들과도 친밀하게 일치하는 영역에 도달하게 됩니다. 가슴속은 외로운 곳이 아니에요. 고독과 함께함이 공존하는 영역이지요. 우리의 실제 경험이 이를 증명하지 않던가요? "지금 나는 나 자신과 진정으로 함께하고 있지만, 다른 사람들과는 여전히 소원합니다." 과연 이렇게 말할 수 있는 걸까요? 또는 "나는 다른 사람들 혹은 사랑하는 단 한 사람과 진정으로 함께 하고 있지만, 나 자신과는 여전히 소원합니다"라는 말이 가능할까요? 상상도 할 수 없지요! 우리가 우리 자신과 하나가 되는 순간, 우리는 다른 모든 사람과 하나입니다. 소외를 극복한 것이지요. 그러므로 가슴은 존재의 핵심, 즉 소외보다 훨씬 이전에 태초의 함께함이 지배했던 곳을 나타냅니다.

우리가 가장 기본적으로 선택하는 양극단의 것이 바로 소외와 함께함입니다. 이들은 죄와 구원의 동의어지요. '죄'라는 말은 오늘날 유용성을 많이 잃었습니다. 이제 너무도 많은 사람이 이 말의 뜻을 제대로 알지 못합니다. 그렇다면 십중팔구 사람들이 잘못 이해하고 있는 말을 사용할 이유가 있을까요? 반면 '소외'라고 하면 누구나 무슨 말인지 알아듣지요. 오늘날 우리 경험상 소외라는 말이 뜻하는 것은 과거에 '죄'라고 부르던 것과 사실상 똑같습니다. 한편 함께함은 우리 존재 전체가 열망하는 것입니다. 예전의 어휘로 말하자면 '구원'이라고 하지요. '구원'이라는 말에는 모든 것을 아우르는 온전함이라는 의미가 있었습니다. 오늘날 '함께'라는 말이 의미하듯 말이지요. 우리는 온전함이 소외보다 근본적이고 원초적이라는 사실을 가슴속 가장 깊은 곳에서부터 알고 있습니다. 그래서 종국에는 우리가 온전해지고 함께하게 될 것이라는 타고난 신뢰를 결코 포기하지 않습니다.

독일의 시인 라이너 마리아 릴케는 치유와 온전함에 대한 우리의 갈망을 노래합니다. 이와 함께 하느님의 치유력은 우리 자신의 가슴속 깊은 곳에서 솟아난다는 원초적 신념 또한 찬양합니다. 우리는 생채기 딱지를 가만 놔두지 않는 아이들처럼 날카로운 생각의 날로 상처를 자꾸 찢어서 벌립니다. 반면 릴케는 '치유되고 있는 그 지점'에서 하느님을 발견하지요. 우리 안팎에 있는 모든 동요를, 우리 가슴을 산만하게 하는 소음을 모두 조용하게 할 수 있다면 얼마나 좋을까요? 우리가 침묵하면 산산이 흩어져 있는 수많은 생각들이 모여서 하나가 될 수 있습니다. 그러면 천 배나 더 강한 집중력이 생겨서, 방긋 미소 짓는 한 순간 하느님만을 생각할 수 있게 될 것입니다. 이 순간은 하느님의 현존을 한평생 느낄 수 있을 만큼 충분한 시간이지요. 그러면 우리는 어떤 모양으로 하느님의 모습을 발견할 수 있을까요? 이에 대한 릴케의 대답은 감사입니다.

오, 한 번만이라도 모든 것이 아주 고요해진다면!
우연과 요행에 불과한 모든 것이 침묵하고
이웃의 웃음소리마저 멈추었으면.
내 감각이 자아내는 소음이
나의 각성을 방해하지 말았으면.

그러면 나는 수천 번 사색에 잠겨
당신의 지평에 닿을 때까지 당신을 생각하고
미소 짓는 동안이나마 당신을 차지하련만,

모든 생명에게 감사의 표시로 당신을 선사할 수 있도록.

이 기도가 진정한 울림을 주는 이유는 우리 가슴이 원초적 희망을 붙잡고 있기 때문입니다. 이 희망이 실현된다는 것은 나 자신 안에서 하나이자 전부가 되는 것을 의미할 것입니다. 평화로운 친교 속에서 다른 모든 사람과 하나 됨을 의미할 것입니다. 그리하여 자그마치 모든 것을 아우르는 진정한 자아를 발견하는 것을 뜻하게 될 테지요. 하지만 이것이 다가 아닙니다. 우리가 진정으로 우리 가슴을 발견할 때, 우리는 자신의 자아와, 다른 사람들과, 그리고 하느님과 가슴속 깊이 하나가 되는 영역을 발견합니다. 그렇습니다. 이것이야말로 가장 놀라운 발견입니다. 성 아우구스티누스의 말을 빌리자면, 내 가슴속 깊은 곳에서 "하느님께서는 나보다 나 자신과 가까우시다"는 사실이 바로 그것이지요.

성경에서 하느님이 당신의 숨을 불어넣어 우리 인간을 창조하시는 장면을 보면, 이 같은 하느님과의 친밀한 교감이 우리 인간존재의 핵심으로 부각되어 있습니다. 우리는 바로 하느님의 생명으로 살아 있습니다. 그러면 우리가 살아 있음의 중심, 즉 가슴은 우리와 하느님 사이의 친교의 초점이 됩니다. 가슴은 우리가 하느님을 만나는 장소입니다. 그런데 하느님과의 만남은 기도이지요. 이렇게 해서 우리는 가슴에 대해서 또 한 가지 사실을 알게 됩니다. 가슴은 우리가 기도를 하면서 하느님을 만나는 곳이라는 사실 말이지요. 결국 기도는 종교의 핵심입니다.

하지만 우리는 하느님이나 기도, 심지어 종교가 완벽히 분명한 의미를 지니는 것처럼 이야기해서는 안 됩니다. 오늘날 이 말들은 사람에 따라 각기 다른 것을 의미하니까요. 그렇다면 당신에게는 이 말들이 어떤 의미를 지니나요? 이 질문에 대한 답을 하려다 보면 우리가 가지고 있는 개념이 매우 애매하다는 사실을 깨닫게 됩니다. 그러면 충실한 지성이 작용하여, 적어도 여기에서 필요한 핵심 개념들의 의미는 알아야 한다고 주장하지요. 가슴이 무엇인지 파악하는 데에 가장 기본이 되는 용어가 '종교'입니다. 따라서 '종교'의 의미를 살펴보는 것부터 시작하겠습니다.

가슴에 대해서 누구나 경험을 바탕으로 알고 있지만 아직 언급하지 않은 것이 있습니다. "(당신 안에 쉬기까지는) 우리 가슴이 안식이 없나이다." 성 아우구스티누스의 말입니다. 우리 존재의 핵심은 끊임없이 질문하고, 찾고, 열망합니다. 내 가슴속 심장의 고동은 단지 내 안의 더 깊은 곳에서 쉼 없이 뛰고 있는 것의 메아리에 지나지 않는 듯합니다. 마치 잠겨 있는 문을 두드리는 것처럼요. 그런데 나 자신도 확실히 알지 못합니다. 안으로 들어가려고 문을 두드리는 것일까 아니면 나오려고 두드리는 것일까? 이것 하나는 확실합니다. 우리 가슴은 가만히 있지 못한다는 것입니다. 그리고 이러한 실존적 동요가 종교를 종교적으로 만듭니다.

특정한 종교는 단지 가슴을 찾기 위한 틀만 제공합니다. 모든 종교에는 종교적으로 사는 방법이 수없이 많아요. 우리는 개인적으로 가슴을 찾는 과정에서 자신만의 방법을 찾아야 합니다. 누구도 우리를 대신해 줄 수 없어요. 이런저런 종교가 역사적·문화적·사회학적 배경을 제공해 줄 수는 있습니다. 우리의 체험에 대한 해석이나 경험을 들려줄 언어를 제공할지도 모릅니다. 운이 좋다면 탐색 중에 있는 우리가 깨어 있고 경각심을 갖도록 장려하는 방안을 제공할 수도 있고, 탐색의 원동력이 소진되어 사라지지 않도록 보호하는 수단을 제공할 수도 있습니다. 이 모든 것은 가늠할 수 없을 정도로 커다란 가치를 지니지요. 하지만 이들은 그저 외적인 문제일 뿐입니다. 모든 종교는 바로 가슴의 종교라는 것이 핵심입니다.

그런데 우리 가슴은 언제까지 쉬지 못하는 걸까요? 우리가 쉼을 찾을 때까지겠지요. 그렇다면 무엇이 우리의 실존적 갈증을 가라앉게 해 줄 수 있을까요? "암사슴이 시냇물을 그리워하듯 하느님, 제 영혼이 당신을 이토록 그리워합니다"(시편 42,2). 우리가 갈증을 느끼는 대상에 이름을 붙일 수 있었던 시편 작가는 참 행운아입니다. 그렇다면 지금 우리는 어떤 이름을 사용해야 할까요? 오늘날에도 마찬가지로 타는 듯한 갈증을 느끼는 사람들이 많습니다. 하지만 이들은 '하느님'이라는 이름을 사용하지 않을 것입니다. 우리들 중 하느님이라는 이름을 사용하는 사람들 때문이지요. 우리는 하느님의 이름을 함부로 사용하여 사람들을 혼란스럽게 만들었습니다. 그렇다면 우리 가슴에 휴식을 주는 것에 걸맞은 다른 이름을 찾을 수 있을까요? 여기서 '의미'라는 단어가 머리에 떠오릅니다. 우리는 삶 속에서 의미를 발견할 때 휴식을 얻게 됩니다. 적어도 이것은 하나의 답을 얻기 위한 출발점이 되지요. 이제 의미가 무엇을 가리키는지 우리가 안다고 생각합시다. 우리가 무언가 의미 있는 것을 발견할 때 휴식을 얻게 된다는 것이 우리가 아는 전부입니다. 이것은 경험의 문제이며, 우리가 의미에 대해 알고 있는 전부이지요. 우리는 의미 안에서 휴식을 발견합니다. 의미란 단순히 그런 거예요.

그런데 가슴도 마찬가지입니다. 이렇게 말하면 모순되게 느껴질지 모르지만, 쉬지 못하는 우리의 가슴 역시 우리가 휴식을 발견하는 유일한 장소입니다. '우리의 탐험이 모두 끝나는 때에' 우리가 출발했던 곳에 다시 도착하여 '처음으로 그곳을 알게 되는' 바로 그 때에 말이지요. 가슴이 무엇인지 아는 것은 이성이 헤아리기에는 가슴의 깊이가 너무 깊다는 사실, 우리 안에 있는 하느님 생명의 깊이만큼 깊다는 사실을 아는 것을 의미합니다. 하느님 안에 쉬러 오는 가슴은 헤아릴 수 없는 자신의 심부에서 안식을 얻습니다.

이 대목에서 릴케의 『기도 시집』에 수록되어 있는 또 하나의 기도를 소개합니다. 이 기도에서는 이러한 직관들이 시적 심상으로 정화되어 있지요. 릴케는 이번에도 소음과 침묵이라는 양극에서 출발합니다. 여기서 우리 가슴의 궁전을 어리석은 자들의 시끌벅적한 잔치로 채우는 것은 바로 우리 삶 속에 있는 수많은 모순입니다. 물론 우리 삶에서 모순을 일망타진하는 것은 불가능합니다. 삶 자체가 모순이니까요. 그래도 가슴이라는 상징 그 자체처럼 위대한 원초적 상징들 안에서 모순을 모순되지 않게 조화시킬 수는 있습니다. 이를 성공한다면 고요한 축제처럼 온화하고 위대한 침묵이 가득해지기 시작합니다. 그리고 이 침묵의 한가운데에 하느님께서 손님으로서, 조용한 우리 독백의 핵심으로서, 시간을 초월하는 원주를 지닌 원의 시간적 중심으로서 서 계시게 됩니다.

> 삶의 수많은 모순과 화해하는 사람은
> 감사하는 마음에서 모순을 하나의 상징으로 바꾸고
> 소란한 군중을 집에서 쫓아낸다네.
> 이들과 다른 모습으로 축제를 벌이면서
> 당신을 온화한 저녁 손님으로 맞이하네.

> 당신은 그의 고독 속에 있는 타인,
> 그의 독백의 조용한 중심,
> 당신 주위에 그려진 모든 원은
> 그의 시간의 테두리를 넘게 만드네.

우리 가슴은 모든 의미의 원천 안에서 쉴 때 모든 의미를 아우를 수 있습니다. 이런 면에서 의미는 정의처럼 책에서 찾아볼 수 있는 것이 아닙니다. 의미는 움켜잡거나 붙잡거나 저장할 수 있는 것이 아닙니다. 의미는 그런 것이 아니랍니다. … 이쯤에서 이런 식으로 설명하는 것을 그쳐야 할 듯하군요. 의미란 어떤 사물이 아니기 때문입니다. 오히려 그것은 사물들을 보게 해 주는 빛에 더 가깝습니다. 가슴의 갈증을 느끼며 하느님을 찾는 내용의 시편을 하나 더 소개합니다. "정녕 당신께는 생명의 샘이 있고, 당신 빛으로 저희는 빛을 봅니다"(시편 36,10). 삶의 충만함에 목말라하면서 우리 가슴은 삶의 의미를 볼 수 있게 해 주는 빛을 갈망합니다. 의미를 발견하게 되면 우리는 그 사실을 압니다. 우리 가슴이 휴식을 찾았기 때문이지요. 언제나 가슴을 통해서 우리는 의미를 발견합니다. 눈이 빛에 반응하고 귀가 소리에 반응하는 것과 똑같이 우리 가슴은 의미에 반응합니다. 의미를 담당하는 기관이 바로 가슴인 것이지요.

이것은 경험에 바탕을 둔 종교적 어휘, 오늘날 우리가 세상을 경험하는 방식에 바탕을 둔 종교적 어휘를 암시합니다. 그리고 우리의 종교적 경험은 가슴으로 시작해서 가슴으로 끝납니다. 그 경험은 우리 가슴에 쉼이 없다는 통찰로 시작됩니다. 사물의 세계는 쉼 없는 가슴의 탐색을 결코 충만하게 만족시킬 수 없습니다. 우리가 의미라고 부르는 모든 것을 넘어선 아무것도 아닌 것, 무無를 얼핏 볼 때 이것만이 우리에게 휴식을 줍니다. 인간의 가슴이 의미를 탐색하는 것은 모든 종교의 핵심 과제입니다.

시는 이런 점을 더욱 설득력 있게 전달합니다. 시가 인간 가슴을 깊이 자각하도록 호소하기 때문이지요. 그러므로 이 대목에서 릴케의 기도를 하나 더 인용하겠습니다. 이 기도에서 시인은 그의 상상력의 날개를 활짝 폅니다. 그는 자신이 무한한 가능성의 세계에 산다고 가정하면서, 하느님의 무한한 현존을 찬양하는 방법으로 쓰일 현란한 몸짓을 상상합니다. 하지만 마지막 연에서 그는 주저합니다. 그리고 다시 생각한 끝에 더 깊은 곳까지 도달하는 심상을 제시하지요.

하루하루가 가볍고 시간이 얼마 안 되는 곳,

다른 세상에서 자랐다면

나는 당신을 위해 멋진 축제를 마련했을 것입니다.

그리고 그곳에서는

두려움에 사로잡힌 내가 당신을 꼭 잡고 있는 지금처럼

내 손으로 당신을 붙잡는 일은 결코 없었을 것입니다.

그곳이었다면 나, 당신을 대담하게 낭비했을 것입니다.

무한한 현존이시여,

마치 공처럼

파도치는 환희 속으로 내가 당신을 던지면

당신을 잡았을 것입니다.

떨어지는 당신을 향해 두 손을 높이 들어

내밀었을 것입니다.

모든 것 중에 최고이신 그대여.

칼날의 섬광처럼

당신이 번쩍이며 빛을 발하게 했을 것입니다.

황금빛 고리로

당신의 불을 감쌌을 것입니다.

고리는 새하얀 빛을 내면서

내게 당신의 불을 주었을 것입니다.

나는 당신을 그렸을 것입니다.
벽이 아닌 하늘 위 끝에서 끝으로
마치 거장처럼 당신을 빚었을 것입니다.
산처럼, 불처럼, 사막에서 솟아오르는 회오리처럼.

혹은
내가 언젠가 당신을
발견했을지도 모르겠습니다.
내 친구들은 아주 멀리 떨어져 있습니다.
친구들의 웃음소리는 들리지 않습니다.
그리고 당신, 당신이 둥지에서 떨어졌습니다.
당신은 노란 발톱과 커다란 눈망울을 가진 어린 새,
그런 당신의 모습에 가슴 아픕니다.
(내 손은 당신에게는 너무나 커다랗군요.)
그리고 나는 손가락으로 샘물 한 방울을 적셔서 가져옵니다.
당신이 부리를 크게 벌려 이 한 방울을 마시는 걸 보려고
나는 애를 씁니다.
나는 당신과 나의 심장이 두근거리는 것을
고요히 느낍니다.
둘 다 놀라서 초조한 가슴으로.

종교적으로 존재하는 방법은 모두 가슴에서 시작해서 가슴으로 끝납니다. 쉬지 못하는 가슴은 (대개는 쾌락의 한복판에서) 소외되는 비참함으로부터 (대개는 고통의 한복판에서) 자아와, 모든 사람과, 하느님과 함께하는 기쁨으로 연결됩니다. '함께'라는 말은 종교적 탐색의 목표를 나타내는 말입니다. 의미를 발견하는 것은 모든 사람이 어떻게 서로 하나가 되는지 발견하는 것을 의미하며, 그런 보편적이고 친밀한 관계 안에서 자신의 위치를 발견하는 것을 의미합니다. 그리고 이것은 가슴을 발견하는 것을 의미하지요. T.S. 엘리엇은 이렇게 노래했습니다.

> 우리는 탐험을 멈춰서는 안 된다네.
> 우리의 모든 탐험은
> 우리가 출발한 곳에 도착하여
> 처음으로 그곳을 알게 될 때 끝나게 되리니.

내 가슴의 중심에서 하느님은 나보다 더 나 자신과 가깝다는 사실을 알게 되면 깨달음을 얻게 됩니다. 목마른 가슴이 가늠할 수 없이 깊은 곳에서 생명의 샘을 발견하면 우리는 "출발했던 곳에 도착하여 / 처음으로 그곳을 알게" 됩니다.

기도 중에 가슴은 의미의 샘물을 마십니다. 이런 면에서 기도는 종교의 중심입니다. 우리는 이것이 무엇을 의미하는지 더 탐구해야 할 것입니다. 가슴에 관해 이렇게 언급하는 가운데 가볍게 다루고 지나쳤던 것이 실제 내포하는 바가 무엇인지도 검토할 필요가 있습니다. 하지만 지금까지 살펴본 바로는 다음과 같은 사실만큼은 분명합니다. 즉, 가슴에 대해 이야기할 때 이것은 온전함, 충만함을 의미합니다. 그것은 바로 우리가 살아 있다는 충만함, 감사와 기도가 배어 나오는 충만함입니다.

3
기도와 기도문

진정한 기도란

기도가 무엇인지 과연 우리는 알고 있을까요? 어떤 관점에서 보면 이 질문에 대한 대답은 "예"입니다. 모든 인간은 경험을 통해 기도가 무엇인지 아니까요. 우리 모두는 자신의 목마른 가슴이 의미의 샘물을 마시고 있는 모습을 발견하고 놀라던 순간을 경험하지 않았나요? 우리 삶의 많은 부분은 사막을 방황하는 것 같겠지만, 그래도 우리는 샘물을 발견합니다. 경험의 언어로 '하느님'이라 이름 붙여진 것이 의미의 궁극적 원천을 뜻한다고 할 때, 가슴의 갈증을 해소하는 바로 그런 순간들이 기도의 순간입니다. 그것은 우리가 하느님과 소통하는 순간이며, 결국 이것이 기도의 본질이랍니다.

  그런데 우리는 이와 같은 의미 있는 순간들을 기도로 인식할까요? 이에 대한 대답은 "아니요"인 경우가 많습니다. 그래서 이러한 측면에서 보면 기도가 무엇인지 누구나 안다고 추정할 수는 없습니다. 특별히 정해진 시간에 기도를 드리는 습관이 있는 사람들이 기도를 드리지 않는 바로 그 시간에 진심 어린 기도가 이루어지기도 합니다. 실은 이때가 가장 열심히 기도하는 순간인데도 정작 자신들은 이를 기도로 인식조차 못 할 수 있습니다. 한편 절대로 기도문을 외우며 정식으로 기도하지 않는 사람들에게도 가슴속 깊이 진정으로 기도하는 순간들이 있습니다. 자신이 어쨌든 기도하고 있다는 사실을 알게 되면 이들은 놀라고 말지요.

예를 들어 여러분이 시편을 낭송하고 있다고 생각해 봅시다. 별 문제가 없다면 여러분은 진정으로 기도하는 경험을 할 수 있을 테지요. 하지만 항상 아무 문제도 생기지 말라는 법은 없습니다. 여러분은 시편을 낭송하는 동안 오로지 분심과의 싸움만 경험할 수도 있어요. 그리고 30분 후 아프리카산 바이올렛 화분에 물을 주고 있을 것입니다. 그런데 바로 그때, 기도를 드리는 동안에는 결코 찾아오지 않던 진정한 기도의 체험이 문득 여러분을 잠식합니다. 여러분은 내면으로부터 생기를 얻고 살아 있음을 느끼게 됩니다. 여러분의 가슴이 넓어지더니 여러분을 올려다보는 바이올렛꽃과 벨벳 같은 잎사귀를 가슴으로 끌어안게 되지요. 물을 주고 물을 받아 마시는 것이 너무도 긴밀하게 주고받는 행위가 되어 여러분이 물을 붓는 쪽인지 들이마시는 쪽인지 분간할 수 없을 정도가 됩니다. 그러면 감사함이 밀려오면서 여러분의 가슴은 이렇게 더불어 있음을 찬미합니다. 이러한 상태가 지속되는 한 모든 것이 의미를 지니며 모든 것이 이해가 됩니다. 여러분은 충만한 자기와, 존재하는 모든 것과, 하느님과 소통하는 상태가 되지요. 그렇다면 시편과 아프리카산 바이올렛에 물을 주는 행동, 이 둘 가운데 어느 쪽이 진정한 기도였을까요?

조만간 우리는 기도문을 낭송한다고 해서 언제나 기도가 되는 것은 아니라는 사실을 깨달을 것입니다. 안타까운 일이지요. 하지만 이 같은 통찰을 역으로 생각하면 기도문을 낭송하지 않아도 기도가 되는 경우가 자주 있음을 알 수 있습니다. 이런 사실에 우리는 기운을 얻지요. 사실 삶 속에서 바치는 기도와 정식으로 외는 기도문은 반드시 구분할 필요가 있습니다. 최소한 성경에서 하라고 하는 일을 하고 "언제나 기도"(루카 18,1)하려면, 삶 속에서 기도하는 것과 기도문을 읊는 것을 구별해야 합니다. 그렇지 않으면 "언제나 기도"하는 것이 밤낮으로 중단 없이 기도문을 외우며 기도하는 것을 의미하게 되니까요. 이런 식으로는 우리가 진보하지 못한다는 것을 깨닫기 위해 일부러 시도할 필요는 없습니다. 다른 한편으로, 기도가 단순히 하느님과의 소통이라면 기도는 끊임없이 계속될 수 있습니다. 물론 알아차림이 절정에 이른 순간 이러한 소통은 더욱 강해질 것이고, 그렇지 않을 때에는 소통이 저조해지지요. 하지만 우리가 하는 모든 일이나 우리가 고통받는 모든 상황에서 하느님과 소통하지 못할 이유는 없으니 "끊임없이 기도하십시오"(1테살 5,17).

어쩌면 제가 중단 없는 기도에 대해서는 아예 언급하지 말았어야 하는 건지도 모르겠네요. 이런 생각만으로도 위압감을 느끼고 겁을 먹는 사람이 생길 수 있으니까요. 사실 중단 없는 기도라고 하면 우리 중 많은 사람은 이렇게 말할 것입니다. "내내 기도한다고요? 맙소사! 지금 제 처지에서는 정해진 시간에 기도문을 외는 시간을 갖는 것조차 어려운걸요." 좋습니다. 그럼 이번에도 지금 우리가 있는 곳에서 출발해 보도록 합시다. 우리의 기도가 진정한 기도가 되려면 무엇이 필요할까요? 자연스럽게 기도하는 비결을 어떻게든 파악할 수만 있다면, 진정한 기도를 바치게 되는 열쇠를 얻을 수 있습니다. 어쩌면 항상 기도하는 길로까지 우리를 인도해 줄지도 모릅니다.

우리 가운데 오랫동안 매일 기도 시간을 가지면서 그 기도가 진정한 기도가 되도록 노력했던 사람들이라면 다음 질문에 답할 수 있어야 할 것입니다. 당신의 기도를 진정한 기도로 만드는 것은 무엇인가요? 그 비결로 꼽을 만한 것을 말로 표현하자면, 마음 챙김, 완전한 깨어 있음, 전적인 집중 같은 말이 떠오릅니다. 물론 이런 말들은 자발적으로 기도하는 순간을 대표하는 특성들이 맞습니다. 차이점이 있다면, 이처럼 특별한 순간에는 깨달음이 자연스럽게 생기는 반면, 공적 기도를 드릴 때 이런 깨달음을 얻으려면 노력이 요구되는 경우가 많다는 것입니다. 이러한 노력과 그 결과로 얻는 마음의 상태를 가리키는 전통적 가톨릭 전문용어가 바로 '성찰'recollection입니다.

가톨릭 신자 대부분은 성찰이 무슨 뜻인지 압니다. 그렇지 않더라도 최소한 이 용어가 친숙하지요. 신자가 아닌 사람들은 성찰이라는 말을 반성과 연결 지을 수 있습니다. 그러나 전문용어로서의 성찰은 기도 중에 경험하는 특별한 종류의 깨어 있는 마음 상태이며, 이러한 마음 챙김은 기도로 충만한 상태와 동일한 것입니다. 온전히 성찰할 때 나의 기도는 온전한 기도가 됩니다. 분심이 많이 들수록 기도는 고갈됩니다. 끝내는 기도가 공허하고 형식적인 것이 될 수 있지요. 분심 때문에 성찰이 깨지면 기도는 그저 빈껍데기에 불과합니다. 기도생활에서 성찰이 이토록 중요하다면, 성찰의 의미가 무엇인지 그리고 이 같은 특별한 종류의 신앙적 마음 챙김 상태를 어떻게 가꿀 수 있을지 좀 더 면밀히 살펴볼 가치가 있겠지요.

마음 챙김에는 집중이 요구됩니다. 그러므로 집중은 기도 중에 성찰하는 데에 없어서는 안 되는 근본 요소입니다. 우리 가운데 하고 있는 일에 집중하는 법을 배운 사람이라면 성찰을 잘할 수 있습니다. 그러나 집중만으로는 성찰에 잠길 수 없습니다. 왜 그럴까요? 대체로 집중은 우리가 주의를 기울이는 영역을 좁게 만들기 때문이지요. 집중을 하면 우리의 주의력은 온통 한 가지 초점에 모이게 되고, 그 과정에서 그 밖의 다른 것은 모두 우리 시야에서 지워 버리려 합니다. 이런 집중 과정은 커다란 돋보기로 초점을 맞추는 것에 비길 수 있습니다. 먼저 페이지의 일정 부분이 흐릿하게 보입니다. 이때 단어나 글자 하나에 초점을 맞추면 나머지 부분은 전부 시야에서 사라지지요. 이와 같은 의미에서 집중을 하려면 대개의 경우 배제가 수반됩니다.

자, 성찰이란 T.S. 엘리엇이 '배제 없는 집중'이라고 부른 완전한 형태의 마음 챙김입니다. 물론 이것은 역설적 표현이지요. 하지만 사실 여기서는 역설을 기대해야 하는 것 아닐까요? 하느님 안에서는 모든 상반되는 것들이 일치하지 않나요? 그러니 기도 중에 하느님을 만날 때 우리가 어찌 역설에 끌리지 않을 수 있겠습니까?

그런데 **배제 없이** 집중이 어떻게 가능한 걸까요? 그것은 우리 마음속에서 집중은 집중대로 유지하면서도 그와는 완전히 다른 태도가 동시에 일어날 수 있기 때문입니다. 이런 태도 덕분에 집중은 단독으로 있었다면 거의 다 배제해 버렸을 것들을 모두 포함할 수 있게 되지요. 성찰은 두 가지 요소로 이루어져 있는데, 집중은 그중 하나일 뿐이에요. 나머지 하나는 '경이로움'이라고 이름 붙여 보았습니다. 더 나은 표현을 찾을 수 없어서 선택하게 된 경이로움이라는 말은 일종의 지속적 놀라움을 뜻합니다. 그런데 성찰을 구성하는 이 두 가지 요소는 쉽게 섞이지 않습니다. 경이로움과 집중은 서로 상반된 방향으로 역행하는 것처럼 보이지요. 앞서 살펴보았듯이 집중은 시야를 하나로 좁히려는 경향이 있는 반면, 경이로움은 확장하려 듭니다. 이 두 가지 움직임이 성찰 안에서 동시에 일어난다는 말은 또 다른 역설의 표현입니다. 심지어 경이로움과 집중을 드러내는 두 가지 몸짓은 서로 모순됩니다. 우리는 집중하고 싶을 때 눈을 가늘게 뜹니다. 아마 이렇게 하면 완전히 집중해서 보고 싶은 무언가에 시각적으로 초점을 맞추는 데에 도움이 된다고 여기는 듯합니다. 그렇다면 희미한 소리나 멀리서 들리는 소리에만 오로지 집중하고 싶을 때에는 어떤 일이 벌어지는지 보세요. 마치 "거의 알 아들을 수가 없군요"라고 말하기라도 하듯, 우리는 이번에도 눈을 움찔거리며 찡그리고 있는 자신을 발견하게 되지요. 더 잘 듣겠다고 눈을 움찔거리는 걸까요? 사실 귀를 움찔거리는 것은 거의 불가능합니다. 그럼에도 우리 몸은 콕 집어 단 하나에만 관심을 집중하고 그 외의 것은 모두 배제하겠다는 생각을 표현하고 싶기에 귀 대신 눈을 동원하는 것이지요.

반면에 경이로움으로 가득 차면 여러분의 눈은 크게 떠집니다. 동물원에서 코끼리를 올려다보고 있는 아이의 눈을 생각하면 되겠네요. 아니면 별이 빛나는 밤하늘 아래에서 여러분 자신의 눈이 어떤 모양을 하는지 떠올려 보십시오. 마치 휘둥그레진 눈만으로는 여러분의 마음이 무한히 열려 있음을 몸으로 다 표현하지 못하기라도 하듯, 두 팔까지 활짝 벌리기도 하지요.

성찰은 이 같은 개방성과 집중을 결합해 하나로 만듭니다. 그러면 내 몸은 이런 역설을 표현하기 위해 어떻게 할까요? 한쪽 눈은 찡그리고 한쪽 눈은 크게 뜰까요? 몸은 어찌할 바를 몰라합니다. 하지만 내 가슴은 어떻게든 이런 역설을 처리할 수 있습니다. 그러니 깨어 있는 정신보다는 가슴의 진정성이 성찰의 뜻을 전달하는 데에 더 적합할 듯합니다. 역설은 정신을 놀라게 하여 멈칫하게 만듭니다. 하지만 가슴은 역설을 즐기지요. 우리는 앞에서 가슴에 대해 이야기하는 것은 충만에 대해 이야기하는 것이라고 했습니다. 하지만 역설만이 이런 충만함을 지닐 수 있습니다. 우리 안에 있는 어린아이의 모습은 이런 사실을 잘 이해합니다. 그 아이 역시 역설을 즐기니까요.

성찰을 의미하는 영단어 'recollection'의 맨 앞에 오는 짧은 음절 're'에는 앞서 했던 활동을 반복한다거나 이전의 조건을 회복한다는 의미가 내포되어 있는 듯합니다. 따라서 성찰이라는 단어는 우리에게 있었다가 나중에 잃어버린 집중의 상태를 회복하는 과정을 암시합니다. 이 말은 우리의 원래 모습 전체를 이루는 조각들을 다시 모으는 것을 의미하지요. 누군가 이렇게 말할지도 모릅니다. "아, 이제야 성찰하는 것이 왜 그리 힘들었는지 알 것 같네요. 애초에 한 번도 집중했던 경험이 없는 상태에서 어떻게 다시 집중할 수 있겠어요?" 하지만 이런 논리를 따르면 누구에게도 변명의 여지가 없답니다. 한때 우리는 모두 경이로움에 가득 차고 완전히 집중된 상태로 온전했던 적이 있기 때문이지요. 언제 그랬냐고요? 우리가 어린아이였을 때가 그랬습니다. 그러므로 복음에서 하늘나라에 들어가기 위한 한 가지 조건으로 내거는 '어린아이처럼 되기'라는 성찰과 밀접히 연관되어 있습니다. 우리 안에 있는 아이와 같은 원래의 온전함을 가꾸는 것과 이어져 있다는 말이지요.

어린아이들이 얼마나 완벽하게 집중과 경이로움을 결합하는지 알려면 아이들이 놀이에 빠져 있을 때의 모습을 관찰해 보면 됩니다. 아기들은 장난감 토끼의 귀를 빨거나 발가락을 꼼지락거리는 일에 어찌나 집중하는지 모릅니다. 이들의 관심을 다른 데로 돌리려면 아주 애를 먹을 정도지요. 우리 아이들이 이렇듯 집중하는 힘을 잃지 않고 성장해 나가면 얼마나 좋을까요? 어른들이 선의라는 미명하에 아이들의 이런 재능을 파괴해 버리는 일이 얼마나 자주 일어나는지 모릅니다. 아이들에게는 가만히 서서 바라보는 시간이 필요합니다. 아이들은 단순한 것에도 오랫동안 주의를 집중할 수 있습니다. 그런데 바로 이때 아이들을 경이로움과 집중의 바다에서 끌어내는 어른들을 자주 보게 됩니다. "자, 그만 가자. 시간 없어." 그러면서 기다란 팔로 가여운 아이들을 끌어당기지요. 놀라운 아이가 따분한 어른이 되는 경우가 예삿일인 건 전혀 놀랄 일이 아닙니다. 아이의 온전함이 산산이 흩어지고 신비감을 잃게 되는 것이 당연하지요. "그냥 서 있지 말고 뭐라도 해!" 그런데 건강한 문화권에는 이와는 다른 교육관이 있습니다. 아메리카 인디언 부족이라면 이렇게 생각할 것입니다. '교육을 잘 받은 아이라면 아무것도 보이지 않을 때 앉아서 바라볼 수 있어야 하며, 아무것도 들리지 않을 때 앉아서 귀를 기울일 수 있어야 한다.' 이러한 태도가 지배적인 곳이라면, 아이들은 의미의 원천을 여는 기술, 기도의 기술을 배울 가능성이 더 많습니다.

그렇지만 우리가 늘 기도하는 자세를 회복하는 일도 결코 너무 늦은 것은 아닙니다. 이것이 우리에게는 숨쉬기처럼 자연스러운 것이니까요. 우리 안에 있는 아이의 모습은 여전히 살아 있습니다. 그리고 이 아이는 마음의 눈으로 보고 집중과 경이로움을 결합하여 끊임없이 기도하는 재능을 결코 잃지 않아요. 우리 내면의 아이가 본연의 모습에 충실해질수록 우리는 기도하는 삶 안에서 성숙해집니다. 분명 이것은 "어린아이처럼 되어야 한다"는 말이 담고 있는 의미 중 하나입니다. 이 구절은 유치해지라는 뜻이 아닙니다. 예수께서는 어린아이처럼 되라고 하셨지, 어린아이와 같은 상태로 머물러 있으라고 하시지 않았어요. 우리 내면에 있는 아이가 우리 발목을 잡아서는 안 됩니다. 그렇다고 내면의 아이에게서 멀어져서도 안 됩니다. 진정으로 성숙한 인격체는 아이와 같은 모습을 배척하지 않고 오히려 더 높은 수준에서 이런 상태에 도달한답니다. 이런 방향으로 나아가면, 우리의 일상생활이 기도가 됩니다. 어린아이 같은 가슴을 가지면 언제 어디서나 상쾌한 샘물이 어디 있는지 예측할 수 있습니다.

그렇다면 어디서부터 출발해야 할까요? 이번에도 저는 현재 우리가 있는 바로 그곳에서 출발하면서, 가장 쉬운 것부터 시작하자고 제안합니다. 평범한 하루를 살펴보는 것부터 시작하면 어떨까요? 여러분이 자연스럽게 마음을 챙겨서 딱히 노력하지 않아도 온 가슴으로 하게 되는 일은 무엇인가요? 어쩌면 그것은 몸을 따뜻하게 데우고 잠을 깨워 주는 모닝커피일 수 있고, 강아지를 데리고 산책하는 것일 수도 있으며, 아기를 업어 주는 일일 수도 있습니다. 무엇이 되었건 여러분이 온 가슴으로 하기 때문에 그 안에서 의미를 찾을 수 있는 것입니다. 이때의 의미란 말로 표현할 수 있는 것이 아니라 그 안에서 머물 수 있는 의미를 말합니다. 우리는 이런 순간들을 한 번도 기도라고 생각하지 않았겠지만, 사실 이런 순간들은 강렬히 진심을 다해 기도하는 시간입니다. 이것을 보면 기도와 놀이가 얼마나 밀접한 관계인지 알 수 있지요. 우리 가슴이 잠시나마 하느님 안에 머무는 이 순간들은 기도란 어떤 것이어야 하는지 그 맛을 보여 주는 맛보기 샘플과 같습니다. 이와 같은 내적 태도를 유지할 수 있다면 우리 삶 전체가 기도가 될 것입니다.

그렇습니다. 이렇게 우리가 온전한 순간에 경험하는 마음 챙김, 감사, 기도를 계속 유지하는 것은 쉬운 과제가 아닙니다. 그래도 이제는 최소한 무엇을 유지해야 할지는 목표로 잡을 수 있습니다. 이것은 한 손가락 끝에 연필을 올려놓고 균형을 잡는 법을 배우는 것과 같습니다. 말로 가르치고 배우는 것은 그다지 도움이 안 되지요. 하지만 일단 한 번 성공하게 되면, 적어도 이것이 할 수 있는 일이며 어떻게 가능했는지 알게 됩니다. 그러면 나머지는 연습에 달려 있습니다. 몸에 체화될 때까지 하고 또 하며 반복해야 해요. 이러한 비유를 기도에 적용해 보자면, 첫 모닝커피를 마시듯 깨어 있는 마음 챙김 상태에서 한 모금 한 모금 먹고 마시는 것을 의미합니다. 그러면 얼마 지나지 않아 먹고 마시는 것도 기도가 될 수 있음을 알게 되지요. 사실 한 끼 식사는 기도여야 마땅합니다. '끊임없이 기도'해야 할진대 먹고 마시는 동안 어떻게 기도를 멈출 수 있겠습니까?

그런데 이러한 접근법은 또 다른 장점도 지니고 있습니다. 바로 종교 용어를 쓰지 않고 기도에 대해 이야기할 수 있다는 점이지요. '기도'라고 하면 어떤 이들은 매일 수행해야 하는 임무 가운데 하나로 추가된 활동이라고 생각할 수 있습니다. 그 즉시 우리는 이 기도와 기도문을 읊는 기도를 다시 혼동하게 되지요. 하지만 기도를 가리켜 마음 챙김 또는 온 가슴을 다해 사는 것이라고 하면, 우리는 기도를 우리가 하는 모든 활동을 특징짓는 태도, 마음가짐으로 쉽게 인식할 수 있습니다. 우리가 생생히 살아 있고 깨어 있을수록, 우리가 하는 모든 것이 기도가 됩니다. 결국에는 우리가 기도문을 암송하는 시간도 기도가 될 것입니다. 어떤 사람들은 기도문을 외우며 기도하는 것보다 기도하는 마음으로 – 깨어 있는 상태에서 – 먹고 마시는 것이 쉽다고 여깁니다. 이런 사실이 놀라운가요? 기도생활은 기도문을 외우면서 시작해야 한다고 생각하는 이유는 도대체 무엇인가요? 진심으로 기도하는 마음이 우리가 살아 있음을 나타내는 최고의 경지라면, 언제든 우리가 자발적으로 생생히 살 때가 바로 출발점이 될 것입니다. 그런데 경이로움과 집중으로 이루어진 성찰 상태에서 먹거나 마시거나 산책하거나 포옹하는 것보다, 이와 같은 성찰 상태에서 시편을 낭송하는 것이 더 쉬워 보이나요? 그렇다면 앞서 이야기한 것과는 정반대 상황일 수 있습니다. 다른 활동을 하면서 기도하는 법을 배웠더라도 우리 가운데 어떤 이들에게는 온 마음을 다해 기도문을 외우며 기도하는 것이 최고의 방법이 될 수 있습니다.

중요한 것은 기도이지, 기도문을 읊는 것이 아닙니다. 만일 그렇다면, 그러니까 기도가 가장 중요하다면 기도문들은 과연 누구에게 필요한 것일까요? 대답은 간단합니다. 우리 모두에게 필요합니다. 기도문은 우리 모두가 경험하는 욕구, 즉 기도하는 마음을 표현하고 싶은 욕구를 충족시켜 줍니다. 우리의 마음은 감사함 없이 깨어 있을 수 없습니다. 모든 것을 당연하게 생각하던 상태에서 깨어나는 순간, 우리는 적어도 한 줄기 놀라움을 느끼면서 감사하기 시작하지요. 그런데 감사에는 스스로 자꾸 표현하고자 하는 욕구가 있습니다. 선물을 받았는데 누가 주었는지 모를 때 우리는 묘한 느낌을 경험합니다. 저도 그런 선물을 받으면 마음속에 무언가 걸리는 느낌이 들어서 매일 아침 만나는 사람마다 고마움을 표시합니다. 그저 그렇게 하고 싶은 저 자신의 욕구를 충족시키는 것이지요. 그런데 이때 또 다른 일이 일어납니다. 고마움을 표현하면서 그 고마움을 더 깊이 깨닫게 되는 것이지요. 그리고 이런 깨달음이 클수록 고마움을 표하고 싶은 욕구도 더 커집니다. 고정된 중심을 가운데 두고 점점 원이 커지는 형태로 증가하는 과정, 마치 나선형으로 상승하는 것처럼 감사하는 마음에 점점 더 깊이 빠져들게 됩니다.

기도문들도 마찬가지예요. 진심으로 기도하는 마음을 표현하는 기도문들 덕분에 우리는 더욱 열심히 기도하는 마음을 지니게 됩니다. 그러면 기도로 충만한 마음이 더 커지면서 또다시 기도문으로 이런 마음을 표현하고 싶어지는 것이지요. 처음 시작할 때는 이런 마음이 그리 크지 않았을 것입니다. 하지만 우리가 이런 나선 모양의 마음 안에 머물러 있는 한, 그 마음은 나선의 내적 역동성에 따라 팽창합니다.

이렇게 역동적으로 증가하는 움직임을 눈으로 확인할 수 있는 완벽한 결정체가 바로 앵무조개입니다. 저는 조개껍데기들이 전시되어 있는 것을 보면 늘 이 매력적인 바닷조개가 어디 있는지 찾아

봅니다. 특히 앵무조개 표본 중에서 표본을 반으로 잘라 진줏빛 내벽으로 나뉘어 있는 빈방들을 볼 수 있는 것이 가장 흥미롭습니다. 남태평양이나 인도양 어딘가에서 연체동물 한 마리가 제 몸을 둘러싸고 이런 멋진 집을 지었겠지요. 이 신비한 바다 생물은 자라면서 점차 몸집이 커지면, 작아져 버린 방을 벗어나 새로운 더 큰 방으로 옮겨 갑니다. 하지만 새로 이사한 방 역시 이내 작아져서 그 방을 만든 건축가이자 그 안에 갇혀 있는 수감자인 그 연체동물은 하는 수 없이 방을 다시 만들어 이사하게 되지요.

해를 거듭하며 세월은 침묵의 노역으로
그의 윤나는 똬리가 뻗어 나가는 것을 보았네.
나선이 자라는 동안 고요함에 잠긴 채
그는 과거의 집을 떠나 새집을 향했다네.
부드러운 발걸음으로 환히 빛나는 아치 길을 지나
사용하지 않는 문을 만들고
마지막에 발견한 집으로 들어갔네. 그리고 옛집은 이제 잊었네.

미국 시인 올리버 웬델 홈스가 지은 「집을 가진 앵무조개」의 한 구절입니다. 시인은 '정처 없는 방랑의 바다가 낳은' 이 작고 부드러운 조가비가 전하는 메시지에 고마움을 표합니다. 앵무조개가 떠난 지 한참이 지났어도 그 메시지는 비어 있는 여러 방을 따라 메아리가 되어 여전히 울리고 있습니다. 시인은 이 메시지를 '천국의 메시지'

라고 부릅니다. 우리의 궁극 목표를 향해 자라나는 것과 관련되어 있기 때문이지요. 그 메시지에 대해 시인은 이렇게 노래합니다.

내 귀에 메시지가 울리는 동안
깊은 사유의 동굴을 거쳐 들리는 목소리 하나가 노래하네.
집을 지어라.

오, 나의 영혼이여, 더 위풍당당한 저택을 지어라.
재빨리 계절이 바뀌듯이!
천장이 낮은 너의 과거를 떠나라!
새로운 성전을 지을 때마다 전보다 더 고귀하게 만들어라.
더 넓은 돔 천장을 지어 천상으로부터 너를 보호하라.
네가 몸을 뻗어 자유로워질 때까지.
쉼 없는 삶의 바다에 의해 너무 커져 버린 너의 껍데기를 떠나라!

기도와 기도문의 상호작용으로 기도하는 삶의 성전을 어떻게 세우는지 일단 깨닫게 되면, 이 과정 안에서 우리의 위치가 어디인지 그리고 우리가 어떻게 나아가야 할지 파악하는 데에 필요한 올바른 질문을 던질 수 있게 될 것입니다. 앞서 살펴보았듯이 기도문들은 기도와 이중적 관계를 가집니다. 기도문들은 기도를 표현하는 동시에 강하게 만듭니다. 따라서 우리는 두 가지 기본 질문을 던져야 합니다. 나의 기도문들은 나의 기도를 진실로 표현하고 있는가? 그 기도문들은 내 마음을 더욱 기도로 충만하게 하는가?

이 두 가지 질문이 문제의 정곡을 찌르기 때문에 이를 이용해서 공동체의 기도문들과 우리의 기도문들을 모두 점검해 볼 수 있습니다. 하지만 두 영역은 맥락이 워낙 달라서 하나씩 차례로 살펴보아야 하겠습니다. 흔히 사적인 기도라고 불리는 영역부터 먼저 시작하겠습니다.

그런데 '사적인 기도'는 오해의 소지가 있는 표현입니다. 진정한 기도는 결코 사적인 것일 수 없으니까요. 만약 기도가 사적이라면 진정한 기도가 아닙니다. 무엇이 되었건 사적인 것은 누군가를 배제합니다. 사적인 비공개 클럽이 전용 회원제로 운영되고, 사유도로는 소유자 말고는 사용할 권리가 없는 것처럼요. 진정한 기도는 가슴으로부터, 내가 모든 사람과 하나가 되는 그 영역으로부터 나옵니다. 진정한 기도는 결코 사적인 것이 될 수 없습니다. 진정한 기도는 모든 것을 아우릅니다. 전통적 유다교에서 기도를 가르치는 어느 위대한 스승이 남긴 다음과 같은 말이 이를 잘 표현합니다. "나는 기도드릴 준비를 하면서 나보다 하느님에게 가까운 사람들 모두와 하나가 됩니다. 그래야 그들을 통해 내가 하느님에게 닿을 수 있을 테니까요. 또한 나보다 하느님으로부터 멀리 떨어져 있는 사람들과도 하나가 됩니다. 그래야 나를 통해 그들도 하느님에게 닿을 수 있지요." 그리스도교 전통에서는 이를 가리켜 모든 성인의 통공 通功이라고 합니다. 우리는 기도를 할 때마다 공동체 안에서 기도하는 것입니다. 그래서 어떤 이들은 '사적' 기도보다는 '개인' 기도라고 표현하는 것을 선호합니다. 하지만 이것 역시 우리의 발목을 잡습니다. 개인 기도의 대안은 그럼 무엇인가요? 비개인적인 기도인가요? 부디 그런 것이 없기를 바랍시다. 그래도 우리는 다른 사람들과 함께 기도하는 것과 나 홀로 기도하는 것을 여전히 구별해야 합니다. 저는 이 두 영역을 각각 함께 하는 기도와 혼자 하는 기도라고 부르겠습니다.

이렇게 하면 기도에 대해 말할 때 '사적'이라는 표현을 뺄 수 있습니다. 그래도 오해의 소지가 남아 있을지 모르니 확실히 짚고 넘어갑시다. 여기서 말하는 혼자 하는 기도가 꼭 기도서에 나오는 기도문을 뜻하는 것은 아닙니다. 이 대목에서 기도와 기도문을 한 번 더 구별해야겠습니다. 앞서 살펴보았듯이 기도는 중간에 끊어짐 없이 계속 이어져야 합니다. 진심으로 기도하는 마음만 있으면 이를 통해 **어떤** 행동도 다 기도가 될 수 있으며 기도가 되어야 합니다. 한편 기도문을 읊는 기도는 여러 활동 가운데 **하나**에 해당합니다. 이를테면 오직 기도만을 위해 다른 것은 잠시 중단하는 타임아웃이라고 할 수 있지요. 우리는 이 시간에 기도문으로 기도를 드릴 수 있지만, 더 넓은 의미의 기도를 드릴 수도 있습니다. 기도를 위해 따로 정해 놓은 시간에 우리가 하는 일이 무엇이건 그것이 진심으로 기도하는 우리 마음을 표현하고 그렇게 함으로써 그 마음이 더욱 깊어지게 한다면, 그 시간은 유익하게 쓰이는 것입니다.

혼자 하는 기도에 필요한 기본 규칙은 딱 하나입니다. 확실한 혼자만의 시간을 마련해야 한다는 것입니다. 일단 이 조건이 충족

되면, 무엇이건 그 시간에 여러분의 마음을 채워 주는 것을 나름대로 표현하는 방법을 찾는 것은 무척 쉬울 겁니다. 하지만 홀로 남아 기도하는 것이 생각만큼 쉬운 일은 아닙니다. 특히 종교 공동체 안에는 때로 폭넓게 다른 사람들을 관찰하는 것이 구성원들의 규칙인 경우도 있습니다. 이런 경우 언제, 어디서, 어떻게, 얼마나 오랫동안, 어떤 자세로 기도를 드리는가 하는 모든 세세한 사항들이 철저한 검토 대상이 됩니다. 기도하는 법을 가르쳐 주는 스승과 이런 모든 사항에 대해 논의하여 각자에게 가장 도움이 되는 방법을 찾을 수 있다면 대단한 축복일 것입니다. 하지만 이런 것을 넘어서 우리에게는 주장해야 하는 권리와 의무가 있습니다. 혼자 하는 기도일 때에는 혼자만의 시간을 가져야 한다는 점입니다.

그렇습니다. 이 점에서 우리에게는 의무가 있습니다. 가장 빈번히 등장하는 방해는 외부에서 오는 것이 아니라 우리 자신 안에서 나오는 것입니다. 이는 공동체 안에서 생활하는 사람들에게만 한정된 문제가 아닙니다. 우리 모두가 이런 방해를 받지 않도록 맞서서 싸워야 합니다. 제가 생각하기에 우리들 각자의 내면에는 우리를 혼자 남겨 두려 하지 않는 작은 목소리가 있습니다. 이 목소리는 우리에게 어떤 자의적 기도를 따르라고 혹은 따르지 말라고 종용합니다. 둘 중 어느 경우이건, 혼자 기도를 드리면서 창의적 기도 시간을 가지는 도전을 하는 대신, 우리는 한 가지 모델에 집착해서 이것을 모방하거나 배척하는 데에 몰두하게 됩니다. 여러분은 세상에서 유일한 존재입니다. 여러분의 기도가 진실하다면 그 기도는 여러분의 유일함을 감사히 표현할 것입니다.

여러분이 스스로 기도문을 만들지 않고 기도서에서 여러분에게 맞는 기도문을 골라서 기도드린다 하더라도 마찬가지입니다. 여러분에게 맞는 기도문을 고르는 과정 자체가 창의적이며 여러분의 선택은 유일한 것이 되기 때문이지요. 혼자가 되는 것은 자유롭게 선택할 수 있는 것을 의미합니다. 나의 선택이라면, 한마디도 말을 하지 않고 침묵하거나, 춤을 추거나, 음악을 듣거나, 무엇이 되었거나 간에 진심으로 기도하는 나의 마음을 표현하고 키워 주는 것을 자유롭게 할 수 있어야 합니다. 음식을 생각해 보면 잘 이해가 갈 것입니다. 세상에는 수많은 식단이 존재합니다. 중요한 것은 여러분에게 맞는, 여러분의 건강을 유지해 주는 여러분만의 식단을 찾는 일입니다.

음식에 비유해서 기도의 또 다른 측면을 살펴볼 수 있습니다. 바로 절제입니다. 사람들 중에는 채식으로 건강을 유지하는 경우도 있고, 육식으로 건강을 유지하는 경우도 있습니다. 어떤 사람은 1일 1식을 하고, 어떤 사람은 1일 다식을 합니다. 어떻게 절제하든 모두 건강에 유익할 수 있지만, 먹고 마시는 일에서 절제하지 않으면 누구도 건강을 오래 유지할 수 없습니다. 기도에서도 마찬가지로 절제가 중요합니다.

절제가 하나의 축이라면 통제는 또 다른 축입니다. 절제는 제자, 즉 스승의 눈을 들여다보고 스승의 눈에 비치는 제자가 지니는 태도입니다. 훈련 교관은 자신이 담당하는 훈련병들과 시선을 마주치려고 누구보다도 신경 쓸 것입니다. 물론 규칙을 따르는 것이 가장 중요한 문제입니다. 하지만 스승과 눈을 마주치면 제자들은 창의적으로 절제하고 절제된 창의력을 발휘하게 됩니다.

통제는 엄격하고 융통성이 없어서 부러지기 쉽습니다. 반면 절제는 융통성이 있는 만큼 강합니다. 통제에는 생명이 없지만, 절제는 생생히 살아 있으며 생기를 돋웁니다. 혼자 기도할 때 경험하는 위대한 도전은 다음과 같습니다. (다른 사람 혹은 자신의) 통제로부터 자유로워지고, 우리 마음의 눈으로 하느님의 눈에 비친 우리의 모습을 바라보면서 절제를 통해 창의적으로 되는 것이 바로 그것입니다. 혼자 기도할 때 우리의 창의력에는 한계가 없습니다.

자, 그렇다면 함께 하는 기도는 어떨까요? 다른 사람들과 함께 기도할 때 지켜야 하는 한 가지 기본 규칙은 바로 '함께' 해야 한다는 것입니다! 이것은 나란히 옆에서 기도하는 것과는 다릅니다. 한 상자 안에 들어 있는 정어리들은 나란히 정돈되어 있습니다. 하지만 이 정어리들이 정말로 함께 있는 것일까요? 부두에서 물속의 정어리 떼를 관찰해 보면 여러 방향으로 자발적으로 움직이는 것이 보입니다. 이 물고기들은 같은 공간과 같은 삶을 공유하고 있기에 진정으로 함께하고 있는 것입니다. 그런 반면 상자에 담겨 있는 정어리들은 죽어 있습니다. 이 생선들은 자발성도 공유도 알지 못하지요. 이와 마찬가지로 우리는 함께 기도드릴 준비를 하면서 때때로 이렇게 자문해야 할 것입니다. '이 두 종류의 정어리 가운데 우리는 무엇과 닮아 있을까?' (명심해야 할 것은 나란히 상자에 담겨 있는 정어리들은 머리를 희생해야 상자에 깔끔하게 들어간다는 사실입니다.)

어떤 사람들은 함께 기도할 때 자발성이 있어야 한다는 말을 들으면 위험하다고 느낍니다. 이들은 자발성을 조직 체계에 반하는 것이라 생각하여 집단을 통해 얻는 힘을 잃게 될까 두려워합니다. 하지만 자발성은 집단과 동반자 관계에 있습니다. 조직이 없으면 자발성도 존재하지 않습니다. 파티에 갔는데 주최자가 "자발성이 최대로 발현되게 하려고 아무것도 준비하지 않았답니다"라고 말한다고 생각해 보세요. 자발성이 가능하도록 하려면 엄청난 준비가 필요합니다. 물론 준비된 조직이 억압적이라면 자발성이 숨 쉴 공간은 남지 않습니다. 함께 기도하려면 자발성을 지원하는 데에 필요한 조직 체계가 탄탄해야 하지만 그 이상은 아닙니다. 문제는 다양한 사람들이 모인 집단 안에서 어떤 이들에게는 이것이 그럭저럭 힘이 될 수 있지만, 어떤 이들에게는 숨 막히게 느껴질 수 있다는 사실입니다. 이 때문에 함께 기도하기 위한 준비를 하는 동안 무척 신경을 써야 하고, 함께 기도를 진행하는 동안에도 많은 인내심이 필요할 것입니다.

이것은 나눔의 경우에도 마찬가지입니다. 나눔이 없다면 우리는 함께 기도할 수 없습니다. 그런데 나눔에는 여러 유형과 정도가 있습니다. 함께 기도하는 데에 참여하는 것, 여러분과 다른 이들 각자가 참여하는 것이야말로 기본적인 자세이자 나눔의 한 유형임이 분명합니다. 그런데 모든 것을 다 함께 하기보다는 다양한 사람들이 각자 자신의 몫을 다하게 하면, 함께 드리는 기도가 향상되는 경우가 많습니다. (다 함께 노래할 때 소수만이 멜로디를 노래하고 후렴 부분은 모두가 함께 부르면 예외 없이 더 좋은 효과를 거둡니다. 하지만 우리는 더 좋은 참여 효과를 거둘 수 있는 이런 간단한 방법을 거의 활용하지 않지요. 어쨌건 참여란 전체가 아니라 일부를 취하는 것을 의미합니다.) 개인의 의사와 관심을 나누는 일은 다른 사람들을 잘 알고 그들과 편한 관계에 있을 때에만 가능할 것입니다. 자발성 문제를 다루었을 때와 마찬가지로 여기서도 같은 집단에 속한 사람들이라 하더라도 서로 간의 친밀도는 다양할 것입니다. 우리는 친밀도 면에서 가장 적은 공통분모를 '나'로 잡은 뒤 여기서 출발해 능숙한 솜씨로 인내심을 가지고 확장해 나가야 합니다.

함께 기도할 때 우리가 직면하는 문제 대부분은 너무 많은 것을 기대할 때 생깁니다. 공동체 주방에서 조리한 음식이 모두의 입맛에 맞기를 기대하는 것은 무리일 겁니다. 이와 마찬가지로 혼자 기도할 때에만 얻을 수 있는 것을 함께 기도할 때 기대해서는 안 되겠지요. 그런데 공동체 주방도 장점이 있듯, 함께 기도하면서 우리는 우리들 대부분에게 필요하지만 혼자 기도할 때에는 얻을 수 없는 힘을 얻을 수 있습니다. 우리는 진심으로 기도하는 나 혼자만의 마음을 혼자 하는 기도로 표현합니다. 이와 마찬가지로, 공동으로 경험하는 기도의 삶을 찬양하기 위해서라면 함께 기도해야 합니다.

혼자 촛불을 밝히는 일은 제가 좋아하는 기도 방식 중 하나입니다. 촛불 밑에서 기도문을 읽어 내려가는 것을 말씀드리는 것이 아넘니다. 촛불을 켜는 행동 자체가 기도입니다. 이때에는 성냥을 켜는 소리도 들을 수 있고, 촛불을 불어서 끄면 연기 냄새가 훅 풍기기도 합니다. 또 불꽃이 활활 타올랐다가 가라앉는 모습, 거의 꺼질 듯한 찰나에 촛농이 녹아내리면서 불꽃이 다시 살아나 안정적으로 타오르는 모습도 볼 수 있지요. 이 모든 것과, 내 촛불이 그린 작은 원 모양의 불빛 너머에 있는 어둠이 기도입니다. 저는 방 안에 들어가듯 이 기도 안에 들어갑니다. 이렇게 기도할 때 혼자 있어야 하는 것은 기본입니다. 누군가 한 명만 같이 있더라도 이 기도는 완전히 달라집니다. 무언가를 잃게 되겠지요.

촛불 행렬 의식을 할 때 촛불을 밝히는 것은 완전히 다른 경험입니다. 하지만 이것 역시 진정으로 기도가 될 수 있습니다. 부활전야 미사 때, 부활초 하나에서 시작해서 수백 개의 초에 불을 붙이면 공동체 전체가 하느님을 향해 가슴과 마음을 힘차게 고양시킬 수 있고, 그렇게 함으로써 진정으로 함께 기도하게 됩니다. 혼자서는 이런 기도를 반복할 방법이 없습니다. 항상 그런 것은 아닐지라도 이 기도는 모두가 함께 기도할 때 유효합니다. 공동 기도의 가장 독특한 특징을 혼자 기도하면서 경험할 수 있을까요?

이제 하나의 공동체로서 우리는 여기서도 다음과 같은 두 가지 기본 질문을 던져야 합니다. 우리가 함께 드리는 기도는 과연 우리가 공유하는 신실함을 진정으로 표현하고 있는가? 이런 기도가 하나의 공동체인 우리의 신심을 더욱 키워 주는가?

공동체가 기도하는 마음으로 함께 살고 일하지만 그들의 삶에서 참으로 기도를 드리지 않는 때가 바로 기도문을 읊는 시간인 경우가 있습니다. 어떤 이는 서두르는가 하면 어떤 이는 지루하게 질질 끕니다. 어떤 이는 음을 낮춰서 노래하는가 하면 어떤 이는 높여서 노래합니다. 어떤 이는 창문을 열고 싶어 하지만 어떤 이는 닫고 싶어 합니다. 이들은 서로 삐걱거리기 때문에 기도가 끝나면 신실함을 회복하는 데에 한참의 시간이 필요합니다. 이와 같은 경우라면, 적어도 함께 기도하기 위해 기다리고 모여서 하나가 되었다는 사실에 용기를 얻도록 합시다. 그러면서도 어떻게 하는 것이 최선인지 용감하게 그 문제와 씨름해 봅시다. 인내와 상호 신뢰를 바탕으로 위의 두 가지 기본 질문을 던지다 보면, 우리가 겪고 있는 어려움의 근원에 도달하리라는 희망을 가질 수 있겠습니다. 그리하여 함께 기도드릴 때 진심 어리고 보람된 결과를 가져올 수 있는 기도 형식을 발견하게 될 것입니다.

결국 중요한 것은 기도문들이 아니라 기도 그 자체이며, 우리가 신심을 표현하고 지속시키는 모습들입니다. 우리는 우리의 기도가 '진짜' 기도라는 생각에 얼마나 쉽게 빠져 버리는지 모릅니다. 그런데 '진짜' 기도란 무엇인가요? 식사 전에 드리는 기도인가요, 아니면 기도 후에 이어지는 식사인가요? 먹고 마시는 것보다 더 '진짜'일 수 있는 것이 무엇일까요? 우리가 항상 기도한다고 하면, 먹고 마시는 일도 진짜 기도가 될 것입니다. 다시 말하자면, 식사 때 드리는 기도는 감사를 표현하는 것이며 식사 때 감사하는 마음으로 한 입 한 입 먹으라고 상기시켜 주는 것입니다. 감사하는 마음으로 인해 식사 시간 전체가 기도가 됩니다. 식사 전 기도를 드린 다음에는 수프, 샐러드, 디저트 기도를 드릴 테니까요. 그런 다음에는 마지막에 다시 정식 기도문으로 식사 후 기도를 드림으로써 식사 후에도 기도가 계속되어야 한다는 사실을 다시 일깨우게 됩니다.

기도문을 읊는 기도와 삶 속의 기도의 관계를 혼동하는 순간, 기도문을 읊는 기도를 더 길게 더 자주 드리는 사람이야말로 참으로 신심 깊은 사람이라는 생각을 하기 시작합니다. 이것은 연료를 가장 많이 소비하는 자동차가 제일 좋은 차라고 여기는 것과 같은 이치가 됩니다. 사실 영적 차원에서는 기도문을 읊는 기도의 횟수가 적으면서도 좋은 연비가 가능하다는 주장이 타당하게 들릴 수 있습니다. 중요한 것은 기도문을 읊는 것이 아니라 바로 신실함이기 때문이지요.

달리 표현해 본다면, 기도문들은 기도하는 삶을 노래하는 시詩라고 볼 수 있겠습니다. 한 편의 시는 삶을 찬미합니다. 그리고 이렇게 찬미하는 가운데 그 시 자체가 삶의 정점이 됩니다. 우리는 가슴의 눈으로 바라보며, 우리에게 보이는 놀라운 일들에 압도됩니다. 그리고 우리는 삶의 깊은 원천을 건드리는 어떤 몸짓으로 이런 통찰을 경축합니다. 하지만 이 말을 훨씬 더 간단히 표현할 수 있습니다. 바로 기도란 감사하는 마음으로 살아가는 것이라고 말이지요.

4
관상과 여가

눈을 들어 바라보라

영국에 있는 3천5백 년 이상 된 신비한 유적 스톤헨지는 거대한 바위기둥을 원형으로 배열해 놓은 것입니다. 스톤헨지에 관한 기록을 보면 높이가 8미터에 이르며 무게가 최대 50톤에 다다른다고 합니다. 30여 킬로미터나 떨어진 채석장에서 이곳까지 이 어마어마한 돌덩이들을 도대체 어떤 기발한 방법으로 옮겨 왔는지, 또 거대한 평판 모양의 돌을 어떻게 돌기둥 위에 올려서 삼석탑을 만들 수 있었는지는 아무도 모릅니다. 심지어 이 눈부신 위업을 이룬 것이 누구인지도 알려져 있지 않지요. 그뿐만 아니라 어떤 생각으로 이들을 모아 놓았는지, 어떤 이상에 따라 이런 공을 들이게 되었는지도 완전히 오리무중입니다. 모든 것이 선사시대의 어둠 속에 가려져 있지요. 우리는 돌기둥과 배수로, 둑, 구덩이 들이 배열된 복잡한 형태를 보면서 마치 바위에 새겨진 룬문자를 보듯 합니다. 하지만 우리는 그 형태의 의미를 해석하지 못하지요. 그래도 한 가지 단서는 찾았습니다. 바로 스톤헨지의 배치도입니다. 스톤헨지는 하지 때의 일출 지점을 비롯해서, 태양과 달의 주기 중 의미 있는 날들의 일출과 월출 지점에 정확히 맞추어서 배치되어 있습니다. 그러니까 공들여 세운 이 구조물 전체가 사람이 드나들 수 있을 정도로 거대한 해시계이자 달시계로 밝혀진 것입니다. 스톤헨지는 태양과 달의 주기를 건축물로 바꾸고, 운동을 디자인으로, 시간을 공간으로 바꾸어 놓은 것입니다. 지구상의 이 작은 땅덩어리에 하늘을 본뜬 모습이 만들어진 것이지요. 위에서 관찰한 질서를 바탕으로 아래에 질서가 생겨난 셈이지요. 바로 여기에 스톤헨지의 의미를 파악할 수 있는 열쇠가 있습니다. 그것은 관상의 의미를 파악하는 데에 필요한 열쇠이기도 합니다.

어떤 단어의 뜻을 더 깊이 있게 알고 싶을 때 그 어원을 따라가 보면 도움이 되는 경우가 종종 있습니다. '관상'觀想을 뜻하는 영단어 'contemplation' 가운데에 있는 작은 음절 'temp'는 오랜 기원을 지니고 있습니다. 학자들에 따르면, 이 음절이 처음에는 '눈금을 표시하다'라는 의미였을 것이라고 합니다. 자국을 내어 눈금을 표시하면 수를 세고 길이 측정을 시작할 수 있는 간단한 장치를 갖게 되는 셈입니다. 가령 낚시를 할 때 물고기를 다 잡았다가 놓칠 때마다 뱃전에 자국을 내어 표시를 하면 몇 마리나 잡을 뻔했는지 계속 기록할 수 있습니다. 또한 어떤 막대기건 작은 간격을 두고 두 군데에 표시를 하면 눈금이 있는 막대자로 탈바꿈해서 여러분이 잡은 물고기 크기를 측정할 수 있지요. 오늘날에는 눈금이라는 원래 의미와는 거리가 멀어지기는 했지만 여전히 'temp' 음절은 측정과 관련되어 있습니다. 예를 들자면, 현대 영어에서도 기온을 뜻하는 'temperature'는 열기와 냉기의 정도를 표시하며, 기질을 뜻하는 'temperament'는 심리적 반응의 척도를, 박자를 뜻하는 'tempo'는 시간상 리듬이 반복되는 정도를 표시하는 단어이지요. 또한 'temper'라는 동사는 내용물을 적절한 정도로 조절한다는 뜻을 지닙니다. 만약 여러분에게 절제temperance의 덕이 있으면, 여러분은 건강에 좋은 만큼만 먹고 마실 것입니다. 다들 스스로에게 알맞은 적정량을 알고 있으니까요.

성전을 뜻하는 단어 'temple'도 어원이 같습니다. 이 단어는 관상과 더 직접적으로 관련되어 있으며, 스톤헨지에 있는 성전 같은 구조물과의 연관성을 떠올리게 해 줍니다. 하지만 원래 성전에 해당하는 라틴어 'templum'은 건축 구조물을 뜻했던 것이 아니라 측정이라는 의미에 가까웠답니다. 이 단어는 측정된 구역을 뜻했습니다. 심지어 이 측정된 구역은 땅 위가 아니라 하늘에 있었습니다. 나중에야 'templum'은 지상에서 천상의 구역에 해당하는 신성한 구역을 뜻하게 되었고, 마침내 신성한 규격에 맞게 신성한 곳에 세워진 건물을 가리키게 되었답니다.

그런데 고대 로마의 사제들, 곧 점술사들이 관상했던 것은 하늘의 한 구역이라는 의미를 지닌 '신전'templum이었습니다. 이는 그들이 지속적 관심을 가지고 신전을 주시하면서, 자신들이 본 것을 바탕으로 가장 상서로운 행동 방침을 도출했음을 뜻하지요. 고대 로마에서는 중요한 공적 사안을 결정할 때, 제안된 안이 점술사가 본 것과 일치해야만 결정이 이루어졌습니다. 이러한 관행은 논리적 추론보다 더 오래된 사고방식, 즉 우리 인간의 마음속 깊이 뿌리박혀 있는 하나의 원형적 증상을 보여 주는 것입니다. 오늘날에도 여전히 우리는 마음속 깊은 곳에 다가가고 있고, 그곳을 탐색함으로써 관상에 새로운 빛을 비춥니다.

우리 인간에게 '위'와 '아래'는 분석적 사고방식으로는 가늠할 수 없는 의미를 가집니다. 불가피하게도 우리는 '더욱 중요한' 것들의 승인을 얻어 말합니다. 우리는 이런 중요한 것을 '고양되고', '격상되고', '평균보다 높다'고 말합니다. 이와 대조적으로 우리의 표준 아래에 있는 것은 '열등하고', '하찮고', '저급하다'고 칭합니다. 그래서 만약 저급한 상품을 귀하다고 하고 높은 성취를 실패라고 부른다면, 단순히 언어적 측면에서만 혼란스러운 것이 아니라 우리의 세계관을 뒤흔들게 될 것입니다. 분명 이것은 우리가 당근처럼 아래로 자라는 것이 아니라 위로 자란다는 사실과 관련되어 있습니다. 우리 가운데 가장 칠칠맞지 못한 사람이라 하더라도 남들이 아래로 넘어질 때 위로 넘어지지는 않겠지요. 위와 아래가 인간의 사고방식과 언어 전체를 얼마나 일관되게 양극화하는지, 가히 놀랍습니다. 더 나아가 위와 아래를 대립시키는 구도 안에서는 장소에 상관없이 어디에서나 동일한 가치판단(향상 대 쇠퇴)이 내포되어 있다는 사실은 더더욱 놀랍습니다. 혁명가란 현재 정상에 있는 것을 **아래로** 끌어내리려고 고군분투하는 사람입니다. 하지만 그가 이런 일을 하는 이유는 정의가 불의를 **위에서** 누르고 승리해야 한다는 신념 때문이지요. 어떤 철학이나 신념을 가졌건 우리 모두는 상황이 거꾸로 뒤집히면 무언가 잘못되었다는 느낌을 공유하게 됩니다.

여기서 '높다'를 '낮다'와 대립시킬 것인지, '깊다'와 대립시킬 것인지에 따라 '높다'의 의미가 달라진다는 점에 주목할 필요가 있습니다. 높고 깊은 것은 때때로 동시에 일어날 수 있습니다. 반면 높고 낮은 것은 절대로 동시에 일어나지 않습니다. 고결한 사람은 깊은 생각을 하지, 결코 낮은 생각을 하지 않는 법이지요. 라틴어 'altus' 는 높고 깊다는 두 가지 의미에서 모두 격상되어 있다는 뜻을 지닙니다(파도가 높으면 바다는 깊습니다). 하지만 격상되어 있는 것은 저급하고 하찮은 것과 언제나 대립 관계에 있습니다. 상식만 있으면 이것은 구별할 수 있습니다. 이와 관련해서, 상식이란 그리 흔한 것이 아니라고 지적한 체스터턴의 말은 틀렸을까요? 높다/깊다와 낮다의 관계를 이해할 수 있게 해 주는 상식은 언어보다 더 오래된 것임이 틀림없습니다. 상식은 생각보다는 **감각**에 더 가까운 것입니다. 또한 상식은 모든 인간에게 **공통되는** 것처럼 보입니다.

상식은 탄탄한 근거가 됩니다. 그러므로 상식을 최대한 활용하도록 합시다. 그런데 우리가 높고 낮음을 경험하는 방식에 따라 그 단어에 대한 우리 인간의 시각에 한 가지 기본적 질서가 만들어진

다는 사실에 잠시 초점을 맞춥시다. 질서라는 기본 개념은 제가 상식이라고 불렀던 것 안에 함축되어 있습니다. 바로 이 상식에 따르면, 질서는 무질서보다 가치가 높게 평가되어야 하고, 질서에는 계급이 있으며, 우리는 산을 오르는 것처럼 높은 곳에 있는 도전에 맞서서 이에 부응하여 더 높은 수준이나 지위로 올라갈 수 있다고 합니다. (우리는 야망의 높이를 낮출 수 있지만, 일단 높은 곳에 있는 도전을 받아들이면 그 도전의 높이에 맞춰야 합니다. 아래로 부합한다는 말은 그 자체로 어불성설입니다.)

바로 이 지점에서 관상이 등장합니다. 관상한다는 것은 우리에게 기대에 부합하도록 요구하는 드높은 질서로 시선을 올리는 것을 뜻합니다. 점술사들이 했던 일이 바로 이것이었습니다. 스톤헨지가 실현하고자 했던 것이 바로 이것이었습니다. 드높은 질서에 인간의 삶을 맞추는 것, 이러한 바라봄을 통해서 변모하고 행동을 완벽하게 하는 것이었지요. 3천5백여 년 전, 지금의 우리와 같은 모습의 인간들이 깊고 둥근 밤하늘 아래 스톤헨지 안에 섰습니다. 그리고 그들은 지성만으로는 파악할 수 없는 인간 삶에 관한 무언가를 이해했습니다. 이런 비전을 가질 수 있을 만큼 충분하고 높고 깊은 것은 오직 가슴뿐입니다. 관상이라는 임무를 충분히 실행할 수 있는 것은 오직 삶뿐입니다.

'관상'contemplation이라는 용어는 그리스도교와 경쟁 관계에 있던 고대 로마 종교의 전문용어였습니다. 그럼에도 이 용어를 그리스도교에 처음 소개했던 사람들은 이 용어를 대체할 수 있는 말이 없다는 사실을 알고 있었음이 틀림없습니다. 아마 그들은 관상이 원초적이고 보편적인 인간 현실을 나타낸다는 사실을 잘 알고 있었던 듯합니다. 확실히 말할 수 있는 것은 그들이 관상이라고 하는 이 개념이 성경 속 전통의 중심이라는 사실을 깨달았다는 것입니다. 이것은 성전신학 전체를 지지하는 개념입니다. 이 개념은 위대한 관상가였던 모세를 솔로몬 성전과 하느님의 지혜가 세운 성전과 이어 줍니다. 또한 모세는 예수 그리스도와 연결됩니다. 바로 이 예수 그리스도 안에서 지혜와 성전은 사람이 되어 나타납니다. 모세는 예수 그리스도의 몸과도 이어집니다. 그리스도의 몸은 새로운 인간 이자 성령이 머무는 성전입니다.

오늘날 우리는 모세를 관상가보다는 십계명을 소개한 위대한 입법자로 알고 있습니다. 하지만 한 걸음 더 가까이 들어가 보면 모세가 관상가의 모델로 아주 적합하다는 것을 알 수 있습니다. 그는 산 위로, 높은 영역으로 올라갑니다. 그리고 변혁적 환시에 자신을 맡기는데, 하느님의 영광의 빛은 눈이 멀 정도로 환하게 그의 얼굴을 비춥니다. 그런 뒤 산 아래에 있던 사람들에게 율법뿐 아니라 성전 설계도까지 가져다줍니다. 성경에는 모세가 산 위에서 보았던 모양에 따라 정확히 그대로 성막을 지었다는 사실이 몇 번이고 되풀이해서 강조되어 있습니다. 율법 역시 백성을 살아 있는 하느님의 성전으로 만드는 일종의 설계도라고 이해해야 합니다. 그들은 결국 모든 척도를 산산이 부수는 신성한 질서의 비전에 부응할 정도로 성장해서 살아 있는 돌이 됩니다.

이상과 그것의 실현, 비전과 행동 사이의 긴장을 유지해야만 성전을 지을 희망을 가질 수 있습니다. 그리고 성전을 지어야만 관상이 진짜임이 증명됩니다. 접두사 'con'(cum, '함께'라는 의미)이 붙어 있는 것을 보면, 비전을 응시하는 것만 가지고는 관상이라고 할 수 없다는 사실을 알 수 있습니다. 응시하는 것만으로도 관상이 된다고 하면 접두사를 빼고 'templation'이라고 했어야겠지요. 관상con-templation은 비전과 행동을 하나로 합해 줍니다. 관상은 비전을 행동으로 바꿔 주지요. 비전 없는 행동은 제자리에서 빙글빙글 도는 행동, 단지 행동주의에 불과합니다. 반면 행동 없는 비전은 공허할 따름입니다. 역사적으로 살펴보면, 진정한 관상가들은 이루어질 필요가 있는 것을 보았으며, 그들이 필요하다고 본 것을 단순히 행했습니다. 그래서 몇몇 관상가들은 지칠 줄 모르고 일해야 했습니다. 시에나의 성녀 카타리나, 클레르보의 성 베르나르두스, 아빌라의 성녀 데레사가 그랬지요. 이분들이 일했던 성전은 지금도 여전히 높이 올라가고 있습니다.

성 베르나르두스는 내적 환시에 너무도 깊이 빠져 있어서 종종 눈이 먼 것처럼 보일 정도였습니다. 어느 날, 그가 몸담고 있는 수도원 성당의 위쪽 창문을 수리해야 할 때가 되자 담당 수사들이 그에게 결정을 내려 달라고 요청했습니다. 그런데 놀랍게도 성 베르나르두스는 수사들이 무슨 말을 하는지 도통 알아듣지 못했습니다. 지난 세월 동안 이 성인은 수도원장이면서도 한 번도 성당을 둘러보지 않았던 것이지요. 그는 성당 위쪽에 창문이 있는 줄도 모르고 있었습니다. 하지만 그의 내적 환시의 빛에 따라 유럽이 모습을 갖춰 가던 시기에, 마지막 교부였던 그는 이제 막 부상하는 서방 그리스도교의 첫 외교관 역할도 했습니다.

이번에는 시에나의 성녀 카타리나를 살펴볼까요? 카타리나 성녀는 일찍이 십 대 때부터 영적 세계와의 교류를 추구했습니다. 몇몇 아메리카 인디언 부족의 청년들이 그랬던 것처럼요. 그녀는 수년간 세상과 격리되어 은둔 생활을 하며 오로지 내적 환시에만 몰두했습니다. 철저히 세상 사람들에게 모습을 드러내지 않는 삶을 살았습니다. 그녀는 스물세 번째 아이로 태어났기에 아버지의 집 뒷방에서 홀로 몸을 숨기고 지내기가 수월했지요. 그러나 십 년 후 성녀는 역사적으로 각광을 받게 됩니다. 채 서른 살도 되지 않은 이 평신도 여성이 평화의 사절이 되어 교황을 설득하여 아비뇽에서 로마로 돌아가게 만든 것이지요. 위대한 신비가 카타리나 성녀는 자신의 환시가 던진 도전을 받아들여 자리를 박차고 일어나 행동하는 위대한 여성이 됩니다.

아빌라의 성녀 데레사의 삶을 보면, 이렇듯 환시를 행동과 연결시키는 일은 이론을 실천으로 옮기는 것 이상의 의미가 있음을 알 수 있습니다. 먼저, 영혼의 정원에 물을 대는 환시, 여러 궁방을 거쳐 눈부시게 빛나는 영혼의 성의 중심으로 나아가는 환시가 있습니다. 그리고 한편으로는 겉으로 드러나 있는 교회 내의 정치, 싸움, 음모가 복잡하게 얽혀 있는 모습이 보이지요. 처음 보면 이 두 가지 세상은 따로 떨어져 있는 듯 보입니다. 사실 성녀 데레사에게는 당장 실시할 수 있는 가르멜 수녀원 개혁 청사진이 보인 것이 아닙니다. 관상은 그런 식으로 작용하는 것이 아닙니다. 성녀는 '인간의 손으로 짓지 않은 성전'에서 뿜어져 나오는 광채에 그저 자신의 마음을 내맡겼을 뿐이지요. 그리고 지상에 성전을 세우려면 도움의 손길이 필요하다는 사실이 이렇게 환한 빛 속에 있는 동안 비로소 조금씩 확실해졌습니다. 성녀는 이 환시에 순명함으로써 위대한 관상 수도자가 될 수 있었습니다.

그렇다면 우리가 관상 중에 바라봄(비전)과 행동을 함께 붙잡는 것이 그리 어려운 까닭은 무엇일까요? 아마 이런 이유 때문일 것입니다. 관상에 담겨 있는 두 가지 도전, 즉 바라봄과 행동은 각각 하나씩만으로도 이미 힘에 부칩니다. 그러니 바라봄과 행동 둘 다를 동시에 다루는 것은 너무 과중한 일이지요. 똑같은 잡무를 세세한 부분을 놓치지 않고 거듭 반복하는 것이 얼마나 피곤한 일일까요? 실수하지 않도록 조심하지만 예외 없이 실수는 생기고 그런 상태에서 인내심을 가지고 반복하기가 얼마나 힘들까요? 그러면서 동시에 내면의 눈으로 줄곧 빛에 초점을 맞추는 것은 또 얼마나 고된 일일까요? 하지만 이 두 가지 노력을 따로따로 한다면 평정심을 잃지 않을 수 있습니다. 한 번은 바라봄에, 한 번은 행동에 집중하면, 가치를 결정하는 사람은 바로 내가 됩니다. 내가 공정하다고 생각하는 만큼만 대가를 지불하고 거기서 멈춥니다. 하지만 바라봄과 행동을 하나로 모으면 임무가 과해지고 말지요. 내가 아닌 **그 임무**가 주체가 되는 것입니다. 그리고 나는 더 이상 가치 결정권자가 되지 못합니다. 부담스러운 임무는 힘든 행동 그 이상을 의미합니다. 행동은 그저 나를 피곤하게 만들 뿐입니다. 하지만 바라봄의 경우에는, 내가 용기를 내어 이를 직시한다면, 아무리 피곤하더라도 멈추지 말라고 요구할 것입니다. 바라봄과 행동을 하나로 묶어 주는 작은 접두사 'con' 때문에 관상contemplation은 부담스럽고 따라서 매우 어려운 일이 됩니다.

그런데 만약 우리가 행동과 바라봄 사이의 이 같은 관조적 긴장을 무너뜨린다면, 우리가 추구하는 목적의 의미가 퇴색할 것입니다. 왜냐하면 제가 행동과 바라봄이라고 일컫는 것은 목적과 의미라고도 부를 수 있으니까요. 오랜 시간 동안 어떤 목적을 추구해 오던 여러분에게 어느 날 문득 이런 질문이 떠오릅니다. 도대체 이 모든 것이 무슨 의미가 있을까? 목적에 의미가 없으면 그저 고되고 단조로울 수밖에 없지요. 그런데 자신이 하는 일에서 의미를 발견하면 그 의미는 도전으로 다가올 수밖에 없습니다. 따라서 책임감을 갖게 되지요. 이제 여러분은 더 이상 다람쥐 쳇바퀴 돌듯 하지 않지만, 새로 발견한 방향감각 때문에 새로운 요구 사항에 직면합니다. 인생이란 것이 무엇인지 조금 더 분명히 알게 되면 더 재미있고 가치 있는 삶이 되겠지만 그렇다고 더 쉬워지는 법은 아니랍니다. 바로 그렇기 때문에 우리 내면에는 자신의 한계를 넘어서야 한다는 책임감을 도전적으로 받아들이기보다는 힘들지만 단조로운 일에 만족하려 하는 무엇인가가 있는 듯합니다.

우리가 일상적으로 무심히 말할 때 목적과 의미가 마치 같은 뜻인 듯 이 두 단어를 서로 바꿔 가며 사용하는 경우가 간혹 있습니다. 하지만 우리가 주어진 목적을 달성하기 위해 어떻게 하는지, 그리고 이와는 대조적으로 의미를 느끼기 위해 어떻게 하는지 주목하십시오. 그 차이는 확연합니다. 우리의 목적이 무엇이 되었건 이를 달성하려면 우리는 상황을 통제하고 일에 착수하고 책임을 져야 합니다. 우리가 상황을 다스릴 수 있어야 하는 것이지요. 그런데 이것은 깊은 의미를 느끼는 상황에서도 마찬가지일까요? 이 경우 여러분은 의미를 느낌으로써 감동과 감명을 받았으며 심지어 넋을 잃었다고 말할 것입니다. 이는 지금 일어난 일을 여러분이 통제하고 있다는 소리로는 들리지 않습니다. 오히려 여러분이 그런 경험에 빠져 버렸고 완전히 장악되었으며, 그래서 여러분은 그 안에서 의미를 발견하고 있다는 것으로 들립니다. 여러분이 상황을 통제하지 않는 한 여러분은 목적을 달성하지 못합니다. 반면 여러분이 자신을 내던지고 빠져들지 않는 한 여러분은 의미를 느끼지 못합니다.

이렇게 통제하거나 자신을 내던지는 것 사이에는 긴장이 존재합니다. 이것은 의미와 목적, 바라봄과 행동 사이에 존재하는 긴장입니다. 이 긴장 관계가 무너지게 내버려 두면 우리의 삶은 양극화됩니다. 하지만 창조적 긴장을 유지하는 일은 힘듭니다. 이를 위해서는 자신을 내어 주어야 하는데 이것은 참 어려운 일입니다. 왜 어려울까요? 용기가 필요하기 때문이지요. 우리는 상황이 자신의 통제 아래 있을 때 안도감을 느낍니다. 하지만 우리가 마음을 빼앗기고 사로잡히는 상황이 되면 앞으로 일이 어떤 방향으로 진행될지 알 수가 없어요. 아는 것이라고는 인생이 점점 모험으로 가득해진 다는 것뿐이지요. 그런데 모험에는 위험이 내포되어 있습니다. 간혹 우리는 이 위험이 너무 두려운 탓에 상황을 완전히 자신의 통제 하에 두려고 합니다. 이렇게 하면 따분함에 만족한다는 것을 의미할 뿐인데도요.

이것은 인간관계에서도 마찬가지라는 사실을 아시나요? 여러분은 잘 아는 사람과 함께할 때 안전하다고 생각합니다. 그래서 "난 그 남자를 어떻게 다뤄야 할지 알아" 또는 "난 그 여자를 간파했지"라고 말합니다. 하지만 인간관계를 너무 면밀하게 여러분의 통제 아래 두면 이내 따분해지고 맙니다. 조금 숨 쉴 틈을 열어 주세요. 그 즉시 흥미진진해집니다. 하지만 동시에 위험해지기도 하지요. 이 모험에 자신을 내맡기기 시작하면 그다음에 무슨 일이 일어날지는 결코 알 수 없습니다. 겁을 많이 먹게 되면 이내 우리는 입을 꼭 다물어 버립니다. 때때로 내맡겼다가 돌려받기를 반복하고 그 사이를 계속 오가면서 하루에도 몇 번씩 마음을 열었다가 닫습니다.

하지만 삶은 주고받는 것이지, 일방적으로 주기만 하거나 받기만 하는 것이 아닙니다. 돌발적으로 호흡이 가빠지는 것과 건강하게 호흡하는 것이 완전히 별개인 것과 마찬가지예요. 우리는 숨을 깊이 들이마시면서 그렇게 들이마신 공기에 자신을 내맡깁니다. 다시 숨을 내쉬면서는 잠시 호흡을 멈춥니다. 이렇듯 균형 있게 주고받는 것이 인생의 모든 차원에서 건강하게 삶을 영위하는 열쇠입니다. 사실 주고받는다는 것이 참으로 내밀하고 복잡한 것이라서 균형이라는 표현을 여기에 적용하기에는 너무 기계적인 용어라는 느낌이 들기도 합니다. 지금 우리가 다루고 있는 내용은 받는 가운데 주는 것과 주는 가운데 받는 것입니다. 이렇게 말하면 우리가 주는 것과 받는 것을 대립시키고 있는 것이 아니라는 사실을 강조할 필요가 거의 없습니다. 그럼에도 달리 방도가 없는 탓에 우리는 생명을 주는 효과가 있는 주고받기와 단지 받기만 하는 것을 대립시킵니다. 단지 받기만 하는 것은 단지 주기만 하는 것만큼이나 치명적입니다. 숨을 들이쉰 뒤 멈추건, 숨을 내쉰 뒤 멈추건 별로 상관없습니다. 어느 쪽이 되었건 죽는 것은 마찬가지니까요.

우리들 대부분은 무언가를 주는 데에 상당한 용기가 필요합니다. 받는 일은 알아서 자연히 이루어지지요. 우리는 그렇게 만들어졌으니까요(또는 우리 사회가 우리를 그런 일그러진 모습으로 만들었으니까요). 이런 사실을 확인할 수 있는 좋은 테스트가 바로 30분 동안 '가진다' take는 말과 '준다'give는 말을 얼마나 자주 하는지 점검하는 것입니다. 우리가 하는 말을 보면 우리의 모습이 드러납니다. 영어로 나는 코스를 밟는다, 시험을 본다, 휴가를 간다, 방을 잡는다, 돌본다, 탄다, 여행한다, 좌회전한다, 우회전한다, 쉰다, 산책한다, 수영한다, 음료를 마신다, 식사를 한다고 말할 때 '가진다'는 의미의 'take'를 사용해서 표현합니다. 그리고 이렇게 수없이 '가지다'가 지쳐 버리면 결국 낮잠을 자는데 이때에도 낮잠 시간을 가진다며 'take' 동사로 마무리하지요. 낮잠에 몸을 주어서give 낮잠이 나를 가지기take 전에는 쉽게 잠들 수 없다는 사실을 알게 될 때까지는 적어도 낮잠을 자려고take a nap 시도합니다. 하지만 우리 가운데에는 자신을 내어 줄 줄은 모르고 가질 줄만 알아서, 애처로운 낮잠에 빠지려면 수면제를 먹고 곯아떨어져야 하는 경우도 있습니다.

이 대목에서 주제는 자연스럽게 '여가'로 넘어갑니다. 여가가 무엇인지 제대로 다시 파악하는 작업은 관상을 이해하기 위해 먼 길을 떠나는 것과 같습니다. 그런데 우리가 사용하는 말 중에서 '여가'라는 말처럼 사람들이 잘못 이해하고 있는 단어도 없습니다. 이런 오해는 '일'의 반대말로 '여가'를 짝지을 때 생겨납니다. 과연 일과 여가가 인간 활동의 양극이 맞을까요? 만약 그렇다면 '여유로운 일'이라는 표현이 어떻게 말이 될까요? 너무나 명백한 모순 아닌가요? 하지만 우리는 여유롭게 일하는 것이 전혀 모순되지 않는다는 사실을 압니다. 사실 일이 잘 이루어지려면 여유롭게 일을 해야만 하는 것이 맞습니다.

그렇다면 일의 반대말은 무엇일까요? 바로 놀이입니다. 일과 놀이야말로 모든 활동의 양극입니다. 앞서 목적과 의미와 관련해서 알게 된 점을 활용하면 이런 사실을 보다 분명히 알 수 있습니다. 우리는 언제든 일을 할 때에는 어떤 목적을 가지고 합니다. 만약 일이 그런 목적을 위한 것이 아니라면 일을 할 이유가 없습니다. 일과 목적은 워낙 긴밀히 연관되어 있어서 목적이 달성되는 것과 동시에 일도 끝나게 됩니다. 예를 들자면, 수리하던 자동차를 다 고쳤는데 어떻게 계속 수리를 할 수 있겠습니까? 그런데 바닥을 비로 쓰는 일을 할 때에는 상황이 덜 분명할 수 있습니다. 바닥에 먼지가 한 톨도 남지 않았지만 계속 비질할 수는 없을까요? 그래요. 그럴 때에는 빗자루로 쓰는 행동은 계속할 수 있지만, 목적은 달성되었기 때문에 그 일은 일로서는 끝난 것이 됩니다. 그러면 모르긴 몰라도 비질을 계속하는 여러분을 보고 금세 누군가가 왜 빗자루를 가지고 놀고 있냐고 물어 올 것입니다. 그러니까 목적이 있는 '일'이었던 것이 이제는 '놀이'가 된 것이지요.

놀이에서는 모든 강조점을 활동의 의미에 둡니다. 만약 여러분이 친구들에게 금요일 밤에 빗자루를 들고 빙글빙글 춤추는 것이 매우 의미 있다고 말한다면, 친구들은 의아해하며 놀랄 수는 있지만 여러분의 말에 진지하게 반론을 펼 수는 없습니다. 놀이에는 목적이 필요 없는 법이니까요. 그래서 놀이는 그 놀이를 하는 사람들이 의미 있다고 생각하는 한 얼마든지 계속될 수 있습니다. 우리는 빙글빙글 춤을 추고 또 춥니다. 음악은 그 목적이 달성되더라도 끝나지 않습니다. 엄밀히 말하자면 음악에는 목적이 없어요. 음악은 각 악장마다, 테마마다, 악절마다 그 안에 담겨 있는 의미를 재미나게 펼쳐 보이는 것, 즉 의미를 축하하는 것입니다. 파헬벨의 「캐논」은 참으로 아름다운 인생의 사치 중 하나입니다. 저는 이 음악을 들을 때마다 가장 불필요한 것이 우리에게는 가장 중요하다는 사실을 새삼 깨닫습니다. 가장 불필요한 것이 우리 인간의 삶에 의미를 주기 때문이지요.

우리의 세계관을 바로잡으려면 우리에게는 이런 종류의 경험이 필요합니다. 우리는 하느님께서 어떤 목적을 가지고 이 세상을 창조하셨다고 너무나 쉽게 상상하는 경향이 있습니다. 우리는 하느님께서 우리처럼 일에 집착하시는 게 더 마음이 편할 정도로 목적에 너무 주안점을 둡니다. 하지만 하느님께서는 놀이를 하십니다. 한 그루의 나무에 올라앉아 있는 새들만 보아도 하느님께서는 현실적 이유에서 새라는 목적을 완벽히 달성할 피조물을 창조하려 하신 것이 아님을 알 수 있습니다. 그렇다면 하느님께서 새라는 피조물을 창조하신 목적은 무엇일까요? 저도 궁금합니다. 새 중에는 뱁새, 검은 방울새, 박새도 있고, 딱따구리, 오색 방울새, 찌르레기, 까마귀도 있습니다. 그런데 하느님께서 절대로 창조하지 않으신 유일한 새가 있으니 바로 진지하게 사무적인 새입니다. 하느님의 창조물에 눈과 가슴을 열면, 하느님께서는 놀이하는 하느님, 여유로운 하느님이시라는 사실을 우리는 이내 깨닫게 됩니다.

그런데 여가와 일을 대립되는 개념으로 생각하지 않도록 주의해야 합니다. 여가는 일과 놀이의 균형점입니다. 여가는 일과 놀이 양쪽 모두를 충분히 반영합니다. 하지만 이것마저도 오해의 소지가 있습니다. 어떤 이는 성급하게 이렇게 말할지도 모릅니다. "맞아요. 저는 놀 때는 즐거운 시간을 보내고, 일할 때는 빨리 일을 해치웁니다. 완벽하게 균형 있는 삶 아닌가요?" 유감스럽게도 제 눈에는 그렇게까지 완벽해 보이지 않는군요. 일하는 동안에도 즐거우면 안 되는 걸까요? 일하는 시간에는 오로지 목적만 염두에 두는 사람들은 마침내 자유 시간이 생겨도 놀이를 시작할 개연성이 낮습니다. 그런 사람들은 완전히 녹초가 되도록 일하기 때문에 일이 끝나면 손에 술 한 잔을 들고 쓰러지듯 의자에 몸을 내던집니다. 아니면 남은 일을 계속할 생각에만 사로잡혀 있게 됩니다. 놀 줄 모르는 그들은 과로하게 되거나, 혹은 골프채나 테니스 라켓을 집어 드는 경우조차 운동(이라는 이름의 또 다른 일)에 몰두합니다. 그러니까 재미있게 일하는 법을 배우지 않으면 재미있게 놀 줄도 모르게 되는 법이랍니다.

그런데 '재미있게 일한다'라 …. 많은 사람들이 가슴 깊이 지니고 있는 일에 대한 태도를 바탕으로 생각해 보면 재미있게 일한다는 말은 너무 경솔하게 들리지 않나요? 그렇습니다. 마치 빈둥거린다는 말처럼 들리지요. 하지만 가장 효율적인 일은 여유 있게 하는 일입니다. 그리고 여유 있게 일한다는 말은 일에 놀이의 가장 전형적인 특징을 부여한다, 즉 의미를 강조한다는 뜻입니다. 여가는 목적에 의미를 부여하고, 목적의식이 있는 활동 한가운데에 의미가 들어설 자리를 마련해 줍니다. 여가를 뜻하는 한자어 공한空閒은 열린 공간과 문 사이로 들어오는 달빛을 뜻하는 두 글자로 이루어져 있습니다. 여유 있는 태도가 달빛이 들어오도록 마음의 문을 열어준다는 뜻이겠지요. 어느 늦은 아침, 저는 인간이 만든 월스트리트의 빌딩 협곡으로 햇빛이 가파르게 내리꽂히는 모습을 보았습니다. 그리고 여가를 뜻하는 오래된 중국의 표의문자가 바쁜 뉴요커들에게 어떤 의미가 될 수 있는지 깨달았지요.

우리가 목적의식을 가지고 하는 일도 의미가 있다면 우리는 그 일을 하는 동안 즐거울 것입니다. 그러면 일을 빨리 해치우려고 안달하지 않을 테지요. 만약 여러분이 이런저런 일을 그저 해치우는데에 하루에 몇 분씩 허비한다면, 여러분은 일생 가운데 며칠이나 몇 주, 몇 년을 낭비하는 셈이 됩니다. 의미 없는 일은 일종의 시간 낭비입니다. 반면 여가는 시간에 생명을 불어넣습니다. 바쁘다는 뜻의 한자 망忙은 마음과 죽음이라는 두 가지 글자로 이루어져 있습니다. 시간에 대한 시의적절한 경고인 셈이지요. 이것은 맥박이 여유 있게 뛰어야 건강한 것과 마찬가지입니다.

심장 근육은 여유가 있습니다. 나머지 다른 근육들과는 다르지요. 여러분은 팔굽혀펴기를 몇 번쯤 하면 팔과 배 근육이 지쳐서 그만하게 되나요? 이와 달리 여러분의 심장 근육은 여러분이 살아 있는 한 계속해서 일합니다. 맥박이 한 번 뛸 때마다 휴식 시간이 들어 있기 때문에 심장 근육은 지치지 않습니다. 그러니까 우리의 심장은 여유 있게 일하는 것입니다. 더 넓은 의미에서 심장, 가슴에 대해 이야기할 때에도, 가슴 한가운데에 생명을 주는 여유가 있다는 생각이 함축되어 있습니다. 우리 삶에서 여가가 차지하는 가운뎃자리를 잊지 않으면 우리는 늘 젊은이로 살게 될 것입니다.

이렇게 보았을 때 여가는 특권이 아니라 하나의 덕목입니다. 여가는 시간을 할애할 수 있는 소수 사람들만의 특권이 아니라, 시간을 들여야 하는 일에 시간을 쓰려고 하는 – 임무에 딱 필요한 시간을 쓰려고 하는 – 모든 사람의 덕입니다. 이렇게 해서 우리는 완전히 한 바퀴를 돌아서 다시 관상觀想 문제로 돌아왔습니다. 우리는 하늘의 별을 올려다보아야만 우리가 지니고 있는 목적의 의미를 볼 수 있습니다. 우리는 열심히 노력해야만 우리가 본 비전의 요구 사항을 행동으로 옮길 수 있습니다. 이러한 태도를 여가라고 부르면 그 양극은 일과 놀이가 됩니다. 행동과 비전을 양극으로 본다면 관상에 대한 이야기를 하는 것입니다. 따라서 우리가 말하는 드높은 살아 있음을 관상이라고 부르건 여가라고 부르건, 이것은 목적과 의미 사이의 창조적 긴장으로부터 솟아 나옵니다.

관상	여가
비전(이상적 질서)	**의미**(give: 놀이)
행동(실현)	**목적**(take: 일)

우리는 관상이라는 용어에 담겨 있는 이런 포괄적 의미를 재발견함으로써 그리스도교 영성의 핵심 용어 하나를 완전한 의미로 복원하게 됩니다. 하지만 이것이 다가 아닙니다. 우리는 전문가들의 전유물이었던 관상을 모든 인간에게, 태어나면서부터 이를 소유하고 있는 모든 사람에게 되돌려 주게 되는 것입니다.

관상은 그동안 너무나 오랫동안 관상가들의 사적 영역에만 속하는 것으로 간주되었습니다. 이런 좁은 의미에서 봤을 때 관상가는 의미를 바라보는 일에만 몰두하고 목적과 행동과는 거리를 두었던 사람들을 가리킵니다. 대개 이들은 우리가 삶의 의미에 얼마나 강렬하게 부응해야 하는지를 보여 주는 모범이 되었습니다. 또한 가슴의 비전을 통해 알게 된 요구 사항에 자신을 내맡길 때 얼마나 많은 용기가 필요한지도 보여 주었습니다. 하지만 이들 중 가장 위대한 관상가들만이 비전을 행동으로 옮길 때 얼마나 큰 헌신이 필요한지를 보여 주었습니다. 그럼에도 우리 가운데 가장 위대한 사람들에게만 비전과 행동 양면으로 탁월하기를 기대하는 것은 옳지 않습니다. 우리 모두가 이 두 가지를 다 가꾸기 위해 고군분투해야 합니다. 그렇지 않으면 점차 한쪽으로 기울어지게 되니까요. 우리가 조화로운 인간존재가 되는 방법은 오로지 관상적인 태도를 갈고 닦는 것뿐입니다. 그러니 관상을 어떻게 관상가들에게만 맡겨 놓을 수 있겠습니까? 우리는 '관상'이라는 멋진 말이 우리에게 두려운 존재로 다가오지 않게 해야 합니다. 관상이 목적과 의미 사이의 창조적 긴장 관계 안에 있는 삶을 의미한다면, 어느 누가 관상의 도전을 피할 수 있겠습니까? 관상의 도전에 부응할 때 우리는 인간의 마음이 열망하는 삶의 충만함을 발견하기 시작합니다.

지금까지 이 책에서는 각 장마다 관상적 긴장의 특정한 측면을 다루었습니다. 이를 현재 우리가 도달한 지점에서 다시 돌아보면 핵심 용어들이 딱 맞아떨어지며 분명하게 이해됩니다.

기도

경이로움(가슴으로 봄)

집중(가슴에 집중함)

감사

가슴의 비전(모든 것이 무상으로 주어짐)

가슴의 행동(총체적 응답)

우리의 삶 전체를 기도로 만들어 주는 경건함에 대해 말할 때 거기에는 집중과 경이로움이 포함되어 있음을 보았습니다. 이제와 되돌아보니, 성찰을 구성하는 이 두 요소는 목적과 의미라는 두 방향을 향하고 있다는 사실을 알게 됩니다. 집중이 없으면 목적의식 있는 행동도 있을 수 없습니다. 그리고 경이로움은 의미의 범위와 관련된 것들을 보는 바로 그런 넓은 시야를 나타냅니다.

경이롭게 본다는 것은 가슴의 눈으로 보는 것을 뜻합니다. 또한 기도할 때 집중하는 것은 가슴에 집중하는 것이지요. 가슴은 모든 면에서 중심입니다. 우리 관점에서 볼 때 가슴은 기도와 감사를 연결합니다. 이 두 가지 안에 들어 있는 충만함이 바로 가슴이 나타내는 충만함이기 때문이지요. 가슴의 눈으로 보면 놀랍게도 온 세상과 세상 속 모든 것이 궁극적으로 무상으로 주어졌다는 사실을 인식합니다. 우리는 '주어진' 세상에 살고 있는 것이지요. 세상에 존재하는 모든 것 안에 담겨 있는 선물이라는 특성에 대해 가슴은 감사와 찬미, 축복으로 온전히 반응합니다.

축복 역시 감사의 한 측면입니다. 하지만 축복이라는 말이 뜻하는 것은 감사와 찬미가 뜻하는 것보다 명확하지 않습니다. 개인적으로 저는 축복의 의미를 올바로 이해하려고 노력하는 과정에서 두 가지 어려운 질문에 봉착했습니다. 첫 번째 질문은 어린 시절 학교에 다닐 때 저를 당황하게 만든 질문입니다. 두 번째 질문은 제가 지금도 고심하고 있는 것이고요.

학교에 다닐 때 우리는 "모든 축복의 샘이신 하느님을 찬미하라"와 같은 노래들을 부릅니다. 물론 저는 이 가사에 대해서는 아무

불만이 없었습니다. 어쨌건 하느님은 우리들 위 어딘가 높은 곳에 계시는 분이시기 때문에 축복은 햇빛이나 봄비처럼 우리에게 흘러내리는 것이 맞는 말일 테니까요. 하지만 "오, 내 영혼아, 주님을 축복하라", "들짐승과 집짐승아, 오, 주님을 축복하라!"와 같은 가사가 마음에 걸렸습니다. 주객이 전도된 것처럼 보였기 때문이지요. 나보고 하느님을 축복하라니? 모든 축복은 하느님으로부터 흘러내려 오는 것 아닌가? 오직 하느님만이 하실 수 있는 일이 축복이라고 여겼는데 호랑이와 푸들더러 그걸 하라고 초대하는 꼴이 아닌가!

저는 한동안 이 질문을 놓고 고민에 고민을 거듭해야 했습니다. 그러던 어느 날 이 질문에 대한 답이 말 그대로 땅에서 튀어 올라왔습니다. 어느 이른 봄날 오후, 학교를 마치고 집으로 돌아가는 길이었습니다. 시골길에 쌓여 있던 눈은 태양이 모두 핥아 버려 흔적도 없었습니다. 이제 말이 끄는 썰매에 올라타서 집으로 갈 수 있는 기회는 완전히 사라졌습니다. 그래서 저와 친구들은 시냇물을 따라 지름길로 가기로 했고, 곳곳에서 얇은 얼음이 무사한지 시험하면서 느긋이 길을 걸어갔습니다. 축복과 같은 따뜻한 햇살을 느껴 본 사람이라면 기나긴 겨울이 끝난 후 오스트리아의 알프스에 찾아온 햇살이 바로 그렇다는 것을 잘 알 것입니다. 크고 작은 땅덩어리 모두가 이 축복을 느끼고 있는 듯 보였습니다. 그런데 바로 거기서 우리는 질척거리는 바닥을 쿵쿵 발을 구르며 지나다가 그해 처음 핀 꽃을 보고 그 앞에 멈춰 섰습니다. 죽은 낙엽을 뚫고 수많은 관동화가 자라 올라오고 있었습니다. 그리고 보니 강둑 전체가 온통 황금빛이었습니다.

영어로 관동화에 망아지 발굽coltsfoot이라는 이름이 붙은 이유는 그 나뭇잎 모양이 말발굽처럼 생겼기 때문입니다. 하지만 그날은 아직 잎이 나지 않았고 우리가 달려가면서 보니 꽃이 피어 있는 모습만 점점 넓게 보였습니다. 바야흐로 봄이었습니다. 아, 물론 한겨울에도 헬레보루스는 피었습니다. 우리는 이것을 크리스마스 장미라고 불렀어요. 눈보라가 잠시 그친 어느 화창한 날이면 남쪽 언덕 위에 마른땅이 군데군데 드러났고, 우리는 바로 눈 아래 숨어 있는 달처럼 하얀 꽃잎을 발견하곤 했지요. 간혹 밝은 초록색이나 새벽하늘에 떠 있는 구름 같은 장밋빛이 섞여 있는 경우도 있었습니다. 꽃잎 다섯 장과 중앙에 작은 덧꽃부리가 있는 이 겨울 장미는 계절 구분이 없는 세상에서 온 스타였습니다. 하지만 그때는 이미 봄이었지요. 그래서 동전보다 작은 크기의 황금빛 태양 같은 관동화가 각기 튼튼한 줄기 위에서 꽃을 피우고 있었습니다. 이들은 태양으로부터 내려온 축복에 대한 화답으로 지구가 올려 보낸 축복이었습니다. 한 해 동안 피는 꽃 중 그 어느 것도, 심지어 9월에 피는 거대한 해바라기조차, 봄이 내리는 첫 번째 축복인 이 관동화보다 태양을 더 닮지는 못할 것입니다.

바로 거기에 답이 있었습니다. 답을 얻으려고 머리를 짜내어 생각할 필요도 없었습니다. 제 눈이 하느님을 축복했을 때 그 의미를 알게 되었고, 저는 그저 답으로 걸어 들어갔고 답을 보았으며 답이 되었습니다. 축복은 축복을 반향합니다. 관상의 심오한 의미가 바로 이것입니다. 축복이라는 개념은 천상 성전과 지상 성전을 연결해 줍니다. 가슴속 가장 포괄적인 통찰은 모든 것이 선물이요 축복임을 알려 줍니다. 그리고 이에 대한 반응으로 우리 가슴이 취하는 가장 자연스러운 행동이 바로 감사, 곧 축복입니다.

그런데 바로 이 대목에서 저의 두 번째 의문이 고개를 듭니다. 만약 내가 주어진 것을 축복으로 인식하지 못하면 어떻게 될까? 만약 우리 위로 떨어지는 것이 햇빛이 아니라 망치처럼 내리치는 우박이라면? 산성비라면? 이번에도 선물 안에 숨어 있는 선물은 바로 기회입니다. 예를 들면, 저에게는 산성비와 관련해서 무언가를 할 수 있는 기회가 있습니다. 사실을 직면하고, 그 원인을 파악하고, 그 근원을 찾고, 다른 사람들에게 경각심을 일깨우고, 그들과 함께 결속하여 스스로를 돕고 시위를 할 수 있지요. 저는 이와 같은 기회가 주어질 때 그 기회를 잡음으로써 감사한 모습을 드러냅니다. 하지만 이와 함께 언제나 존재하는 찬미의 기회에 응답하지 않는다면 저의 응답은 온전해지지 않을 것입니다.

W.H. 오든의 시 「소중한 다섯 가지」 중에서 특히 마지막 연은 제가 이런 사실을 깨닫는 데에 큰 도움이 되었습니다.

하늘을 마주한 채
지금 벌어지고 있는 일에
분노와 절망으로 포효해야 할
이유를 어서 찾아라.

비난의 대상이 누가 되었건

그 이름을 물어라.

하늘은 그저 기다리리라,

내 숨이 다할 때까지.

그러고선 마치 내가 없었다는 듯

되풀이한다네,

내가 이해하지 못하는 하나의 명령을.

존재를 위해 존재하는 것을 축복하라.

무엇에 복종해야 하는가.

그 밖에 무엇을 위해 내가 만들어졌는가.

동의하기 위해서인가, 동의하지 않기 위해서인가?

존재하는 것이 무엇이건 다 축복하기, 다른 이유가 아니라 단지 그것이 존재하기 때문에 축복하기, 이것이 바로 우리의 존재 이유입니다. 우리가 인간으로 만들어진 이유지요. 이 단 하나의 명령은 우리 가슴에 아로새겨져 있습니다. 우리가 이것을 이해하느냐 마느냐는 중요치 않습니다. 우리가 동의하건 동의하지 않건 달라지는 것은 없습니다. 우리는 가슴 한가운데에서 이 명령을 알고 있습니다.

여러분이 어떻게 두드리든 간에 종은 울리게 되어 있습니다. 그것 말고 종이 만들어진 이유가 또 있을까요? 운명이 강타하더라도 가슴은 진실을 울립니다. 인간의 가슴은 두루두루 찬양하기 위해 만들어졌습니다. 하지만 우리가 고르고 선택하면서 우리의 동의 여부에 따라 찬미한다면 이는 가슴으로부터 응답하는 것이 아닙니다. 가슴을 발견할 때 우리는 현실에 맞춰진 우리 존재의 핵심을 발견합니다. 그래서 현실은 찬양할 가치가 있습니다. 가슴은 분명한 비전을 통해 모든 것의 궁극적 의미, 즉 축복을 봅니다. 그리고 분명한 의지를 가지고 삶의 궁극적 목적, 즉 축복으로 응답하지요.

"찬미, 바로 그것이다." 릴케의 시 「오르페우스에게 바치는 소네트」의 한 대목입니다. 릴케는 시인의 원형이자 가장 신적인 인간인 오르페우스를 "찬미하도록 임명받은 사람"으로 소개합니다. "찬미하도록 임명받은 그는 / 돌의 침묵으로부터 나온 사람처럼 등장했다네." 여기서는 종청동(종을 주조하는 데 쓰는 청동. 구리와 주석의 합금)의 이미지가 떠오릅니다. 그의 마음을 포도 확으로 표현한 이미지도 있습니다. 한 계절이 지나면 포도는 발로 밟혀서 뭉개어집니다. 반면에 포도주는 오래 남습니다. 왕들의 무덤에 있는 곰팡이조차 그의 찬미 노래가 거짓임을 밝히지 못합니다. 그의 노래는 계속 이어지는 메시지입니다. 그리고 저 멀리 죽은 자의 문 안에서 그는 제물이 담겨 있는 그릇, 찬미의 열매를 들고 있습니다.

인간의 가슴에 대해 릴케는 「두이노의 비가」에서 이렇게 노래합니다.

망치와 망치 사이에서 버티는 우리 가슴,
치아 사이에서 버티는 혀처럼
여전히 찬미하네.

사례謝禮(감사를 표함)와 축복과 찬미, 이 세 가지는 모두 감사에 속합니다. 그런데 이들은 각기 단점이 있습니다. 찬미는 일상생활에서는 너무 형식적인 것처럼 들릴 수 있습니다. 축복은 너무 교회 용어처럼 들려서 불편하게 생각하는 사람이 많을지도 모릅니다. 사례는 지금 여기서 다루는 삶에 대한 보편적 태도보다는 정중한 관습을 나타내는 경향이 있습니다. 하지만 이 세 가지 용어는 각기 나머지 두 용어로는 강조하지 못하는 측면을 각각 감사에 추가해 줍니다. 찬미는 가치에 대한 응답에 중점을 둡니다. 축복은 종교적 요소를 공명합니다. 사례에는 심오한 개인적 참여가 함축되어 있습니다. 결국 이 세 가지가 모여 감사를 충만하게 합니다.

문득 모든 것이 단순해집니다. 거대하고 무거운 용어는 모두 버려도 됩니다. 감사가 이 모든 것을 다 설명하기 때문이지요. 그리고 감사는 우리 모두가 경험으로 아는 것입니다. 그런데 영적 삶이 이렇게 단순할 수 있을까요? 그렇습니다. 우리가 비밀스럽게 바랐던 것이 맞습니다. 영적 삶은 그렇게 단순합니다. 하지만 사실 우리에게 가장 어려운 것은 바로 이런 단순함입니다. 우리 나름대로 설정한 복잡한 상황을 다 내려놓으면 어떨까요? 충족감을 가져오는 것은 감사입니다. 그리고 감사는 주어진 이 충만한 삶에 대한 우리 가슴의 단순한 반응입니다.

5
믿음과 신조

베푸시는 분에 대한 신뢰

지금까지의 주장이 설득력 있다고 가정합시다. 모두가 갈망하는 삶의 충만함이 감사에 있다는 데에 우리 모두 동의한다고 합시다. 그러면 우리 앞에 놓인 과제는 아주 단순해집니다. 바로 감사하며 사는 법을 배우는 것이지요. 여기서 핵심이 되는 문제는 '이것을 어떻게 배울 수 있을까?'입니다.

앞서 저는 기도하며 사는 방법에 대해 이야기하면서 우리의 일상생활에서 기도하는 마음이 가장 절절한 순간을 찾아 거기서 출발하자는 제안을 했습니다. 이렇게 하면 우리가 경험상 이미 알고 있는 것에서 출발할 수 있다는 장점이 있습니다. 어떤 특정한 상황에서 우리는 경건함에 이르는 내적 태도를 경험했습니다. 이제 남은 숙제는 특정 상황뿐만 아니라 모든 상황에서 이러한 태도로 접근하는 것입니다. 적어도 우리는 좀 더 지속적인 방식으로 스스로 하고자 하는 것이 무엇인지 이미 알고 있습니다. 우리는 이것을 내면으로부터 압니다. 바로 여기서 차이가 생깁니다. 겉을 보고 단순히 모방하는 것만으로는 결코 기도를 배울 수 없습니다.

깊은 감사를 배우면서 우리는 이와 같은 방식을 따릅니다. 감사하는 순간을 경험했고, 따라서 자신이 반복하고 유지하고 싶은 태도가 무엇인지 내면으로부터 잘 압니다. 사실 깊은 감사의 순간은 참으로 깊은 기도의 순간이자 우리 마음이 완전히 깨어 있는 순간입니다. 우리는 이미 이러한 사실을 탐구했으며 그 결과, 기도와 감사가 같은 뿌리, 즉 가슴으로부터 샘솟는 것임을 인식하게 되었습니다. 따라서 감사하며 사는 법을 배우고 싶다면, 우리가 돌아가야 하는 곳은 바로 이러한 가슴의 절정 체험입니다.

그런데 여기서 잠깐! 방금 저는 오해받을 소지가 다분한 표현을 사용했습니다. 바로 어떤 경험으로 돌아간다는 표현이었는데요, 과연 이 말은 무슨 뜻일까요? 우리가 과거의 경험으로 돌아가는 방법에는 두 가지가 있습니다. 한 가지 방법은 우리가 과거에서 새로운 힘을 끌어올 수 있게 해 줍니다. 또 다른 방법은 우리를 무력하게 만듭니다. 무엇 때문에 이 둘 사이에 차이가 생기는 것일까요? 그럼 다음과 같은 식으로 표현해 봅시다. 만약 내가 탐욕스럽게 과거의 경험을 움켜잡고 거기서 마지막 단물 한 방울까지 빨아먹기 위해 그 경험을 다시 떠올린다면, 돌아오는 것은 오로지 실망뿐입니다. 반면에 똑같은 경험이지만 그저 이 경험을 찬미하고, 선택하고, 제시하고, 다시 한번 감탄하기 위해 다시 떠올린다면 이 경험은 내게 계속해서 좋은 자양분이 될 것입니다. 그러므로 저는 우리 가슴이 깨어 있는 상태로 생생히 살아 있었던 순간을 이렇게 다시 떠올리자고 제안합니다.

우리가 '충만한 삶'에 대해 알고 있는 모든 것은 이런 종류의 기억으로부터 흘러나옵니다. 우리가 체험을 통해 알고 있는 하느님에 대한 모든 것은 이러한 순간에 우리에게 주어진 것입니다. 그런데 이 가운데에는 종교적 지식이라고 이름 붙일 만한 것이 있나요? 종교 전통들이 우리 내면에 있는 신성한 생명에 대해 말할 때 그것은 적어도 함축적으로는 깨어 있는 알아차림의 정점, 신비체험을 가리킵니다. 그렇습니다. 저는 이런 생각을 낯설어하지 말자고 이야기하고 싶습니다. 우리 모두는 신비가이니까요. 신비주의를 궁극적 실재(거부감을 느끼지 않는다면 하느님이라는 용어를 사용할 수 있습니다)와의 친교 체험이라고 정의한다면, 그 누가 신비가 되기를 거부하겠습니까? 우리 모두가 이런 종류의 체험을 한 적이 없다면, 바닥까지 친 최악의 현실이 무슨 뜻인지도 모를 것입니다. 심지어는 '현재 존재하다' 또는 '지금'이 무엇을 의미하는지조차 모를 것입니다. 하지만 우리는 이 모든 것을 잘 알고 있습니다.

관상을 관상가들에게만 맡길 수 없듯이 신비주의도 신비가들에게만 맡길 수는 없습니다. 그러면 인간 삶의 뿌리를 잘라 내는 것을 의미하게 되니까요. 우리의 정신 안에서 신비가들을 손이 닿지 않을 만큼 높이 맹목적으로 받들어 모시면, 이는 그들이나 우리 자신을 공정하게 대하지 않는 것입니다. 19세기 영국의 사상가 러스킨이 예술가를 두고 했던 말을 다음과 같이 신비가에 적용해 보겠습니다. "신비가란 특별한 인간이 아니다. 오히려 모든 인간이 특별한 신비가다." 그러므로 이런 도전에 부응하여 세상 하나뿐인, 나만이 될 수 있는, 대체 불가능한 신비가가 되는 것도 괜찮은 일이라 생각합니다. 나와 똑같은 사람은 전에도 없었으며 앞으로도 없을 것입니다. 만약 내가 나만의 독특한 방식으로 하느님을 체험하는 데에 실패한다면, 이 경험은 가능성이라는 세계에 남게 될 것입니다. 하지만 만약 내가 체험에 성공한다면, 나는 내 안에 있는 신성한 삶을 통해 인생을 알게 될 것입니다.

제가 속한 종교 전통에서는 우리 안에 계시는 하느님의 생명의 숨결에 대해 이야기를 많이 합니다. 그러니까 그리스도교 전통은 믿음과 희망과 사랑이라는 이름으로 우리 가슴속의 하느님 현존에 대해 이야기합니다. 이 세 가지 용어는 하나이시며 살아 계신 존재의 다양한 측면을 가리키지요. 하지만 명심하십시오. 우리는 지금 삶이라는 주제를 다루고 있습니다. 삶은 깔끔하게 잘라서 포장된 상태로 생생히 살아남을 수 있는 것이 아닙니다. 믿음, 희망, 사랑은 말하자면 특정 내용물이 담긴 3종 세트 상자가 아닙니다. 그보다는 생동적으로 존재하는 방식이며, 우리가 주제로 다루고 있는 하나의 충만한 삶에 담겨 있는 여러 측면입니다.

살아 있음의 정점에 있을 때 우리는 언제나 열렬한 감사를 느끼게 됩니다. 감사의 대상이 될 수 있는 신의 존재를 세계관에 포함시키지 않는 사람들조차 이런 순간에는 고마움을 깊이 체험하는 경우가 많습니다. 비록 이들이 보낸 감사의 마음이 이를테면 수취인 주소 없이 발송되었다 하더라도, 이들이 체험하는 감사의 마음은 다른 사람들보다 약하지 않습니다. 어떤 경우라 하더라도, 진정으로 깨어 있고 살아 있다면 참으로 감사하게 된다는 것을 우리는 경험으로 압니다. 만약 감사하는 마음을 배우기 위해 (정도를 밟아서) 깨달음의 정점에 되돌아가고 싶다면, 그 길을 안내하는 지도地圖가 도움이 될 수 있습니다.

지도가 탐험가의 경험을 절대 대체할 수 없다는 것은 맞는 말이지만, 지도는 우리 가운데 가장 독립심이 강한 사람에게도 도움이 됩니다. 믿음, 희망, 사랑은 우리가 감사하며 살아 있는 순간으로 돌아갈 때 참조하는 지도 위에 찍혀 있는 기준점과 같습니다. 사실 이런 기준점들은 우리를 한 가지 경험으로 인도해 주는 것 이상의 역할을 합니다. 즉, 믿음, 희망, 사랑이 일상 속에 녹아들도록 방향을 제시합니다. 하지만 올바로 이해하자면, 믿음, 희망, 사랑은 감사하는 마음이 지니고 있는 세 가지 측면입니다.

이렇듯 기준점들을 활용하면 또 다른 이점도 있습니다. 지도는 우리가 현재 체험하는 영역으로 되돌아가는 데에 도움을 주지만, 이 영역을 탐험하고 나면 우리가 갖고 있는 지도를 업데이트하고 수정하는 데에 도움이 됩니다. 아무리 큰 도움이 되는 지도라 하더라도, 탐험 길에 이를 이용한 사람들이 발견한 결과물들을 바탕으로 이 지도는 언제나 수정의 대상이 됩니다. 이런 점에서는 영성의 지도도 예외가 아닙니다. 우리 가운데에는 우리의 기준점들이 무엇을 의미하는지 안다고 생각하거나 그렇게 믿고 있는 사람들이 있습니다. 믿음과 희망과 사랑이 엄청난 감사 체험에서 얻어진 것들과 어우러지면서 새로운 의미를 갖는다는 놀라운 사실을 그들은 알게 될 것입니다.

정확히 말해 우리 가운데 믿음이라는 개념에 익숙한 사람들은 사실 가장 먼저 의구심을 가질 수 있습니다. 믿음? 산 정상에서 (혹은 교통 체증 한가운데에서) 아무런 명확한 이유 없이 모든 것이 갑자기 이해되는 그 순간과 나의 믿음이 도대체 무슨 관계가 있을까? 다음과 같은 점이 그 연관 관계를 파악하지 못하는 이유 중 하나가 될 수 있습니다. 우리는 '종교'라는 이름표가 붙어 있는 환경 밖에서는 한 번도 '믿음'처럼 종교적 성격이 명백한 것을 구했던 적이 없었던 것입니다. 하지만 이름표는 속이려 드는 경향이 있습니다. 우리 자신의 절정의 순간을 통하지 않고도 '종교적'이란 것이 무슨 뜻인지 우리는 알 수 있을까요? 온전한 의미에서 안다는 것은 실제로 체험한 것만을 아는 것을 말합니다. 믿음은 전통에 따라 우리에게 전해진 종교적 신조들을 모아 놓은 것이 아닙니다. 믿음은 우리 내면에 돌파구가 생기는 순간 깨닫게 되는 삶에 대한 용기 있는 신뢰와 훨씬 더 관련되어 있지요. 물론 믿음은 놀라움처럼 갑자기 찾아올 수도 있습니다. 하지만 정통 그리스도교에서 전통적으로 말하는 믿음은 정확히 이런 의미의 믿음을 가리킵니다.

성경학자들에 따르면, 복음 안에서는 '믿음'을 뜻하는 그리스어 '피스티스'*pistis*가 엄밀히 말해 '신조'라는 뜻으로 사용된 구절은 단 한 군데도 없다고 합니다. 가령 예수께서 백인대장의 '믿음'에 경탄하셨다는 구절은 예수께서 그 로마 장교의 깊은 신뢰에 놀랐다는 뜻이지, 그가 자신의 신조를 줄줄이 읊을 수 있어서 놀랐다는 뜻이 아닙니다. 어쩌면 그는 그렇게 읊는 것이 어려웠을 수도 있습니다. 또한 예수께서 제자들의 "믿음이 부족하다"고 나무라셨을 때, 그것은 신뢰와 용기가 부족하다는 의미였지, 사도신경 중에 믿음에 관한 내용을 한두 개 누락했다고 꾸짖은 것이 아니었습니다. 그 이유는 분명합니다. 당시에는 사도신경이 존재하지도 않았으니까요. 어떤 신조도 설명되지 않았지요. 믿음이란 예수와, 예수께서 살면서 설교하셨다는 기쁜 소식을 용기 있게 신뢰하는 것이었습니다. 훗날 이러한 신뢰는 명시적 신조로 확고해집니다. 이것은 사실입니다. 하지만 출발점은 신뢰하는 용기이지 신조가 아닙니다. 또한 우리의 신앙생활 안에서는 – 마치 도화선에 불을 붙이듯 – 우리가 어떤 지점에서 출발하느냐 하는 문제가 중대한 차이를 만듭니다.

성경에서는 출발점이 매우 중요한 의미를 지닙니다. 첫 구절, 첫 이미지, 이야기의 시작 부분, 이런 것들이 주제를 전달하는 데에 가장 중요한 경우가 많습니다. 그러므로 성경을 읽을 때 이런 사실을 유념해야 합니다. 예를 들면, 성경에서 이르는 것처럼 우리 믿음 이야기의 시작은 언제인가요? 바로 우리가 '믿음의 아버지'라고 부르는 아브라함이 그 시초입니다. 만약 믿음이란 것이 다른 무엇보다도 무언가를 믿는 것이라고 한다면, 분명 하느님께서는 아브라함에게 일련의 신조를 안겨 주면서 시작하셨을 것입니다. 하지만 그렇지 않았어요. 물론 하느님께서는 아브라함에게 믿어야 할 약속을 주셨지만, 맨 먼저 아브라함의 신뢰를 시험하셨습니다. 실제로 믿음의 시작은 텅 비어 있습니다. 순수한 신뢰가 바로 그 시작이지요.

창세기 12장 1절에서 하느님께서 아브라함에게 말씀하신 첫 마디는 "떠나라!"입니다. "떠나라!"는 도전의 말입니다. "위험을 무릅쓰고 멀리 가거라!" 영어로는 하느님의 부르심에 담겨 있는 의미를 제대로 표현하기 어렵습니다. "나가서 떠나라"가 히브리어 원문에 충실한 표현이라고 할 수 있지요. 그런 다음 성경에서는 여러 표현을 동원해서 이 모험을 아브라함의 용기를 시험하는 최대 도전으로 만들었습니다. "네 아버지의 집을 떠나라." 그런데 어디로 가야 하는 걸까요? 바로 "내가 네게 보여 줄 땅으로" 가야 합니다. 아브라함에게는 지도도, 방향도, 목적지도 주어지지 않았습니다. 마치 하느님께서 그에게 이렇게 말씀하고 계시는 것 같군요. "나를 믿어라! 내가 너를 그곳으로 데려가겠다. 너는 모든 것을 뒤에 남겨 놓고 밖으로 나갈 용기만 있으면 된다." 이렇게 해서 아브라함은 우리의 믿음의 아버지가 되었습니다. 그런데 이 이야기에서는 슬쩍 지나가는 말로 아브라함이 믿음 안에서 길을 떠나는 모험을 감행했을 때의 나이가 언급됩니다. 무려 일흔다섯! 이쯤이면 사람들이 좀처럼 모험에 나서는 나이는 아니지요. 따라서 아브라함에게는 상당한 신뢰와 용기가 필요했을 것이 틀림없습니다.

성경에서 믿음의 역사가 시작되는 또 다른 결정적 사건이 있습니다. 바로 하느님과 아브라함이 맺은 계약이 시작되는 것이지요. 이번에는 아브라함의 나이가 아흔아홉 살이라는 이야기부터 시작합니다. 백 세가 완벽함을 나타내는 나이이기 때문에 우리는 이 대목에서 우리의 믿음의 아버지가 아직은 완벽한 경지에 도달하지 못했다는 사실을 알 수 있습니다. 그래서 하느님께서 아브라함에게 나타나시어 말씀하십니다. "나는 엘 샷다이(전능하신 하느님)이다"(창세 17,1). 하느님을 뜻하는 이 히브리어를 해석하는 방식에 따르면 이 말씀은 다음과 같은 의미로 볼 수 있습니다. "나는 한계를 정하는 유일한 존재다. 너희에게 '충분함'이 무엇을 뜻하는지 알려 주고, 충만함과 완벽함의 척도를 정하는 존재다." 그렇다면 아브라함에게 여전히 부족한 점은 무엇이었을까요? "나의 시야 안에서 걸어가 완벽하게 되어라." 하느님의 현존 안에서 걷는 것, 이것이 바로 믿음을 완벽하게 만드는 것입니다.

　　그런데 이 말은 과연 무슨 뜻일까요? 하느님께서는 "내가 너를 가까이서 계속 지켜볼 터이니 내가 볼 수 있는 곳에서 걷고 자제하라"고 말씀하시지 않았습니다. 오히려 이렇게 하느님께서 볼 수 있는 곳에서 걷는 것이란 곧 한 단계 한 단계 완벽함을 향해 나아가는 것입니다. 물론 이것은 우리가 직접 그렇게 행동함으로써 이해할 수 있는 것입니다. 하지만 지금처럼 이에 관해 이야기를 나누는 것으로도 최소한 하느님이 보시는 가운데 걸으려면 무엇이 필요한지 분명하게 아는 데에 도움이 됩니다. 바로 완벽한 신뢰와 용기, 완벽한 믿음이 필요하지요. 이는 첫눈에 명백하게 보이는 것이 아니기 때문에 좀 더 자세히 들여다보도록 하겠습니다(더 자세히 보기 위해 우리 자신을 **내주어야** 한다고 해야 맞겠지요).

그런데 성경 구절의 도움을 받으려면, 성경 구절 때문에 곤혹스러워질 수 있어야 합니다. 우리는 스스로 이렇게 말해야 해요. "그만 멈춰! 그리고 들어! 이건 **너**와 관련된 일이야!" 만약 성경 속 이야기가 그저 아브라함에게만 해당되는 것이라면 우리가 신경 쓸 필요는 없겠지요. 아브라함만 찾는 전화라면 전화를 받지 않으려고 수화기를 내려놓겠다는 말입니다. 하지만 이 전화는 **나**에게 걸려 온 것입니다! 이런 사실을 직시하려면 용기가 필요합니다. 나 자신을 받아들일 용기, 나 자신을 있는 그대로 받아들일 용기요. '아, 내가 만약 아브라함이라면, 아니 최소한 성 프란치스코나 성녀 데레사, 또는 내가 흠숭하는 다른 위대한 영성 지도자라면 이것이 얼마나 쉬운 일일까?' 하는 마음이 들지만, 저는 보잘것없는 노인일 뿐입니다.

그래서 저는 "주님, 저를 아브라함처럼 되게 해 주세요!"라고 기도했다던 라삐 이야기를 좋아합니다. 모르긴 몰라도 그 역시 바로 이 성경 구절에서 영감을 얻었을 테지요. "기꺼이 저는 당신의 현존 안에서 걸을 것입니다. 하지만 먼저 저를 아브라함처럼 되게 해 주세요!" 이 말에 천상에서 한 목소리가 내려와 이렇게 말합니다. "이보게나, 나에게는 이미 아브라함이 한 명 있다네!"

그렇습니다. 이미 하느님께서는 제가 흠숭하는 인물들을 각각 한 명씩 갖고 계십니다. 지금 여기서 하느님께서 부르시는 사람은 다름 아니라 저입니다. 오직 저만이 정확히 똑같은 배경, 똑같은 재능, 똑같은 단점을 지닌 채 하느님의 시야 안에서 걷고 있습니다. 그래요. 우리의 결점조차 하느님께는 도전이 되는 것 같습니다. 하느님께서 말씀하십니다. "나보다 앞서서 걸어가거라. 너처럼 가능성이 없어 보이는 자도 내가 완벽함으로 인도할 수 있다는 사실을 네게 보여 주리라." 하느님의 이런 제안을 받아들이려면 먼저 나 자신을 받아들일 용기가 있어야 합니다. 이는 나를 있는 그대로, 주어진 현실로 받아들인다는 것을 뜻합니다. 많이 바꿔야 하지만 어떤 경우이든 간에 주어진 재료로서 받아들인다는 뜻이지요. 이런 식으로 자신을 주어진 그대로 받아들이는 것 그 자체가 감사의 한 형태입니다.

하지만 본연의 모습대로 자기 자신이 되는 일은 완벽한 믿음으로 이끄시는 하느님의 부르심 안에 내포되어 있는 여러 도전 중 하나에 불과합니다. 하느님의 부르심 안에는 더 많은 도전이 포함되어 있습니다. 우리는 하느님의 시야 안에서 걸어야 하며, 이는 다른 사람이 대신 할 수 있는 일이 아닙니다. 저는 저 자신을 보면서, 무화과 나뭇잎으로 만든 아담의 손바닥만 한 앞치마라도 좋으니 부디 최소한 어떻게든 옷을 걸쳤으면 합니다. 하느님의 눈에 벌거벗은 모습을 보인다는 생각은 참을 수가 없으니까요. 그래서 저는 아담이 나뭇잎으로 몸을 가렸듯 제 몸을 숨깁니다. 그때 저를 부르시는 하느님의 목소리가 들립니다. "아담아, 어디 있느냐?" 하느님께서 신뢰와 용기 안에서 자기 자신을 드러내라는 도전 과제를 주십니다. 완벽한 믿음으로 이끄시는 부르심 안에 포함되어 있는 이 두 번째 도전 과제는 자기 자신이 되라는 첫 번째 과제보다 훨씬 더 어려워 보입니다.

하느님의 눈에 자신의 모습을 정면으로 드러내야 하는 도전 과제는 두 가지로 해석됩니다. 하느님이 부르시자 아담은 그 부르심을 "**너**는 어디 있느냐?"로 알아듣습니다. 하지만 똑같은 부르심을 카인은 "네 **형제**는 어디 있느냐?"로 알아듣지요. 하느님의 현존에 다가오라는 소환은 하나이지만, 우리가 어디 있느냐에 따라 그렇게 다가가는 방법은 두 가지입니다. 먼저 아담에게 하느님의 부르심은 자신의 모습을 마주함으로써 하느님을 대면하라는 도전을 뜻합니다. 반면 카인에게는 그의 형제 안에서 하느님을 대면하는 것을 의미합니다. 이 둘은 똑같은 하나의 부르심이 지니고 있는 떼려야 뗄 수 없는 두 가지 측면입니다. 만약 둘 중 하나에 귀를 닫아 버리면 나머지 하나에 대한 반응도 왜곡되고 말지요.

문제는 우리가 걸핏하면 균형을 잃는다는 것입니다. 우리 가운데 어떤 이들은 내면의 삶 속 한쪽 구석에 있는 비밀 장소에서만 하느님을 찾는 경향이 있습니다. 반면 또 어떤 이들은 오로지 다른 사람들과의 만남 안에서 하느님을 찾곤 합니다. 첫 번째 경우에는 하느님께서 "**너**는 어디 있느냐?"고 물으실 때 결코 당황하지 않습니다. "여기 있습니다, 주님. 방금 제 의식을 검토했기에 지금 제가 어디 있는지 정확히 압니다. 저는 저 자신의 모습을 놓칠 위험이 없습니다. 저는 다른 사람들이 제가 수양하는 것을 방해하지 못하게 한답니다." 그러면 하느님께서 다시 물으십니다. "그런데 네 형제는 어디 있느냐?"

아, 이번에는 상반된 사람들이 전면에 나설 차례이군요. 그들은 대답을 준비해 두었습니다. "제 형제들 중 누구에 대해 알고 싶으십니까, 주님? 저한테는 한 명 한 명에 대한 자세한 정보가 있습니다. 혹시나 궁금해하실까 봐 자매들에 대한 정보도 준비했습니다. 저는 모든 사람들을 철저히 감시하고 있답니다. 여기 제 파일 박스가 있습니다." 그러면 하느님께서 또 물으십니다. "그런데 **너**는 어디 있느냐?" "저요? 아, 제 파일 중에 빠진 부분이 있는 것 같네요!"

이런 두 가지 상황이 내 몸 밖 어딘가에서 일어나는 일이라고 생각하면 우스갯소리처럼 들릴 수 있습니다. 하지만 두 가지 상황 모두 나 자신의 내면 안에 있다는 사실을 깨달으면 그렇게 재미난 이야기로만 생각되지는 않겠지요. 그렇습니다. 가만히 보면 우리는 주어진 순간에 요구되는 것의 정반대로 하는 경향이 있다는 사실을 알 수 있습니다. "너는 어디 있느냐?"라는 질문을 들을 때에는 다른 사람들의 일로 바쁜 것처럼 보입니다. 반대로 "네 형제는 어디 있느냐?"라는 질문을 들을 때에는 자기 걱정에 푹 빠져 있습니다. 그러나 믿음의 아버지 아브라함처럼 진지하게 하느님의 현존에 자신을 드러내고자 한다면, 신뢰와 용기를 가지고 일어나 자기 자신과 다른 사람 안에서 모두 하느님과 마주해야 합니다. 이렇게 두 가지 다른 몸짓으로 드러나더라도 믿음의 응답은 단 하나입니다.

이제 아브라함을 찾는 하느님의 부르심 안에 들어 있는 세 번째 도전 과제에 대해 알아보겠습니다. "내 시야 안에서 걸어라. 그러면 완벽해지리라." 이 말씀은 내게 개인적으로 하신 것이니, 자기 자신이 되라고 하는 도전 과제를 던진 것입니다. 이 부르심은 나를 하느님의 현존 앞으로 소환하므로, 다른 사람들과 나 자신의 마음속에 계시는 하느님의 현존에 자신의 모습을 드러내라는 또 다른 도전 과제가 됩니다. 그런데 이와 동시에 하느님의 이 부르심은 분명히 **걸으라**고 하는 과제도 던집니다. 여러분은 하느님께서 "서 있어라"나 "무릎을 꿇어라", "내 앞에 엎드려라"라고 하실 것으로 예상했을 것입니다. 하지만 하느님이 선택하신 단어는 "걸어라"입니다. 걷기는 더 많은 신뢰와 용기를 필요로 합니다. 믿음은 걷습니다. 걷기에는 위험이 내포되어 있습니다. 그리고 믿음은 위험을 즐깁니다.

　우리는 일생 동안 몇몇 예외적 경우를 제외하고는 거리에 진눈깨비가 내렸을 때 그 위를 걷는 것이 위험할 수 있다는 사실을 곧잘 잊어버립니다. 하지만 노인이나 막 걸음마를 뗀 아이들은 그 위험을 잘 알지요. 기저귀를 차고 기어 다니던 꼬마가 몸을 일으켜 처음으로 두 다리로 서 있는 순간은 참으로 경외심을 불러일으킵니다. 물론 아이는 비틀거리지만 그러면서도 서 있습니다. 이때 아이의 얼굴을 보면 자신이 무릅쓰고 있는 흥미진진한 위험을 잘 알고 있음이 분명히 드러나 있지요. 그런 다음 아이는 통통한 다리 한쪽을 들어 올리려다, 저런, 그만 중심을 잃고 맙니다. 하지만 그 이후로 우리는 걸음을 내디딜 때마다 잠깐씩 균형을 잃는다는 사실을 잊고 맙니다. 순식간에 균형을 회복하기 때문이지요. 그러나 만약 넘어지는 위험을 감수하지 않는다면 우리는 단 한 걸음도 내디딜 수 없습니다. 바로 이런 식으로 보행이 이루어지는 것이랍니다. 하느님께서는 우리에게 믿음의 길을 가라고 하십니다. 그런데 무언가를 타고 가거나, 헤엄을 쳐서 가거나, 날아가는 것이 아니라 걸어서 그 길을 가라고 하십니다. 균형을 잃었다가 되찾았다가를 계속해서 반복하며 걸으라는 말이지요.

물론 바보 같은 짓을 할까 봐 걱정되거나, 잠시라도 균형을 잃으면 자존심이 상할 것 같거나, 하느님 보시기에 좋은 모습만 보이고 싶은 마음이 너무 큰 경우가 있을 수 있습니다. 그래서 품위 있는 포즈로 조각상처럼 그 자리에 멈춰 섰다가 결국에는 웃음거리가 되곤 하지요. 그런데 균형을 잃을 각오가 되어 있는 것만으로는 충분하지 않습니다. 발걸음을 옮기는 동안 여기저기 발을 잘못 디딜 때에도 바보 같아 보이기는 마찬가지예요. 따라서 우리는 과감하게 균형을 잃었다가 다시 균형을 잡을 줄 알아야 합니다. 과감하게 웃음거리가 되어야 하는데, 그러면서도 어리석은 모습으로 웃음거리가 되지 않게 주의해야 합니다. 믿음이란 말하자면 무용수처럼 현명하게 자신을 웃음거리로 만드는 예술입니다.

감사가 절정에 달하는 순간에는 이 같은 세 가지 측면을 지닌 믿음의 용기를 지니기가 쉬워집니다. 이런 용기는 지극히 자연스럽게 찾아옵니다. 왜냐하면 우리는 바로 이런 순간에 우리 가슴으로부터 나오는 삶의 도전에 응답하기 때문이지요. 가슴이 나의 자아를 나타내기 때문에, 내 가슴을 발견하면 나 자신이 될 수 있는 용기도 발견하는 법입니다. 이 진정한 자아는 유일무이한 동시에 모든 것을 아우릅니다. 그래서 나의 가슴을 발견하면 나 자신을 드러낼 용기도 발견합니다. 가슴은 자아와 타인, 하느님과의 접점을 나타내기 때문입니다. 하느님은 가슴을 보시며, 나는 오직 가슴의 눈으로만 하느님을 볼 수 있습니다. 그런데 내가 나의 가슴을 발견하면 나는 걸어갈 용기도 얻게 됩니다. 가슴은 나의 진정한 무게중심이니까요. 가슴으로부터 솟아나는 현명한 어리석음은 무용수의 우아한 장난기와 같습니다.

온 가슴으로 감사하는 순간, 우리는 가슴의 원초적 용기를 체험합니다. 이 용기는 성경적 의미에서 말하는 완벽한 믿음에 우리가 바라는 만큼 가까워집니다. 그러나 찰나와 같은 열광의 순간에 이런 믿음을 체험하는 것과, 일상의 희비가 파도처럼 교차할 때 이를 뚫고 나아갈 용기를 유지하는 것은 완전히 다른 이야기입니다. 바로 이 대목에서 우리의 종교적 신조가 등장합니다. 종교적 신조가 우리의 믿음이 가라앉지 않게 하는 역할과 용기를 새롭게 다지도록 환기시키는 역할을 합니다. 그런데 문제는 우리의 신조가 언제나 이런 기능을 완벽히 수행하지는 못한다는 것입니다. 때때로 신조가 우리의 믿음을 고취시키는 대신 무겁게 짓누르기도 합니다. 무엇이 원인일까요? 바로 두려움 때문입니다.

믿음은 신뢰와 용기입니다. 그 반대는 두려움 – 근거 없는 공포심, 병적 두려움 – 입니다. 여러분이 생각하기에 성경에서 가장 많이 반복되는 명령문은 무엇인가요? 잘 생각해 보세요. 정답은 바로 "두려워하지 마라!"입니다. 우리를 완벽하게 만드는 것이 믿음의 용기라면, 가장 시급하게 제거해야 하는 것은 두려움입니다. 믿음 덕분에 우리는 용기 있게 약속의 땅으로 출발합니다. 하지만 두려움은 손에 잡히는 것이라면 무엇이건 붙잡고 늘어지기 때문에 우리는 두려움에 짓눌리고 움직이는 속도도 느려지지요. 믿음은 잡고 있던 것을 풀어 주는 용기인 반면, 두려움은 가지 못하게 붙잡고 매달립니다.

그런데 이렇게 두려움 때문에 매달리는 속성 안에는 건강한 측면도 있습니다. 간혹 의사나 조산원 중에는 신생아를 검사하기 위해 아기가 누워 있는 테이블을 흔들거나 다른 방법으로 살짝 공포심을 유발하는 경우가 있습니다. 이때 건강한 아기라면 공포심에 팔과 다리를 뻗어 움켜잡는 몸짓을 하며 본능적으로 엄마를 찾지요. 이런 반사 반응은 아주 오래된 것이랍니다. 인류의 계통발생학적 역사를 살펴보면 이런 반응이 생겨난 것은 인류가 나무 위에서 살 때, 태어나면서부터 소중한 목숨을 유지하기 위해 이 나무 저 나무를 타고 다니는 어머니에게 꼭 매달려야 했던 그 시대로 거슬러 올라갑니다.

놀랐을 때 무언가에 매달리는 본능은 이렇듯 오래된 것이기 때문에 우리 안에 깊이 뿌리박혀 있습니다. 신생아일 때는 엄마를 찾아 손을 뻗고, 좀 더 크면 엄마의 앞치마 끈에 매달리지요. 어른이 되어서도 공포에 질리면 손으로 잡을 수 있는 차선의 것을 본능적으로 붙잡습니다. 심지어 바로 옆에 서 있는 사람이 완전히 낯선 사람인데도 붙잡는 경우가 있지요. 하지만 이것은 심리적 매달림을 몸으로 표현한 것에 불과합니다. 겁을 먹는 순간, 우리의 정신도 안정감을 주는 무언가를 붙잡고 거기에 매달립니다.

이런 시각에서 보면 믿음과 신조 사이의 관계가 선명하게 드러날 수 있습니다. 가슴 안에 있는 믿음은 두려움을 모르는 신뢰입니다. 우리는 상심하면 믿음이 약해지고 두려움이 커집니다. 두려워하는 마음은 어떤 버팀목을 찾아 강박적으로 매달리려 합니다. 종교적 신조는 언제나 손이 닿는 곳에 있습니다. 그리고 우리가 붙잡을 수 있는 그 어떤 것보다도 안정적인 것처럼 보이지요. 그래서 믿음이 약해질수록 우리는 신조를 더욱더 단단히 그리고 엄격하게 움켜쥡니다. 때때로 여러분은 모든 사람에게 자신의 **신조**를 설득시키려고 애쓰는 사람들을 만나기도 합니다. 그런데 이들이 워낙 강박적으로 애쓰는 탓에 그들의 **믿음**에 의구심이 들 정도이지요. 여러분에게는 제 말이 너무 태연하게 들릴 것입니다. 하지만 진정한 믿음을 가진 사람은 훨씬 더 편안할 수 있습니다. 순수한 믿음은 신조를 단단히, 그러면서도 무척 가볍게 붙잡기 때문이지요.

믿음의 아버지 아브라함은 바로 이런 식으로 자신의 신조를 고수했습니다. 이에 관한 내용은 창세기 22장에 나와 있습니다. 이 장에서는 그 안에 담겨 있는 메시지와는 별도로 얼마나 놀라운 이야기를 들려주고 있는지 모릅니다! 하느님께서 아브라함을 부르시어 심부름을 보냅니다. 그런데 이번에는 신뢰를 가지고 떠나라는 단순한 부르심이 아닙니다. 이어서 하느님께서는 자세히 말씀하십니다.

그런데 결정적인 부분을 워낙 정확하게 이야기하셔서 저는 이 내용을 읽을 때마다 몸에 소름이 돋습니다. 하느님께서는 아브라함에게 그의 아들을 '번제물'로 바치라고 명령하십니다. 메시지는 분명합니다. 오류가 있을 여지가 전혀 없지요. 선택된 희생 제물의 신원이 명확해서 의문이 있을 수 없습니다. "네 아들을 데려오너라"(당시 아브라함에게는 아들이 둘 있었습니다. 따라서 누구를 가리키는 것인지 아직은 확실치 않습니다), "… 유일한 아들"(자식을 희생 제물로 바쳐야 하는 상황에서, 자식이 아무리 많다고 한들 부모 마음에는 그 아이가 '유일한 아이'인 법이지요), "… 네가 사랑하는 아들"(이 대목이 살을 에는 듯하지만, 그래도 이름을 이야기하지 않은 이상 일말의 희망이 남아 있습니다), "… 이사악!"(아브라함의 가슴에 대못이 박혔음에 틀림없습니다).

이번에는 아브라함의 믿음에 뚜렷한 내용이 주어져 있습니다. 믿음이 두 가지 모두를 요구합니다. **하느님**을 믿을 것, 그리고 거의 믿기지 않는 **과제**, 즉 이사악이 희생 제물이 되어야 한다는 사실을 믿으라고 요구합니다. 아브라함은 이를 믿습니다. 그럼에도 그는 이미 하느님으로부터 약속을 받은 바 있습니다. 바로 이 이사악을 통해 그의 자손이 바닷가의 모래알처럼, 하늘의 별처럼 번성할 것이라는 약속 말이지요. 아브라함은 이 약속 또한 믿습니다. 만약 아브라함의 믿음이 고작 그의 신조를 합해 놓은 것에 지나지 않았다면, 그는 그 신조들 사이의 명백한 모순 때문에 파멸했을지도 모릅니다. 하지만 그의 믿음은 단순하신 분인 하느님에 대한 단순한 신뢰였습니다. 그래서 모든 모순이 이러한 믿음의 가늠할 수 없는 단순함 속으로 가라앉아 버렸지요. 그리하여 아브라함은 그 순간에는 이사악이 희생 제물이 될 운명이라는 신조를 가볍게 유지하면서도, 이와 동시에 바로 그 이사악을 통해 하느님께서 그에게 많은 자손을 허락하시리라는 신조를 뒷받침할 근거를 찾을 수 있었습니다. 이런 단순한 믿음 덕분에 그는 두 가지 신조를 단단히 지킬 수 있는 용기와 이 둘을 가볍게 지킬 수 있는 신뢰를 가질 수 있었습니다.

그런 다음, 가히 독보적인 장면이 연출됩니다. 아브라함과 이사악이 희생 제물을 바칠 산을 오르면서 등골 오싹한 대화를 나누게 되지요. 아들은 번제물을 사를 장작을 어깨에 지고 갑니다. 아버지는 불과 칼을 들고 가고요. "그렇게 둘은 함께 걸어갔다." 이 이야기를 들려주는 화자조차 "둘은 함께 걸어갔다"라고 반복해서 말하면서 목이 메는 것 같습니다. 다들 기억하는 것처럼, 버스 터미널이나 병원의 병실에서는 헤어질 순간이 다가올수록 누구나 좀 더 '함께' 있고 싶어 하는 것처럼 보입니다. "그렇게 둘은 함께 걸어갔다." 노인은 아무 말 없이 걷습니다. 도대체 그가 무슨 말을 할 수 있겠습니까? 하지만 아이는 거리낌 없이 말합니다. "아버지!" "얘야, 왜 그러느냐?" 그러자 이사악이 아브라함에게 그의 믿음이 아니라 그 믿음의 내용에 대해, 하느님에 대한 아브라함의 신뢰가 아니라 그의 신조에 대해 질문합니다. 하느님께서 너무도 분명하게 세세히 말씀하셨던 것, 하느님에 대한 아브라함의 신뢰를 흔들려고 하는 그것에 대해 묻습니다. 아브라함의 믿음이 자신의 신조로 시험받고 있는 것이지요. 믿음의 역사에서 결정적 순간이 아닐 수 없습니다.

똑똑한 아이라면 그렇듯, 이사악도 아버지에게 정확히 지적합니다. "불과 장작은 여기 있는데 번제물로 바칠 양은 어디 있습니까?" 아브라함이 빠져나갈 구멍은 없군요. 이제 그는 자신이 믿는 것을 고백하면서 자신의 믿음을 증명해야 합니다. 아들은 아브라함의 손에 들려 있는 칼에 대한 언급은 피할 줄 알 만큼 똑똑했습니다. 그렇다면 과연 아버지는 하느님께서 그에게 분명하게 말씀하셨던 것을 이사악에게 피하지 않고 확실히 알려 줄 만큼 용감할까요? 이 중요한 대목에서 아브라함은 믿음의 아버지로서의 면모를 드러냅니다. "얘야, 번제물로 바칠 양은 하느님께서 손수 마련하실 거란다." 이 말을 들으면 아브라함은 다음과 같은 생각을 하고 있는 것 같습니다. "내가 아는 한 하느님께서는 제물로 바칠 양이 누가 될 것인지 확실히 하셨다. 하지만 나는 하느님의 메시지 안에는 내가 이해한 것보다 무한히 더 많은 것이 담겨 있다고 신뢰한다." 아브라함의 믿음은 너무나 강하기에 그는 자신의 신조에 매달릴 필요가 없습니다. 하느님에 대한 그의 신뢰는 자신이 이해한 하느님의 말씀에 대한 신뢰보다 강합니다. 믿음 안에서 그는 자신의 신조 그 이상으로 시선을 올려 바라봅니다.

"그렇게 아브라함은 눈을 들었다." 바로 여기에 핵심어가 있습니다. 그는 자신의 신조를 단단히 고수합니다. 그리고 그것을 바탕으로 행동합니다. 하지만 그는 자신의 신조가 바닥짐(배의 균형과 안전을 위하여 배의 바닥에 싣는 물이나 자갈 따위의 중량물)이 되어 자신의 믿음을 무겁게 짓누르게 만들지 않습니다. 그는 시선을 들어 위를 바라보지요.

　이 이야기에서는 아브라함이 어떻게 이사악의 다리를 하나로 묶어서 제단 위에 눕히고 손을 뻗어 자기 아들을 죽이기 위해 칼을 드는지 섬뜩할 정도로 자세하게 묘사합니다. 이 모든 것이 하나하나 자세히 설명되어야 했던 이유는 아브라함이 하느님의 말씀에 따라 행동했다는 사실, 그가 믿었다는 사실을 증명해야 하기 때문입니다. 그러나 그에게는 신조 그 이상이 있었습니다. 그에게는 믿음이 있었지요. 그는 믿으면서 칼을 집어 들었지만, 믿음으로 위를 올려다보았습니다. "아브라함이 눈을 들어 보니, 덤불에 뿔이 걸린 숫양 한 마리가 있었다. 아브라함은 가서 그 숫양을 끌어와 아들 대신 번제물로 바쳤다."

　그런데 이 맥락 안에서 '대신'이란 무엇을 의미할까요? 여기에는 두 가지 의미가 담겨 있습니다. 겉으로 보면 이 말은 양이 이사악을 대체했다는 뜻이지만, 내적으로는 양이 이사악을 상징한다는 것을 의미합니다. 이런 의미에서 보면 아브라함은 자신의 아들을 희생 제물로 바친 것입니다. 그의 손이 칼을 집을 수 있었던 순간, 그의 가슴속에서는 제물을 바치는 내면적 행동이 이미 완료되었다고 보아야 하지 않을까요? 그리고 그렇게 함으로써 믿기 어려운 일이었지만 종국에는 아브라함이 믿었던 대로 이루어졌습니다. 이처럼 믿을 수 없는 차원에 부응할 수 있는 것은 오직 믿음뿐입니다. 단순히 믿는 것이 아니라 무엇보다도 신뢰하는 그런 믿음 말이지요.

　아브라함의 믿음, 하느님에 대한 그의 신뢰는 단순한 지적 추론

차원에서는 모순적으로 보이는 신조조차 지지할 수 있었습니다. 그는 더 높은 차원으로 가슴의 눈을 올렸습니다. 신약성경(히브 11,19 참조)에서 이 사건을 해석한 것처럼, 하느님의 신의의 빛 안에서 그의 가슴은 "하느님께서 죽은 사람까지 일으키실 수 있다고 생각"했습니다. 이것이 바로 산에 오르기 전 아브라함이 하인들에게 "우리는 (둘 다) 돌아올 것이다"라고 말할 수 있었던 이유입니다. 그는 믿음 안에서 이 말을 할 수 있었습니다. 길을 떠난 지 사흘째 되는 날(부활의 날), 아브라함은 이미 "눈을 들어" 멀리 떨어진 곳에 있는 제물을 바칠 곳을 보았기 때문이지요.

이 이야기를 너무 오랫동안 다루더라도 부디 양해해 주시기 바랍니다. 제가 이 이야기를 무척 좋아하기 때문이라는 것도 한 가지 이유인 것은 맞습니다. 하지만 이 이야기를 통해 믿음과 신조의 관계를 통찰할 수 있다는 점이 결정적 이유랍니다. 용기와 신뢰로서의 믿음이 신조라는 의미에서의 믿음보다 우선한다는 사실을 깨닫게 해 주기 때문이랍니다. 만약 우리가 우선권을 잘못 부여하면 신조가 믿음을 방해하는 일마저 생길 수 있습니다. 하지만 올바로 이해한다면 문제의 핵심에 닿을 수 있습니다. 곧, 믿음의 핵심은 가슴이 믿는다는 것이지요.

가슴의 믿음, 우리의 원초적 믿음은 우리가 살아 있음의 정점에 있을 때 모두 체험한 적 있는 것입니다. 그렇다면 우리는 이것을 어떻게 체험했을까요? 우리가 체험했던 단순한 신뢰, 확신, 다시 말해 삶에 대한 신뢰, 우리의 기대가 무너지지 않을 것이라는 확신이 바로 그것입니다. 이런 순간들에, 우리가 진심으로 살아갈 때, 우리는 상황의 중심에 접촉합니다. 20세기의 독일 신학자 오스카 쿨만이 멋지게 표현한 대로 "만물의 중심에는 신실함이 있다"는 사실을 자연스럽게 깨닫습니다. 말로 표현하든 표현하지 않든 믿음에 대한 이 같은 강한 확신은 우리의 신조가 솟아나는 뿌리입니다. 또한 그 신조를 시험할 시금석이기도 합니다. 만약 신조가 진정성이 있다면 이런 핵심적 믿음에 대한 확신을 표현하고 암시하는 역할을 할 것입니다. 신조가 생생한 믿음의 체험을 결코 대체할 수는 없지만, 우리가 이를 생생하게 기억하도록 도와줄 수는 있습니다.

우리의 원초적 용기가 강건하면, 우리의 믿음은 자신의 신조를 분명히 표현하며 바람에 나부끼는 깃발처럼 이를 옹호합니다. 용기 있는 믿음은 자유롭습니다. 이러한 믿음의 자유 안에서 우리가 자신의 신조에 사로잡히는 것이 아니라 그 신조를 지킨다면, 가끔은 우리의 신조가 결국 우리를 옹호하게 될 것입니다. 우리 마음이 가라앉을 때, 우리에게 신선한 용기를 불러일으키는 이런 신조의 현수막에 우리 시선을 고정시키는 일이 휘청거리는 우리 믿음의 버팀목이 될 수 있습니다. 하지만 '만물의 중심에 있는 신실함'에 대한 신뢰가 죽은 곳에서는 신조가 믿음을 대체해야 합니다. 현수막, 즉 단순한 신앙 조항으로 가득한 쇼룸이 되어 버린 믿음을 대신하게 되는 것이지요.

"만물의 중심에는 신실함이 있다." 생생하게 살아 있고 용기로 가득한 믿음은 바로 이런 통찰에 대한 우리의 자연스러운 반응입니다. 어느 한 순간 우리는 최악의 현실을 경험한 바 있고, 이것만으로도 우리가 완전히 헤어나기 힘든 상황에 서 있지 않다는 것을 충분히 알 수 있습니다. 이런 생각을 떠올릴 때마다 얼마나 큰 용기를 얻는지 모릅니다! 심지어 이런 기억이 망각 아래에 묻혀 버렸다 해도, 잿더미 속에 깊이 파묻혀 있는 살아 있는 불씨처럼 이런 기억은 살아남아 있습니다. 우리의 내면 어딘가 깊은 곳에 삶이 약속을 지킬 것이라는 믿음이 없다면 우리는 과연 계속 살아갈 수 있을까요? 우리는 삶이 신실하다는 사실을 압니다. 우리가 마음의 중심에서 이러한 통찰을 신뢰하지 않는다면, 우리는 과감하게 이 통찰의 진실성에 의문을 제기하지도 때로는 부인하지도 못할 것입니다. 어느 주어진 특정한 순간에 우리는 삶이 신실하다는 진실을 목격했습니다. 비록 지나치듯 살짝 보았을지라도 이렇게 우리가 본 것에 대한 믿음이 우리에게는 앞으로 나아갈 힘이 됩니다.

바로 이 '주어진' 상황에서부터 출발한다면 우리는 우리에게 베푸시는 신실하신 분, 하느님을 향해 나아갈 것입니다. 하지만 그렇지 않다면 우리는 하느님을 향하기를 거부할 것입니다. 이것은 신조의 문제입니다. 하지만 둘 중 어느 경우라도 우리에게는 토대가 되는 신실함에 대한 믿음이 있습니다. 우리가 계속 살아간다는 사실이 바로 그 증거입니다. 그 누구도 모든 인간이 가지는 믿음인 이런 기본적 신뢰 없이는 생존할 수 없을 것입니다. 이러한 믿음은 감사하며 사는 삶의 한 모습이자 감사를 드릴 수 있는 용기가 됩니다.

그런데 감사와 용기가 무슨 관련이 있을까요? 둘 사이의 연관성이 한눈에 파악되지는 않습니다. 하지만 한 걸음 더 들어가서 면밀히 살펴보면 상황은 달라집니다. 선물을 받았을 때 그 선물을 주는 사람에 대한 신뢰 없이 "고맙습니다"라고 말할 수 있는 사람은 결코 없습니다. 그리고 신뢰하려면 언제나 용기가 필요한 법입니다. 간단한 예를 하나 들어 보겠습니다. 여러분에게 한 친구가 선물 포장한 상자를 건네면 여러분은 "고마워"라고 합니다. 여러분은 이렇게 말함으로써 선물에 대한 감사를 표했다고 생각할 테지요. 그런데 잠깐만요! 여러분은 그 상자 안에 뭐가 들어 있는지 아직 확인도 하지 않았습니다. 그런데도 어떻게 고마움을 표현할 수 있었던 걸까요? 그렇습니다. 여러분이 고맙다는 말로 표현했던 것은 실제로는 친구에 대한 신뢰였습니다. 고마워하는 사람이라면 선물 포장 안에 숨어 있는 내용물을 확인하기 전에 "고맙다"라고 말합니다. 만약 선물을 확인한 다음에 감사를 표한다면 여러분은 똑똑할지는 모르지만 누구도 여러분을 보고 고마워한다고 하지는 않을 것입니다. 감사란 선물을 풀어 보기 전에 고맙다는 말을 할 수 있는 용기를 지니는 것입니다.

자, 그런데 친구를 신뢰하는 데에는 그리 엄청난 용기가 필요하지는 않을 것입니다. 하지만 금색 포장지로 싸인 상자는 시한폭탄이 들어가기에도 딱 적당한 크기라는 것 역시 분명한 사실이지요. 그렇다 하더라도 누가 이런 가능성을 염두에 두기나 할까요? 하지만 삶이 여러분에게 선물을 건네는 경우는 문제가 이보다 심각합니다. 하느님께서는 예쁜 포장지 안에 시한폭탄을 넣어 두시기도 하기 때문이지요. 우리는 과거의 경험으로부터 이런 사실을 잘 알고 있습니다. 그리고 이제 이런 깜짝 선물을 하나 더 받게 됩니다.

이 상황에서 "고마워" 하고 말하면서 진심으로 고마워하려면 용기가 필요합니다. 이는 마치 "조심해! 이건 가짜일지 몰라. 잘못 하면 나를 날려 버릴 수도 있어. 하지만 그렇더라도 나는 이것이 지 금 내게 꼭 필요한 바로 그것이라고 믿어"라고 말하는 것과 같습니 다. 그렇습니다. 그것은 신뢰가 틀림없습니다! 그리고 이러한 베푸 시는 분에 대한 신뢰는 믿음과 감사가 만나는 접점입니다.

일단 감사하는 용기와 믿음을 가지는 용기가 하나의 동일한 가 슴의 움직임, 즉 신뢰의 몸짓이라는 사실을 알게 되면, 믿음을 가지 는 법을 배우는 것이 감사하는 법을 배우는 것을 의미한다는 사실 도 알게 됩니다. 이제 우리는 이 장을 시작하면서 던졌던 질문, '감 사하며 사는 법을 어떻게 배울 수 있을까?'라는 질문에 답하기에 더 유리한 상황에 있습니다. 이 질문에 대한 대답은 바로 믿음을 키우 는 법을 배우는 것입니다. 이런 접근 방식은 장점이 쉽게 드러납니 다. '감사하는 삶'이라는 말은 '믿음의 삶'이라는 말보다 훨씬 덜 추 상적으로 들립니다. 감사하며 사는 삶이라는 말은 신학의 영역보 다는 경험의 영역에 호소하기 때문이지요. 그럼에도 감사하며 사는 삶에 대한 정의는 여전히 모호합니다. 믿음이 전통적으로 의미하는 바를 보면 앞에서 언급했던 바로 그런 종류의 지도地圖를 얻을 수 있 습니다. 믿음을 키우는 것은 잘 짜인 지도와 같습니다. 우리의 여정 은 충분히 험난합니다. 따라서 믿음에 대한 통찰을 통해 전통이 제공하는 도움을 잘 활용하는 것이 좋습니다.

　지금까지 우리는 믿음과 신조 사이에 선을 그어 분명히 구분했기에, 믿음 안에서 성장한다는 것이 신조를 쌓는 것을 의미하지 않는다는 사실을 잘 알 수 있습니다. 믿음 안에서 성장한다는 것은 오히려 점점 어려워지는 환경에서, 즉 믿음은 신실함에 반응하는데 그 신실함이 점차 불명확해지는 환경에서 믿음의 기본자세를 익히는 것을 의미합니다. 결국 우리는 전혀 눈으로 볼 수 없더라도 '만물의 중심에 있는 신실함'에 대해 신뢰할 수 있어야 합니다. 이런 의미에서 그리고 오로지 이런 의미에서만 무조건적 믿음에 대해 이야기하는 것이 타당합니다. 이는 무조건적 믿음이야말로 가장 날카롭게 꿰뚫어 보는 시야를 가졌음을 의미합니다. 무조건적 믿음은 아무것도 보지 못하지만 그럼에도 진심으로 "보여요! 알겠어요!"라고 말할 수 있습니다. 그런데 무엇을 보는 걸까요? 아무것도 아닌 것을 봅니다. 아무것도 아닌 것이라고 하지만 그 속뜻은 모든 것을 의미합니다. 즉 만물의 핵심에 있는 신실함을 본다는 말입니다.

　그렇게 높은 곳에 있는 믿음을 올려다보는 일은 미처 시작도 하기 전에 우리의 사기를 꺾을 수 있습니다. 하지만 오르막은 계곡에서 시작되는 법이지요. 제가 어린 시절을 보냈던 오스트리아의 알프스 산행이 떠오르는군요. 저와 일행은 어느 여름날 아침 일찍 길을 떠났습니다. 앞에 바라보이는 새벽 첫 햇빛 아래 흰 눈으로 덮여 있는 산꼭대기와 능선이 바로 우리의 목표였지요. 그런데 우리 주변에는 온통 울창한 초원이 펼쳐져 있었고, 일출 직전에 늘 불어오는 산들바람에 미나리아재비꽃이 고갯짓을 하고 있었습니다. 이와 마찬가지로 우리 믿음의 여정은 평탄한 땅에서부터 시작합니다. 그리고 이것은 오히려 다행스러운 일입니다. 우리가 수행해야 하는 이 임무가 이미 충분히 어려울진대, 가장 쉬운 단계부터 시작해서는 안 될 이유가 있을까요?

믿음의 향상이 기도의 향상입니다. 우리는 새로 걸음을 내디딜 때마다, 용기와 신뢰를 드러내는 내면의 몸짓을 반복할 때마다 믿음을 단련합니다. 그뿐만 아니라 우리에게 앞으로 나아갈 수 있는 힘을 주는 신실함의 샘물을 받아 마십니다. 이 샘물을 마시는 것이 바로 기도, 믿음의 기도입니다. 이를 가리키는 또 다른 표현은 '하느님의 말씀으로 사는 것'이지요.

성경에서 "하느님의 말씀으로 산다"고 하면, 이는 하느님께서 명령하시고 우리는 이에 따라 사는 것 그 이상을 의미합니다. 하느님의 명에 따라 사는 것은 하느님의 말씀으로 산다고 하는 이 위대한 성경적 개념이 지니고 있는 도덕적 측면일 뿐입니다. 이 개념이 지니고 있는 종교적 측면이야말로 한없이 더 중요하지요. (하지만 종교적 측면은 늘 도덕적 측면에 잠식당할 위험에 처해 있습니다.) 하느님의 말씀으로 산다는 것은 그 말씀을 받아서 자양분을 얻는 것, 그 말씀을 먹고 마시고 소화하는 것을 의미합니다. 먹고 마신다는 이미지는 말씀으로 사는 것과 언제나 긴밀하게 결부됩니다. 영어 표현 중에도 똑같은 경우들이 있습니다. 어떤 이야기에 한 마디 한 마디 주의를 기울이는 사람을 두고 "다 먹어 치웠다"(She ate it all up), "깨끗이 핥아 먹었다"(He lapped it all up)라는 표현을 씁니다. 먹고 마시는 이미지를 활용한 표현이지요. 또한 책에 관해 이야기할 때에도 "앞표지부터 뒤표지까지 다 먹어 치웠다"(I devoured it, cover to cover)라고 표현합니다. 책을 삼켰다는 이런 이미지 역시 성경적 이미지입니다. 실제로 구약성경과 신약성경 양쪽 모두에서 이런 표현이 등장하지요(에제 3,1; 묵시 10,10 참조).

이 모든 것 뒤에 숨어 있는 생각은 성경에 등장하는 가장 심오한 통찰 중 하나입니다. 바로 하느님께서 말씀하신다는 것이지요. 그런데 하느님께서 말씀하신다는 생각 뒤에 감춰져 있는 체험은 무엇일까요? 바로 마음으로 경청하는 체험입니다. 우리 모두 너무 쉽게 간과하는 이런 체험의 한 측면이 그 뒤에 숨어 있습니다. 마음을 다해 진정으로 귀를 기울일 때, 우리는 우리가 있든 없든 상관없이 '밖에서' 진행되고 있는 일을 그저 우연히 엿듣기만 하지 않습니다. 전혀 그렇지 않아요. 우리는 우리에게 말을 걸어왔다고 생각합니다. 우리는 섬광처럼 눈 깜짝할 사이에 깨닫습니다. '밖에서' 우리와 관련된 일이 무엇이든 간에, 어쨌건 이 일이 우리와 관련되어 있기 때문에 모종의 수수께끼 같은 방식으로 이 일이 우리에게 "향합니다". 이는 만물의 중심에 있는 신실함에 대해 그저 더듬더듬 또 다른 방식으로 이야기하는 것입니다. 이러한 통찰을 하느님의 언어로 표현하고자 한다면, 가장 간결한 표현이 바로 "하느님께서 말씀하신다"입니다.

하지만 하느님께서는 너무도 단순하셔서 오직 한 말씀만 하십니다. 하느님께서 말씀하시는 모든 것은 신실함이라는 영원한 말씀 하나에 표현되어 있습니다. 이 말씀 하나에는 참으로 무궁무진한 의미가 담겨 있어서 영원히 설명해도 끝이 없을 정도랍니다. 이것은 마치 서로에게 성실한 두 연인과 같습니다. 그들이 상대에게 하고 싶은 말은 "사랑해"가 전부이지요. 이 말은 반복되고 또 반복될 가치가 있는 말입니다. 어떤 연인도 다음과 같이 말하는 경우는 없습니다. "좋아, 사랑해. 그런데 내가 몇 년 전에 최종적으로 이 말을 하지 않았었나? 정말로 이 말을 다시 듣고 싶은 거야?" 그렇습니다. 우리는 이 말을 듣고 또 듣고 싶습니다. 그리고 연인들은 그들의 신실함을 말로만 표현하는 것이 아니라 선물, 꽃, 노래, 편지, 따뜻한 손길 등 일생 동안 수천 가지 다양한 방법으로 계속해서 표현하게 됩니다. 이와 마찬가지로 하느님의 신실함도 매번 새로운 형식으로 영원히 표현되어야 합니다. 온 우주에 존재하는 모든 것은 다른 이유가 아니라 오로지 이 메시지를 서로 나누기 위해 존재합니다. 믿음 안에서 가슴은 이러한 비밀을 직감합니다.

하느님의 메시지는 언제나 같습니다. 그러나 그 메시지가 표현되는 방식에 따라 큰 차이가 생겨난답니다. 여러분은 사과꽃이 만발한 과수원에서 이 메시지를 깨달을 수 있습니다. 그런데 똑같은 메시지를 산불에서도 발견할 수 있지요. 이렇게 표현 방식이 달라서 갈피를 잡지 못할 수도 있지만, 다양한 모습에서 똑같은 메시지를 발견하는 일은 철자를 맞추는 것과 같은 즐거운 게임이 될 수 있습니다. 초원에서 즐겁게 뛰노는 저 말은 하느님 말씀을 표현하는 한 가지 방법이며, 내 무릎 위에 잠들어 있는 고양이 역시 또 다른 방법이 됩니다. 이런 방법은 각기 모두 독특하며 번역할 길이 없습니다. 원래 시는 번역할 수 있는 것이 아닙니다. 다른 언어로 비슷하게 바꾸는 것이 최선이지요. 시에서는 메시지만큼이나 언어가 중요하기 때문입니다. 하느님은 시인이십니다. 만약 우리가 하느님께서 토마토 하나로 하시는 말씀을 파악하고 싶다면, 토마토를 보고, 만지고, 냄새 맡고, 한 입 베어 물어서 토마토가 터질 때 나오는 과즙과 씨를 뒤집어써야 합니다. 우리는 토마토를 음미하고 토마토라는 시를 '가슴으로' 외워야 합니다. 하지만 하느님께서 하셔야 하는 말씀을 토마토라는 언어로 속속들이 다 알 수는 없습니다. 그래서 하느님께서는 우리에게 레몬도 주시고 레몬 언어로도 말씀하십니다. 따라서 말씀으로 사는 것은 일생 동안 하느님의 언어를 하나하나 차례대로 배우는 것을 뜻합니다.

이것은 믿음의 기도와 그 환희의 신비에 이르는 손쉬운 첫 번째 단계입니다. 우리는 여전히 목초지를 통과하는 오르막 구간을 지나며 간신히 위로 올라가고 있습니다. 그런데 말씀으로 사는 이 단계에서도 용기가 필요합니다. 어린아이가 난생 처음 토마토를 베어 물 때의 얼굴을 잘 살펴보세요. 조금도 숨김없는 아이의 얼굴을 보면 미지의 땅을 탐험하면서 모험을 무릅쓰는 용기와 두려움으로 인한 망설임 사이에서 갈등하는 모습이 뚜렷하지요. 우리는 세상에 태어나 첫 숨을 내쉬면서부터 세상과 매번 새로이 만납니다. 이러한 세상과의 새로운 조우는 만물의 중심에 있는 신실함에 대한 신뢰를 시사합니다. 아무리 감춰져 있거나 내포되어 있다고 한들, 이 신뢰는 우리의 원초적 믿음의 증거입니다. 이것은 충만한 믿음의 시작입니다. 그리고 이 믿음이 아무리 약하다 한들, 이 믿음은 단계별로 차근차근 성장할 것입니다. 여러분이 처음으로 토마토를 베어물 때에는 용기가 필요했지만, 이 용기는 보상을 받았습니다. 과감함 없이는 모험도 없습니다. 과감함에 대한 보상으로 모험이 돌아옵니다. 만물의 중심에 있는 신실함은 오래전부터 존재했던 것이지만 언제나 따끈따끈하게 새로운 놀라움을 안겨 줍니다. 그리고 우리가 이 신실함을 새롭게 음미할 때마다 우리의 믿음이 강해지고 자라납니다. 신실함의 잔치에서 벌어지는 믿음의 축제가 바로 믿음의 기도요 말씀으로 사는 것이며 거룩한 친교입니다.

생명의 잔치는 우리의 미각을 가꾸고 넓히라고 도전합니다. 우리는 모두 처음 시작할 때는 편협한 미각을 가집니다. 하지만 삶은 범세계적이며 참으로 보편적인 미각을 가지라고 우리에게 도전합니다. 이렇게 배우는 과정에서 우리 가운데 어떤 이들은 가장 간단한 훈련에도 마음이 흔들립니다. 날씨를 예로 들어 봅시다. 매번 날씨가 바뀔 때마다 새로운 모험이 우리를 기다립니다. 새 계절이 올 때마다 새로운 놀라움을 맛보게 해 줄 비장의 레시피가 공개되지요. 그렇다면 우리는 어떻습니까? 물론 자신이 선호하는 것, 가장 좋아하는 음식을 선택하는 것은 우리의 특권입니다. 그런데 누군가의 고기 요리가 정말로 다른 누군가에게는 독약이 될 수 있을까요? "한번 맛보렴. 아마 좋아하게 될걸." 이 말이 진리에 한 걸음 더 가까워지는 순간입니다. 이 말은 "주님이 얼마나 좋으신지 너희는 맛보고 깨달아라"라는 말씀의 현대적 풀이라 할 수 있겠네요. 그런데 맛보고 깨닫기 위해서는 먼저 과감하게 맛을 보아야 합니다. 그리고 맛을 보기 위해 용기를 내면 그 보상으로 얼마나 맛이 좋은지 깨닫게 되는 것이지요. 그러나 어느 봄날에 바닷바람에 몸을 맡기는 것과 어느 겨울 아침에 안개 속으로 걸어 들어가는 것은 완전히 다릅니다. 똑같은 모험심을 가지고 나섰더라도 후자의 경우에는 더 큰 용기가 필요하지요. 하지만 우리가 뒤로 물러서 버린다면 오직 안개만이 우리 마음에 전해 줄 수 있는 유일무이한 맛을 우리가 어떻게 맛볼 수 있겠습니까? 흠뻑 젖은 나뭇가지를 늘어뜨린 나무들과 코끝에서 물방울을 뚝뚝 떨어뜨리며 비옷을 입고 지나는 사람들, 이런 모습을 숨겼다가 보여 주고, 가렸다가 다시 드러내는 안개의 묘미를 어떻게 맛보겠습니까? 우리가 모든 종류의 날씨를 우리 나름대로 즐길 수 없다면 우리의 삶에서 얼마나 많은 부분을 잃게 될까요?

　"하느님의 입에서 나오는 **모든** 말씀으로"(마태 4,4) 사는 법을 배우지 않는다면 어떻게 충만한 삶을 발견하리라 기대할 수 있을까요? 이 구절은 복음에서 매우 중대한 구절입니다. 충만한 삶을 추구하는 모든 이들에게, 그리고 감사하며 사는 법을 배우고자 하는 이들 누구에게나 무척 중요하지요. 자, 그렇다면 나는 어떻게 하고 싶어 하는 걸까요? 먼저 내가 지니고 살 하느님의 말씀을 내가 직접 고를까요? 결국 나에게 좋은 것이 무엇인지 가장 잘 아는 사람은 나 자신일 테니까요. 아니면 하느님께서 나를 더 잘 아신다고 믿고 있나요? 지금 당장은 듣기 싫더라도 하느님께서는 정확히 나에게 필요한 말씀을 하시리라 믿고 있나요? 감사라는 믿음은 베푸시는 분을 신뢰하게 하며, 따라서 "나는 하느님의 입에서 나오는 **모든** 말씀으로 살 수 있다"고 말할 수 있는 용기를 줍니다.

이 구절은 광야의 유혹이라고 불리는 복음 이야기에 나오는 부분입니다. 예수께서는 40일 주야를 광야에서 보내시며 이스라엘 민족이 광야를 방황했던 40년을 재현하셨습니다. 그분은 하느님에게 온전히 의탁한다는 표시로 단식을 하고 계셨지요. 이스라엘이 하느님께 의탁하자, 하느님께서는 광야에 천상의 빵, 만나를 보내셨습니다. 예수께서는 무척 시장하셨으나 하느님께서는 오로지 돌만 주실 뿐입니다. 어떤 아버지가 배고픈 자식이 빵을 달라고 우는데 돌을 주겠습니까? 하느님께서 아버지의 자애로움으로 이스라엘을 돌보셨다면, 하느님을 "아빠"(아버지)라 부르며 너무도 깊이 신뢰하며 청하는 이 이스라엘 청년을 왜 돌보지 않으실까요? 만약 예수께서 정말로 하느님의 아들이라면, 부탁만 하면 자신에게 필요한 것은 모두 다 그분의 것이 되지 않을까요? 혹할 만한 생각이지요. 하지만 예수께서는 상황을 반전시키십니다. "내가 아들로서 아버지에 대한 믿음을 보여 드리는 방법은 이렇다. 내가 필요로 하는 것을 달라고 청하는 것이 아니라, 내가 받는 것이 나에게 필요하다고 믿는 것이다. 하느님께서 가장 잘 아신다. 하느님께서 '돌'이라고 말씀하시면, 나는 '빵'이어야 한다고 우기지 않을 것이다. 나는 … **모든** 말씀으로 살 수 있다."

그런데 내가 정말로 그럴 수 있을까요? 자, 이제부터 길이 험난해지기 시작합니다. 이제 목초지를 지나온 우리 앞에 가파른 오르막이 놓여 있습니다. 더 이상 신앙 초보자용 연습 단계가 아닌 것이지요. 여기서 우리는 사활이 걸린 문제에 직면합니다. 성경적 상징주의를 바탕으로 해서 보면 뚜렷이 알 수 있습니다. 빵은 '삶', 돌은 '죽음'을 나타냅니다. 예수께서는 하느님의 모든 말씀이 생명을 주는 말씀이라고 믿습니다. 여기서 문제가 되는 단어는 바로 '돌'입니다. 이것은 죽음을 의미하지요. 그 안에 내포되어 있는 뜻은 '나는 죽음으로도 살 수 있다'는 것입니다.

이 주제는 또 다른 복음 이야기에서도 다루어집니다. 또 하나의 유혹 이야기라고 할 수 있는 겟세마니 동산에 오른 예수의 고뇌 이야기가 바로 그것이지요. 이렇듯 두 이야기에서는 말씀으로 사는 것이 매우 중요한 쟁점이 됩니다. 두 경우 모두 하느님께서 하시는 말씀은 죽음을 나타냅니다. 광야에서 아버지 하느님이 주시는 것은 빵이 아니라 돌이 전부입니다. 동산에서 아버지가 주시는 것은 잔입니다. 이것은 시편에 나와 있듯 사형선고를 나타내는 또 다른 상징이지요. 그런데 예수께서는 이번에는 아주 힘들어하며 몸부림치십니다. "아버지께서는 하시고자 하시면 무엇이든 다 하실 수 있으시니 이 잔을 저에게서 거두어 주소서. 그러나 제 뜻대로 마시고 아버지의 뜻대로 하소서." 이것은 고통의 신비 속에서 바치는 믿음의 기도입니다. 예수께서는 피땀을 흘리며 고투를 벌이시어 마침내 죽음 한가운데에서도 하느님의 진실하심을 발견한다는 신뢰로 이어지는 믿음을 지켜 내셨습니다.

머잖아 우리도 모두 이런 수준의 믿음에 도달해야 합니다. 아마도 하느님께서는 오르막길에서 이 가파른 구간을 잘 오를 수 있도록 지금도 우리를 준비시켜 주고 계실 것입니다. 처음 시작할 때에는 하느님의 말씀으로 사는 것은 순수하고 큰 기쁨이었습니다. 하느님께서는 우리에게 양식으로 빵만 주신 것이 아니라, 말하자면 건포도도 주신 셈입니다. 그리고 오랫동안 우리의 신뢰는 이런 식으로 쌓였습니다. 그러나 조만간 우리가 건포도빵을 한 입 베어 무는 순간이 닥치고, 우리가 건포도라고 여겼던 것이 작은 돌멩이라는 사실이 밝혀집니다. 이것은 매우 중요한 순간입니다. 우리의 믿음을 시험하는 순간이니까요. 이때 나는 무슨 말을 하게 될까요? 돌로는 살 수 없다고 항변할까요? 아니면 오랫동안 환희의 신비를 묵상한 끝에 나의 믿음이 강해져서 이제는 고통의 신비로 넘어갈 수 있게 되었나요? 내가 "빵"이라는 말을 기대하는 대목에서 하느님께서 맨 처음 "돌"이라고 하실 때, "저는 하느님의 입에서 나오는 **모든** 말씀으로 살 수 있습니다"라고 말할 수 있는 믿음이 내게 있나요?

우리들 대부분은 바로 이런 식으로 시험에 든 적이 있습니다. 친구를 잃어버리는 일처럼 해결이 불가능해 보이는 과제가 우리 앞에 불쑥 등장하여 예상치 못한 운명의 전환을 맞습니다. 이럴 때 우리는 죽음을 언급하지요. "힘들어서 죽을 것 같아." 맞는 말입니다. 최소한 우리의 일부분은 죽을 테니까요. 그러나 중요한 것은 이 말에 대한 우리의 반응입니다. 우리는 경험을 바탕으로 이와 같은 상황에서 우리가 두려움에 위축될 수 있고 수명이 줄어들 수도 있음을 압니다. 하지만 우리는 이번에도 역시 경험을 통해 우리가 믿음으로 나아갈 수 있으며 바위라도 깨물 수 있을 정도로 '믿음에 열중할 수 있다'는 사실을 압니다. 물론 그러는 과정에서 우리는 여전히 죽임을 당할 수도 있지만, 이 경험에서 벗어나면 더욱 생생히 살아 있게 됩니다. 하느님 말씀으로 사는 것은 '그 말씀을 모두 먹어 치우는' 용기를 의미합니다. 죽임을 당하는 동안에도 우리가 이렇게 할 수 있다면, 사도 바오로의 말처럼 "죽음을 삼켜 버리는" 것이 됩니다. "(믿음으로) 승리가 죽음을 삼켜 버렸다."

일생을 사는 동안 이런 창조적 죽음의 과정을 얼마나 많이 거쳐야 하는지는 아무도 모릅니다. (창조적으로 살수록 더 자주 죽어야 하는 것 아닌가 짐작해 봅니다.) 그러나 한 가지는 확실합니다. 결국 누구도 이 과정을 피할 수는 없다는 것이지요. 생명의 잔칫상에는 상다리가 휘어질 만큼 다양한 요리가 차려져 있습니다. 우리는 각자 다른 메뉴를 먹습니다. 하지만 코스 마지막에 나오는 요리는 누구에게나 같습니다. 바로 커다란 바윗덩어리이지요. 잔치에 초대한 주인이 이렇게 말합니다. "미안하게 되었습니다만, 이제 죽을 시간입니다." 우리는 이때가 되면 "죽음을 삼켜 버릴" 준비가 다 되어 있을까요? 만약 그렇다면, 이는 죽어서 충만한 삶에 드는 것이 될 것입니다. 우리가 이 사실을 아는 이유는 누군가로부터 들어서가 아니라 어떤 식으로든 우리가 이를 직접 체험했기 때문입니다. 죽는

다는 것을 부분적으로 체험함으로써 우리는 마지막으로 죽을 때에도 똑같은 방식을 기대하게 됩니다. 우리는 죽임을 당할 때마다 죽어서 더욱 위대하게 살아 있는 상태로 들어가게 하는 힘이 바로 믿음이라는 사실을 배웁니다. 그러므로 우리는 완전히 죽임을 당하면 완전히 살게 된다고 기대할 만한 충분한 이유가 있습니다. 그렇지만 어떻게 그럴 수 있을까요? 아무도 모릅니다. 만약 우리가 안다면, 믿음이 들어설 자리는 없을 것입니다. 하지만 우리는 알 필요가 있는 것은 전부 압니다. 믿음은 하느님의 모든 말씀 안에서 생명을 발견합니다. 그 말씀이 죽음을 나타낸다 하더라도 말이지요.

모든 창조적 죽음 체험은 그 규모가 아무리 작다 하더라도, 우리가 믿음의 오르막에서 세 번째 단계인 하느님의 말씀으로 사는 영광의 신비로 올라가는 법을 우리에게 가르쳐 줍니다. 이제 우리는 저 아래에서는 너무도 무서워 보였던 눈 덮인 봉우리들 사이에 있습니다. 어떤 면에서는 이 봉우리들이 지금 더 겁나기도 하지요. 하지만 이 모든 것을 즐길 수 있을 정도로 우리의 용기가 커졌습니다. 더 이상 새의 노랫소리도 들리지 않고 꽃도 보이지 않습니다. 오직 (얼음으로 이루어진 봉우리와 대조되어 거의 까맣게 보이는) 하늘, 침묵 그리고 강렬한 태양만이 있습니다. 하지만 이것만으로도 황홀 그 자체입니다.

제가 믿음의 오르막길이라고 부르는 것에 대한 또 다른 사례를 들어 보겠습니다. 풋풋한 우정은 환희의 신비로 시작됩니다. 우리가 환희의 신비를 더 완전하게 탐험할수록, 일생 동안의 사랑으로 성장할 수 있는 기반은 더 넓어질 것입니다. 하루하루 우리는 서로의 입술에서 새로운 기쁨을 마시고, 서로의 눈빛 안에서 헤엄칩니다. 그러나 조만간 우정은 고통의 신비로 우리를 인도합니다. 너무 자라 버린 우리에게 더 이상 맞지 않게 된 것을 버리지 않으면 성장도 있을 수 없습니다. 또한 가장 친한 친구들이라도 항상 같은 곳에서 자랄 수는 없는 법입니다. 우리가 서로를 떠나보낼 용기를 가지면, 이러한 죽음의 체험은 창조적인 힘이 될 것입니다. 내가(상대방이 아니라 반드시 내가) 신의를 지킨다면 우리는 이전에 결코 상상해 본 적 없는 차원에서 서로 다시 만나게 될 것입니다. 그리고 우리는 이와 같은 죽음을 겪을 때마다 매번 그 너머에 있는 영광의 신비를 언뜻언뜻 포착합니다. 만약 우리가 친구가 된 첫날에 타임머신을 통해 반세기 후의 상대방 얼굴을 보았더라면 우리는 친구 관계를 지속할 용기를 갖기 어려웠을 것입니다. 하지만 지금에 이르러서 우리는 낯익은 친구의 얼굴을 들여다보면서 우리가 처음 만났던 날에 느꼈던 것보다 더 짜릿한 아름다움을 발견하지요.

결국 삶은 만물의 중심에 있는 신실함이라는 알맹이를 싸고 있는 마지막 겉껍질을 벗깁니다. 그러나 처음에는 그리고 꽤 오랫동안은 그 겉껍질이 필요합니다. 껍질이 초록색일 동안에는 우리를 사로잡는 것은 바로 이 껍질입니다. 하지만 줄곧 믿음은 (신실함이라는) 알맹이를 먹고살면서 겉껍질이 필요 없어질 정도로 강해질 때까지 천천히 자랍니다. 우리는 삶을 이해하는 법을 천천히 배워 나갑니다. 그리고 이런 감각은 우리의 감각이 미칠 수 있는 범위를 훨씬 넘어섭니다. 저는 지금 추상적 개념에 관해 말씀드리는 것이 아닙니다. 그저 삶은 가슴으로, 즉 가슴의 감각으로 이해되기 시작합니다. 그리고 이것은 믿음을 통해 이루어지지요. 하지만 순수한 기쁨이 되도록 하느님의 말씀으로 사는 환희의 신비로 시작하지 않는다면 우리의 믿음이 어떻게 강해질 수 있을까요? 무엇이 되었건 이 밖의 방법으로 시작하면 믿음은 빈약해지기 쉽습니다.

스스로를 진지한 탐구자로 여기는 사람들조차 슬프게도 믿음이 빈약한 삶으로 끝나는 경우가 많습니다. 우리는 자신이 추구하는 분야에 충분히 진지하지 못할뿐더러 잘못된 방법으로 진지해지기도 합니다. 세상에는 놀이보다 더 진지한 것은 없습니다. 아이들은 이 사실을 잘 알지요. 그리고 우리 안에 있는 아이도 이 사실을 절대 잊어버리지 않습니다. 참된 진지함과 무뚝뚝함은 재미를 기준으로 구분할 수 있습니다. 진지하게 추구한다는 말은 재미있게 추구한다는 뜻입니다. 그런데 하느님의 말씀으로 사는 환희의 신비가 우리에게 이런 재미를 가르쳐 줍니다. 지금까지 믿음 훈련의 대부분은 하느님의 놀이를 배우는 것이었습니다. 만약 우리가 하느님께서는 이보다 더 진지해야 한다고 주장한다면, 우리는 그 재미를 몽땅 놓치고 말 것입니다. 사실 그렇게 되면 모든 것의 요점을 놓치게 되지요. (모든 것의 요점이 무엇이냐고요? 그러니까 신실함이라는 알맹이가 재미있게 감춰져 있는, 각각의 중심에 있는 요점을 말한답니다.)

마르틴 부버가 들려주는 다음 이야기를 살펴보면 바로 이 요점이 무엇인지 정확히 파악할 수 있습니다.

> 라삐 바루크의 손자 예히엘이 어느 날 친구와 함께 숨바꼭질을 하며
> 놀았습니다. 예히엘은 몸을 꼭꼭 숨기고 술래가 된 친구가 와서 찾아
> 주기를 기다렸지요. 한참을 기다려도 친구가 오지 않자 예히엘은 숨
> 었던 곳에서 나왔습니다. 하지만 술래였던 친구는 온데간데없었지
> 요. 그제야 예히엘은 그 친구가 처음부터 자기를 찾지 않았음을 알게
> 되었습니다. 이 사실에 울분이 솟은 예히엘은 울면서 할아버지에게
> 달려와 믿음을 저버린 친구에 대해 불만을 털어놓았습니다. 그러자
> 라삐 바루크의 눈에 눈물이 한가득 고였습니다. 그리고 이렇게 말했
> 습니다. "하느님께서도 이와 똑같은 말씀을 하신단다. '내가 숨어도
> 아무도 나를 찾으려 하지 않는구나.'"

우리의 진지함이 재미있는 진지함이라면, 우리의 신앙생활 중 많은
부분이 기쁨에 기쁨이 더해진 아이들의 놀이와 같아질 것입니다.
일단 우리 안에 있는 아이가 이 놀이를 배우면, 우리는 고통의 신비
가 시작될 때에도 요점을 볼 수 있게 될 것입니다. 아이의 단순함을
지니면 우리는 곧장 문제의 핵심에 다가가 여기에서도 결국은 다
숨바꼭질이라는 사실을 알게 될 것입니다. 죽음은(한평생 사는 동안 만
나게 되는 수많은 죽음 하나하나는) 내가 술래처럼 찾는 일에 완전히 몰두
해서 돌파구를 찾게 되는 지점입니다. 다시 말해, 나도 모르는 사이
에 내가 추구하던 것은 내가 무언가를 발견하는 것이 아니라 내가

발견되는 것이었다는 사실을 알게 됩니다. 그리고 바로 그 순간 나는 발견됩니다. 그렇습니다. 이제 나는 나 자신도 찾은 것입니다. 하지만 이러한 영광의 신비 한가운데에서 이것은 더 이상 그리 중요하지 않아 보입니다.

찾는 것, 넋을 잃고 몰입하는 것, 발견되는 것은 전부 다 아이들의 놀이와 같습니다. 그렇다면 왜 나는 이런 놀이를 하지 않는 걸까요? 이유는 두려움 때문입니다. 찾기가 두려운 건, 아마도 찾지 못할까 봐 두려운 거겠지요. 아마도 영원히 넋을 잃고 몰두할까 봐 두렵겠지요. 발견되는 것이, 또 발견되기를 바라는 것이 두렵기 때문일 겁니다. 무엇보다도 너무나 어린아이 같은 접근 방법이 분명 뭔가 잘못된 것일까 봐 두렵습니다. 그렇게 단순할 수는 없을 것 같아 두려운 것이지요. 간단히 말해 나는 두렵습니다. 그게 다입니다. 그러므로 다시 한번 반복하거니와, 어떻게 하면 나의 두려움을 극복할 수 있을까요?

이 중요한 질문에 대한 대답으로 딱 두 가지 제안을 하고자 합니다. 첫 번째는 우리가 조금 전에 이야기한 내용 안에 함축되어 있습니다. 우리는 믿음을 작은 단계별로 차근차근 배워 갑니다. 그러면서 이와 같은 속도로 천천히 두려움을 극복합니다. 우리가 딱 물리칠 만한 정도의 두려움과 대적하면서 우리는 점점 강해지고, 그러면서 그다음 상대가 되는 두려움에 대적할 수 있게 됩니다. 어린 시절에 저는 어두움이 종종 무서웠습니다. 이 사실을 아셨던 어머니께서는 해가 진 후에 정원 벤치에 두고 온 당신의 반짇고리를 가져오도록 저를 보내셨지요. 저는 스스로 용기를 북돋우려고 휘파람을 불며 뛰어갔습니다. 그러는 동안 무서운 일은 결코 일어나지 않는다는 것을 깨닫게 되었고, 또 다른 두려움과도 싸울 용기를 얻었답니다.

이따금 우리는 우리가 느끼는 두려움들을 모아 정리해서 목록을 만들 필요가 있습니다. 물론 그중에는 합리적 두려움도 많이 있을 테지요. 이러한 '합당한 두려움'은 논외로 합시다. 그리고 합리적인지 아닌지 애매해서 의구심이 드는 경우에는 무죄 추정의 원칙을 적용하여 유리한 쪽으로 해석합시다. 그러니까 우리의 두려움이 비합리적이라는 것이 명명백백한 경우가 아니라면 합리적이고 정당한 두려움이라고 간주합시다. 그러고도 우리의 목록에는 비합리적 두려움이 꽤 남아 있을 것입니다. 이 점은 확신할 수 있습니다. 그리고 우리가 좀 더 면밀히 들여다보려는 두려움은 바로 이런 비합리적 두려움입니다. 어쩌면 그 가운데에서 우리가 결국 과감히 맞설 두려움은 하나뿐일 수도 있습니다. 비록 그것이 거미나 히치하이커에게 가지는 비합리적 공포증에 불과하더라도 말이지요. 우리가 만든 두려움 목록에서 이 공포증을 골라내도록 합시다. 그리고 자신이 두려워하는 일을 일단 해 보면 그 두려움이 근거가 없었다는 사실을 알게 되지요. 이렇게 함으로써 합리적이지 않은 두려움을 견뎌 낼 뿐만 아니라, 이런 경험을 통해 새롭고 예상치 못한 살아 있음의 차원으로 한 단계 더 올라가게 됩니다. 그리고 시도를 거듭할 때마다 이것이 사실임을 알게 되지요.

그런데 이 방법 말고도 또 다른 제안을 하고자 합니다. 이번 제안은 우리가 두려움에 대해서 어떻게 생각하느냐와 관계있습니다. 믿음과 두려움에 관한 이 모든 이야기가 그저 기존의 두려움에 새로운 두려움을 하나 더, 즉 두려움에 대한 두려움을 추가하는 것으로 끝나 버린다면 너무나 비극적일 것입니다. 두려움에 대한 두려움이야말로 모든 두려움 가운데 가장 비합리적인 두려움임이 틀림없습니다. 그러므로 우리가 가지고 있는 두려움이라 하더라도 긍정적으로 생각합시다. 우리는 용기가 두려움을 전제로 한다는 사실을 잘 압니다. 이는 심지어 믿음에 대한 용기의 경우에도 마찬가지입니다. 두려움이 없으면 용기가 있을 수 없는 법이지요. 때때로 아이들은 어른이었다면 큰 용기가 필요했을 일들을 합니다. 하지만 아이들의 경우, 이렇게 위험에 노출되는 것은 그저 어리석은 행동입니다. 우리가 더 분명하게 위험을 알아볼수록 두려움은 더 커지지만, 동시에 그 두려움을 극복할 용기도 더 커집니다.

독일 작가 게르트루트 폰 르 포르의 소설을 원작으로 만들어진 연극 「단두대의 마지막 여인」은 프랑스대혁명 당시 가르멜 수녀원에서 일어났던 일을 다룬 이야기입니다. 수도생활을 포기하라는 명령에 불복한 수녀들이 투옥되어 처형당하는 내용이지요. 단두대로 올라가면서도 노래를 부를 정도로 그들의 믿음과 용기는 위대했습니다. 수녀들이 하나둘씩 목이 잘려 나가면서 노랫소리도 점점 약해집니다. 그래도 노래는 계속 이어지다가 마지막 수녀가 처형되고 나서야 멈춥니다. 그런데 여기서부터 이 이야기의 핵심 부분이 시작됩니다. 알고 봤더니 동료 수녀들과 함께 단두대에 올라 마지막으로 처형되었던 수녀는 사실 마지막 수녀가 아니었습니다. 수녀들 중 한 명이 죽음에 직면할 용기가 없어서 달아나 숨어 있었던 것이지요. 이제 이 수녀는 혼자서 고뇌에 고뇌를 거듭하며 몸부림치고, 마침내 자신 역시 단두대의 이슬로 사라지기로 마음먹습니다. 마지막 순간까지 그녀는 두려움으로 가득했습니다. 하지만 결국에는 그녀의 용기가 당당하게 죽음을 받아들인 다른 수녀들의 용기보다 더 컸음이 뚜렷이 드러납니다. 그녀가 극복해야 했던 두려움이 다른 수녀들의 두려움보다 훨씬 더 컸기에, 그 두려움을 극복한 용기 역시 더 클 수밖에 없었던 것입니다.

두려움을 믿음의 반대편에서 불어오는 역풍이라고 생각할지도 모르겠습니다. 자전거 탈 때를 생각해 보면, 빨리 달릴수록 우리가 느끼는 맞바람도 더 강해지는 것과 같은 이치이지요. 그런 용기를 만드는 것은 우리의 속도입니다. 우리의 믿음이 우리가 느끼는 두려움보다 눈곱만큼이라도 더 앞서 있는 한 괜찮습니다. 이제 우리의 용기가 어느 정도인지 가늠할 때에는 우리가 통제할 수 있는 두려움을 기준으로 해서 측정하고 토닥토닥 스스로에게 힘을 줍시다. 우리는 두려움을 두려워할 필요가 없습니다.

두려움과 믿음 사이의 갈등이 잘 드러난 결정체는 바로 고뇌하시는 예수의 모습입니다. 겟세마니 동산에서 예수는 '우리 믿음의 선구자'가 되십니다. 하지만 이 같은 선구자적 행동 때문에 그분은 피땀을 흘리셔야 했지요. 결국 예수는 광야에서 빵 대신 돌을 받아들이셨던 것처럼 그 잔을 받아들이십니다. 우리는 이 빵(돌)과 잔, 그리고 최후 만찬에서의 빵과 잔 사이의 연관 관계를 파악할 수 있도록 초대되지 않았나요? 그리스도교 신자들은 성찬 전례에서 빵을 쪼개고 잔을 나누면서 삶의 충만함을 찬미합니다. 다만 죽음과 피의 고뇌와 관련된 삶의 충만함입니다. 그리고 이러한 피의 고뇌 가운데 믿음이 두려움을 싸워 이겼습니다. 따라서 성찬 전례는 두려움에서 믿음에 이르기까지 그리스도를 따르는 도전입니다.

성찬 전례에 등장하는 상징들은 모호합니다. 빵은 생명의 상징입니다. 빵을 쪼개는 행위는 나눔으로써 커지는 생명을 나누는 것을 의미하지요. 하지만 쪼개는 행위는 '파괴'를 뜻하기도 합니다. 따라서 부서져 죽음에 이른 예수의 몸을 떠올리게 합니다. 예수의 몸에서 흘러나온 피의 잔은 죽음을 의미합니다. 하지만 이와 동시에 흥겨운 친구들의 모임에서, 생명을 찬미하는 시간에 돌리는 잔을 뜻하기도 하지요. 이렇듯 두 가지 의미를 다 받아들이려면 용기가 필요합니다. 또 이러한 두 가지 측면은 오직 함께 있을 때에만 충만함을 나타냅니다.

삶을 심지어 죽음의 이미지 아래로 받아들이는 용기, 이 용기는 곧 믿음의 용기이며 감사의 용기입니다. 베푸시는 분에 대한 신뢰이지요. 성체와 성혈을 받아 모시기 위해 제대 앞으로 다가가는 것은 용기 있는 행동입니다. 이것은 '나는 하느님의 입에서 나오는 **모든** 말씀으로 살 수 있다는 것을 믿어요. 그래요. 그 말씀이 죽음을 뜻할지라도요'라는 의미가 담긴 몸짓입니다. 이제 이러한 믿음의 행위를 일상으로 옮기는 일만 남았습니다. 그런데 이것은 감사를 통해 이루어집니다. 결국 성찬례는 '감사'를 의미합니다. 우리는 삶과 죽음에 관한 모든 것, 주어진 우리 세상에 관한 모든 것에 감사하는 법을 배우면서 진한 기쁨을 발견합니다. 이 기쁨은 용기 있는 신뢰가 주는 기쁨입니다. 만물의 중심에 있는 신실함, 그 신실함을 믿는 데서 오는 기쁨이요 충만한 삶에서 오는 감사의 기쁨입니다.

6
희망

놀라움을 향한 개방성

진정한 삶을 사는 순간마다 우리는 삶을 선물로 체험합니다. 또한 삶을 놀라움으로 체험하기도 하지요. 믿음은 삶이라는 선물에 대한 가슴의 반응입니다. 앞으로 살펴보겠지만, 삶이라는 놀라움에 대한 가슴의 반응이 희망입니다. 삶은 선물처럼 그냥 주어진 것이라는 통찰이 우리를 사로잡을수록, 우리의 삶은 더욱더 믿음의 삶, 베푸시는 분이신 하느님에 대한 신뢰의 삶이 될 것입니다. 물론 이러한 신뢰 자체가 선물입니다. 하느님은 당신의 충실함에 응답할 수 있는 믿음을 우리에게 주십니다. 이렇게 해서 우리는 믿음을 우리 내면에 있는 하느님 생명의 한 모습으로 이해하게 됩니다. 그리고 희망은 이와 같은 충만한 삶의 또 다른 모습이지요. 삶은 놀라운 것이라는 통찰이 우리를 사로잡을수록 우리의 삶은 희망의 삶, 놀라움에 열려 있는 삶이 될 것입니다. 그런데 놀라움은 하느님의 또 다른 이름입니다. 사실 놀라움은 다른 이름들에 비해 이름으로서 본다면 성공적이라고 할 수 있습니다. 우리가 이름 없는 분에게 이름을 붙이려는 목표를 설정하면 모든 이름이 과녁을 빗나갑니다. 다른 모든 이름들처럼 놀라움이라는 이름도 하느님의 이름이 되는 데에 실패하지요. 하지만 그 과정에서 놀라움이라는 이름은 적어도 이러한 실패가 성공이 될 수 있다는 통찰에 대해 우리가 마음의 문을 열어 두게 합니다. 이렇게 해서 우리는 희망의 역설 한가운데에 있게 됩니다.

희망 역시 우리 안에 사시는 하느님 생명의 한 측면입니다. 믿음이 베푸시는 분(우리는 이 이름이 하느님의 또 다른 이름이라는 사실을 금세 알아채지요)에 대한 신뢰라면, 희망은 놀라움을 향한 개방성입니다. 놀라움 중의 놀라움은 바로 우리 안에 계시는 하느님입니다.

이렇게 되면 우리는 질문하지 않을 수 없습니다. 어떻게 하면 우리는 희망 안에서 더욱 개방되어 성장할 수 있을까요? 시인 릴케는 활짝 핀 별 모양 아네모네꽃을 보면서 이와 똑같은 의문을 가졌습니다. 그는 아침 햇살에 꽃잎을 조금씩 열어 주는 꽃의 힘에 반했지요. 무한한 환영을 표현하는 힘이 고요한 별 모양 꽃 안에서 팽팽히 긴장되어 있습니다. 때때로 빛의 충만함이 워낙 압도적이라 해가 지면서 좀 쉬라고 손짓해도 활짝 펼쳐진 꽃잎 끝을 다시 끌어모으기란 거의 불가능하지요. 여기서 시인이 질문을 던집니다. 그렇다면 **우리**는, 결국 언제쯤에야 이 꽃처럼 마음이 열릴까요?

　이러한 순간들은 충만한 생명이 우리를 압도할 때 우리 마음에 찾아옵니다. 이때 우리는 환희를 느끼며 놀라워하지요. 이 체험이 아무리 순식간에 지나가더라도 이제 우리는 놀라움에 가슴을 여는 기쁨이 무엇인지 알게 됩니다. 한동안 무조건 환영받는 느낌을 맛본 우리는 이제 삶을 무조건 환영할 수 있게 됩니다. 이런 체험을 맛보면, 순수하고 무한한 가능성이 있는 삶에 대한 열정이 우리 안에서 눈을 뜹니다. 이 열정이 바로 희망입니다. 즉, 희망이란 "가능한 것에 대한 열정"이지요.

　"가능한 것에 대한 열정"이라는 구절은 우리 시대 희망의 예언자 윌리엄 슬로언 코핀의 자서전 『모든 이에게 한 번』*Once to Every Man*의 마지막 쪽에 실린 구절입니다. 이 책은 제게 큰 감동을 주었습니다. 물론 제가 이 저자를 좋아하고 존경하기 때문에 감동을 받은 면도 분명 있을 것입니다. 하지만 더 객관적으로 말하자면, 오늘날 우리가 직면해야 하는 중대한 이슈들을 맞이하는 그의 방식에 감명받은 것입니다. 그는 이 이슈들을 담대하게 가슴에 받아들입니다. 이슈들이 초래하는 모든 고통도 함께 말이지요. 그리고 바로 이런 열정과 고난으로(영단어 'passion'이 '열정'과 '수난'이라는 이중적 의미를 지닌 것처럼) 자신의 희망을 순수하게 정화합니다.

　우리가 가능한 것에 대한 열정을 지니고 산다면, 삶 자체가 우리의 희망을 점차 정화할 것입니다. 우리가 앞으로 나아갈수록, 가능한 것의 한계가 점점 더 뒤로 밀려나서 불가능해 보이는 것의 영역을 침범해 들어갈 것입니다. 그러면 우리는 가능한 것의 한계는 고정되어 있지 않다는 사실을 이내 깨닫게 되지요. 우리가 한계라고 잘못 생각했던 것이 사실은 경계였음이 드러납니다. 경계라는 것이 다 그렇듯, 우리가 삶의 충만함을 향해 전진할수록 이 경계는 뒤로 물러나 확장되고 한계는 멀어지게 됩니다.

가능한 것에 대한 열정으로 활기를 띠게 되는 이러한 탐색이야말로 우리가 하는 종교적 탐색이며, 불안한 우리의 가슴은 여기에 박차를 가합니다. 현재와 같은 모습의 종교적 탐색은 희망에 의해 만들어졌으며, 탐색이라는 개념 안에는 희망이 내포되어 있습니다. 자, 그럼 '기대하는 욕구'라는 희망의 정의부터 살펴보겠습니다. 세상에는 우리가 기대는 하되 욕망하지 않는 것들이 있습니다. 반면 우리가 욕망하는 것이지만 절대 기대하지 않는 것도 있지요. 기대 하나만으로는 희망이 될 수 없으며, 욕망 하나만 있다고 희망이 되는 것도 아닙니다. 기대하지 않는 것을 욕망하면 백일몽이 됩니다. 욕망하지 않는 것을 기대하면 악몽이 되지요. 하지만 희망은 우리의 기대와 욕망을 하나로 이어 붙여서, 우리가 완전히 깨어 있는 상태로 우리의 탐색을 진행하게 만듭니다.

희망이 감화를 주는 탐색 속에는 건전한 불안이 있습니다. 기대와 욕망에는 '아직은 아니다'라는 요소가 포함되어 있지요. 우리는 자신이 기대하는 바를 아직은 보지 못합니다. 우리는 자신이 욕망하는 것을 아직은 손에 넣지 못합니다. 우리는 여전히 그쪽으로 가는 도중에 있습니다. 그럼에도 기대와 욕망은 둘 다 목표를 먼저 예상합니다. 우리는 이미 멀리 떨어져 있었을 때부터 우리가 지금도 여전히 기대하고 있는 것을 구하고 있었습니다. 그리고 우리는 우리가 여전히 욕망하는 것에 마음을 둡니다. ('욕망'이라는 말은 '별'이라는 뜻의 라틴어 'sidus'에서 파생된 말입니다. 따라서 마음을 별에 둔다는 의미를 암시합니다.) '아직 아니다'라는 측면 덕분에 우리의 탐색은 쉼 없이 이어집니다. 동시에 '이미'라는 측면 덕분에 이렇게 쉼 없는 상태가 건강함을 유지할 수 있습니다.

희망이 야기하는 창조적 긴장, '아직'과 '이미' 사이의 긴장 안에서 사는 것은 얼마나 어려운 일인지 모릅니다! 하지만 이러한 긴장 관계가 끊어지면 우리의 탐색은 목표 없는 방황으로 위축되거나 강박적인 정착 안에 갇혀 버리게 됩니다. 이런 경우는 우리 주변 어디에서나 볼 수 있습니다. 심지어 종교인들 가운데에도 그런 경우가 있지요. 사람들 중에는 모든 것이 이미 다 이루어져 있기를 바라는 이들이 있습니다. 이런 사람들은 '아직'으로 씨름하고 싶은 마음이 없지요. 이들에게 중요한 것은 목적지에 도착하는 것입니다. 이들은 모든 일이 완전히, 최종적으로, 가능한 한 빨리 해결되기를 바랍니다. 이들에게 탐색의 과정은 성가실 뿐이지요. 반면 이들과 반대 입장에 있는 사람들은 워낙 탐색 과정에 몰두하는 탓에 발견을 일종의 위협으로 느낄 정도랍니다. 발견은 탐색에 종지부를 찍는 것이고, 그러면 게임은 끝나고 마니까요. 이들이 탐색 과정에서 느끼는 흥분은 오로지 '아직 아니다' 안에서만 찾을 수 있답니다.

위대한 탐색 과정 안에서 강박적 정착자와 목표 없는 방랑자는 각자 양극단을 강조하고, 이에 따라 희망은 양극화됩니다.

강박적 정착자들은 여행의 위험을 과도하게 두려워합니다. 그렇다고 우리가 이들을 비난할 수 있을까요? 이들은 탐색 과정에 지장을 주는 위험에 대해 누구보다 잘 알고 있습니다. 이에 반해, 목표 없는 방랑자들은 목표에 전념하는 것이 얼마나 큰 비용을 치르는 일인지 잘 압니다. 하지만 이들이 이렇게 전념하는 것을 지나치게 두려워한다고 비난할 수 있을까요? 비난보다는 오히려 정착자들의 전념하는 용기에 존경을 보내고, 방랑자들의 길 떠나는 용기에 박수를 보내야 합니다. 여기서 그치는 것이 아니라 한 걸음 더 나아가, 양쪽에 있는 존경스러운 부분을 따라야 합니다. 양쪽의 이러한 두 가지 용기를 바탕으로 믿음이 두려움을 극복할 수 있어야 희망이 온전한 모습을 드러냅니다. 그리고 이것은 믿음이 희망에 선행한다는 또 다른 표현이 되지요.

여행 도중에 우리에게 닥칠 수 있는 위험에 대한 두려움은 크고도 당연한 것입니다. 위험을 감수한 채 목표에 전념하는 것에 대한 두려움은 더욱 그렇습니다. 우리가 이 두 가지 두려움을 믿음으로 극복하는 데에 얼마나 큰 용기가 필요한지는 결코 완전히 가늠할 수 없습니다. 극복하는 방법은 방랑자의 과감함과 정착자의 과감함을 합하는 것입니다. 이렇게 하면 우리에게는 순례자의 용기가 생깁니다. 우리 내면에 있는 강박적 정착자는 과감하게 전념하지만 일을 하는 도중에 있는 것을 두려워합니다. 우리 내면에 있는 목표 없는 방랑자는 과감하게 길을 가지만 전념하는 것을 두려워합니다.

오직 우리 내면의 순례자만이 이러한 양극화를 극복하지요. 순례자
는 길을 가는 모든 발걸음 하나하나가 목표가 될 수 있음을 압니다.
하지만 목표가 길을 나선 맨 첫 걸음이었을 수도 있다는 사실 역시
알지요. 이 때문에 순례자는 늘 놀라움에 열린 가슴을 갖게 됩니다.
희망이란 놀라움을 받아들이는 개방성입니다. 희망은 순례자의 덕
목입니다.

레프 톨스토이가 들려주는 이야기 중에는 예루살렘 순례 길에
나서는 나이 든 러시아 농부 두 사람의 이야기가 있습니다. 그들은
몇 주 동안 이 마을에서 저 마을로 함께 걸으며 흑해로 향합니다. 그
곳에서 그들은 거룩한 땅으로 가는 배를 탈 생각이었지요. 그런데
항구에 도착하기 전에 두 사람은 헤어지고 맙니다. 길을 가다 한 명
이 오두막에 들러 목을 축이는 동안, 다른 한 명은 한동안 앞서서 걸
은 뒤 그늘에 앉아 쉬다가 잠이 듭니다. 그러다 잠이 깬 그는 고민합
니다. '내 친구가 아직도 뒤에 있을까? 아니야, 내가 여기서 자는 동
안 나보다 앞서갔을 거야.' 그는 친구를 따라잡겠다는 마음으로 길
을 계속 갑니다. '적어도 배를 기다리는 동안 다시 만날 수 있을 거
야'라고 생각하면서요. 하지만 항구에 도착해도 친구의 흔적을 찾
을 수 없습니다. 그는 며칠 동안 기다리다가 혼자서 거룩한 땅으로
떠납니다.

우리의 순례자는 예루살렘에 도착해서야 친구를 따라잡게 됩
니다. 그는 제대 가까이 올라간 곳에 있는 친구를 발견하지만, 수많
은 순례자를 뚫고 다가가기 전에 그만 친구를 다시 놓치고 맙니다.

친구를 찾아 수소문해 보아도 그가 어디 머무는지 아는 사람이 없습니다. 그는 한 번 더 군중 속에서 친구를 발견합니다. 그리고 세 번째로 친구를 발견했을 때에는 그 친구가 성지에 더 가까이 있어서 도저히 그로서는 접근할 방도가 없었습니다. 결국 그는 친구를 따라잡지 못한 채, 어쩔 수 없이 예루살렘을 떠날 때가 되어 혼자서 귀로에 오르는 신세가 되고 말았지요.

몇 달이 지난 후 그는 그들 순례 여행의 출발지였던 고향 마을로 돌아옵니다. 그리고 그곳에서 잃었던 여행 동무와 재회합니다. 그런데 사실 그 친구는 예루살렘에 가지 않았다고 합니다. 적어도 그의 몸은 가지 않았지요. 이 친구는 목을 축이기 위해 들렀던 오두막에서 죽음 직전에 놓인 한 가족을 만났습니다. 그들은 가난하고 병들었으며 빚에 시달리고 굶주림에 지쳐, 물을 길을 수도 없는 지경에 처해 있었습니다. 연민이 그를 압도했습니다. 그는 그 가족에게 물을 길어다 주고 음식을 가져다주고 그들이 건강을 회복할 때까지 돌보았습니다. 그러면서도 매일같이 '내일은 순례 길에 나서야지' 하고 마음먹었지요. 하지만 그 가족이 빚을 갚도록 도와주고 나니 그에게는 딱 집으로 돌아갈 여비밖에 남지 않았던 것입니다. 예루살렘에서 친구의 모습을 보았던 그 노인은 이 이야기를 들으면서 과연 두 사람 중 누가 진정한 순례의 목적을 달성한 것일까 생각에 잠기게 되었답니다.

우리는 성경에서 마음의 탐색에 대한 핵심 이미지 하나를 거듭 발견하게 됩니다. 바로 '길'이라는 이미지이지요. 성경에 나오는 길은 언제나 순례의 길이라는 사실을 기억한다면 이 이미지에는 더 심오한 의미가 있음을 알 수 있습니다. 이 길 위에서는 놀랍게도 한 걸음만으로도 목적지에 도달할 수 있으며, 또한 놀랍게도 길을 걸어왔던 많은 걸음 가운데 첫 번째 걸음이 알고 보니 목적지였음이 드러나기도 합니다. 길의 이미지는 우리에게 발견을 하더라도 탐색의 긴장감을 잃을까 봐 두려워할 필요가 없다고 말합니다. 또한 탐색의 길이 끝이 없더라도 우리가 발견한 것을 소유하는 즐거움을 잃을까 봐 두려워할 필요도 없다는 이야기도 하지요. T.S. 엘리엇은 「네 개의 사중주」에서 "정지해 있는 것과 꾸준히 움직이는 것"의 역설, 희망의 역설에 대해 노래합니다. 여기에는 그의 심오한 통찰이 강렬하게 표현되어 있습니다. 따라서 희망에 대한 이야기를 하려고 암중모색하는 제가 이 부분에서 엘리엇의 시 몇 소절을 인용하고자 합니다.

우리는 탐험을 멈춰서는 안 된다네.
우리의 모든 탐험은
우리가 출발한 곳에 도착하여
처음으로 그곳을 알게 될 때 끝나게 되리니.

"탐험을 멈춰서는 안 된다네." 왜냐하면 "길을 가는 중"이라는 말은 움직이고 있음을 뜻하기 때문입니다. 우리가 잘못된 길 위에 앉아 있든 올바른 길 위에 앉아 있든 별반 다르지 않습니다. 자리에 앉아 있는 한 우리는 어딘가로 향해 가는 중이 아니니까요. 우리가 안락하게 정착할 때마다 하느님께서 말씀하십니다. "너희 길은 내 길과 같지 않다"(이사 55,8). 이 말씀은 우리가 안전하다고 하는 환상을 산산이 깨뜨리며 우리를 다시 춥고 어두운 길로 돌려보내지요. 그런데 이것이 바로 축복입니다. 진짜 위협은 우리가 가장 갈망하는 것에 역겨움을 느낄 때까지 우리 마음대로 행동하도록 하느님께서 내버려 두시는 것입니다. 자신이 발견한 것 안에 갇혀 있는 것은 구하는 과정에서 자신을 상실하는 것이나 다를 바 없습니다. 결국 우리는 무언가를 발견하는 것이 중요한 것이 아니라 우리가 발견되는 것이 중요하다는 사실을 깨닫기 시작합니다. 우리가 길을 아는 것이 중요한 것이 아니라 우리의 존재가 알려지는 것이 중요하다는 사실을 깨닫게 되는 것이지요. 성경 용어로 말하자면, 의인들은 간신히 손으로 더듬어 가며 길을 알게 되겠지만, "의인들의 길은 주님께서 알고 계시고"(시편 1,6) 바로 이 사실이 중요한 것입니다.

순례자인 우리에게는 목적지가 있습니다. 하지만 우리가 떠나는 순례의 의미는 그 목적지에 도달하느냐 마느냐에 달려 있지 않습니다. 그 대신 희망 안에서 열린 가슴을 유지하는지, 놀라움에 열려 있는지에 달려 있습니다. 하느님께서는 우리가 가야 할 길을 우리보다 훨씬 더 잘 알고 계시기 때문입니다. 이런 사실을 알면 우리가 계속해서 움직이는 동안 우리 마음은 안식을 찾게 됩니다. 정지해 있는 것과 움직이는 것 둘 다 순례자의 덕목인 희망으로 설명됩니다. 그렇습니다. 기대하는 욕구로 인해 우리는 움직이게 되지요.

"욕구가 곧 움직임이지만 / 그 자체가 바람직하지는 않다네"(「네 개의 사중주」). 우리는 움직이지 않는 가운데 "(희망 안에서) 편안히 쉽니다"(시편 16,9). 하지만 이렇게 움직이지 않는 것은 길을 끝까지 가서 목적지에 도달한 사람들만의 전유물은 분명 아닙니다. 순례의 목표는 길을 걸어가는 걸음 하나하나에 존재합니다. 끝이 시작보다 앞에 있기 때문입니다. 희망 안에서 안식을 취하는 우리는, T.S. 엘리엇에 따르면, 역동적인 정적 안에서 움직입니다.

> … 중국 항아리가 고요히
>
> 정적 안에서 끊임없이 움직이는 것처럼.
>
> 악보가 있는 한, 바이올린의 정적은 지속되지 않는다네.
>
> 그뿐만 아니라, 공존도 마찬가지.
>
> 아니면 끝이 시작보다 앞선다고 해야 할까.
>
> 그리고 끝과 시작은 언제나 그곳에
>
> 시작 이전과 끝 이후에 있었네.
>
> 그래서 모든 것이 언제나 지금이라네 …

'이미'와 '아직' 사이에서 팽팽한 균형을 유지하는 희망의 긴장감은 순례자의 길을 이해하는 데에 필요한 기본 바탕입니다. 이것은 의미의 탐색, 즉 모든 인간 마음의 순례에 필요한 기본입니다. 우리가 의미 있는 것을 찾을 때마다 그 의미는 이미 주어져 있으면서 동시에 아직 주어지지 않았습니다. 그곳에 의미가 있지만, 언제나 그 이상이 더 있습니다. 의미를 찾는 것은 숲속 빈터에서 블루베리를 찾는 것 – 따서 집으로 가져가 잼을 만드는 것 – 과는 다릅니다. 의미는 언제나 신선합니다. 낮게 드리운 구름을 뚫고 숲속의 빈터로 비스듬히 내리쬐는 오후의 햇빛 한 줄기를 발견하듯, 우리는 갑작스럽게 의미를 발견합니다. 이 빛 속에서 우리가 눈을 떼지 않는 한 늘 새로운 놀라움을 발견할 수 있습니다.

사도 바오로는 무한히 펼쳐진 의미의 광채를 "영광에 대한 희망"(콜로 1,27)이라고 이야기합니다. 희망과 영광 사이의 연관성에 대해서는 뒤에서 살펴보기로 하고, 지금 여기서는 사도 바오로가 이 영광의 희망을 '이미'와 '아직'으로 생각하고 있다는 점에 주목하는 것이 중요합니다. 한편으로는, 이 영광에 대한 희망은 "여러분 안에 계시는 그리스도"(같은 곳), 우리 삶의 핵심 안에 계시는 그리스도의 생명입니다. 그러므로 이것은 이미 마음속에 주어진 것입니다. 그러나 이와 동시에 우리의 생명은 여전히 "그리스도와 더불어 하느님 안에 숨겨져"(콜로 3,3) 있습니다. 한없는 가능성의 하느님, 미래의 하느님, 놀라움의 하느님, 희망의 하느님 안에 말입니다. "**이제** 우리는 하느님의 자녀들입니다. 우리가 어떻게 될는지 **아직**은 밝히 드러나지 않았습니다"(1요한 3,2). 우리는 여전히 길을 가는 도중에 있습니다. 그리고 그 길이 바로 그리스도입니다.

존재의 근거, 존재하는 모든 것의 모체, 보이지 않는 하느님은 "희망의 하느님"(로마 15,13)입니다. 그러므로 "보이지 않는 하느님의 모상"(콜로 1,15)은 희망의 완벽한 상징인 "길"(요한 14,6)이 틀림없습니다. "생명을 주는 새로운 길"(히브 10,20)로 가는 사람들은 "희망이 성령의 능력으로 더욱 풍부해집니다"(로마 15,13). 이 구절들을 곱씹어 보면 어떻게 희망이 삼위일체 하느님의 신비에 뿌리내리고 있는지 깨닫게 됩니다. 우리는 아버지로부터 와서 아버지께로 갑니다. 이 아버지가 바로 "희망의 하느님"이십니다. 우리 안에 살아 계시는 하느님의 생명이신 성령은 우리에게 희망을 가질 힘을 주십니다.

하느님의 영은 온 우주를 채우시고 모든 피조물을 희망을 드러내는 위대한 행동으로 이끄십니다. 이렇듯 우주에서 희망이 고조되는 장면을 묘사하고 있는, 사도 바오로가 쓴 로마인들에게 보낸 서간 8장 14-25절은 이런 맥락에서 다시 읽어 볼 필요가 있는 구절이랍니다. 하느님께서는 존재하시며 오고 계십니다. '이미'와 '아직'은 하느님 안에서 일치합니다. 우리는 희망의 하느님을 "움직이지 않으시며 동시에 여전히 움직이시는 분"으로 생각할 수 있습니다. 우리 안에 계시는 하느님의 생명인 희망은 바로 이러한 창조적 긴장 안에서 드러납니다. T.S. 엘리엇은 이렇게 노래하지요.

우리는 고요히 머물러야 하며 계속 움직여야 하네.
또 하나의 강렬함을 향하여
더 나은 일치와 더 깊은 친교를 위하여 …

새로운 것을 발견할 때마다 느끼는 놀라움 안에 들어 있는 놀라운 사실은 발견될 것들이 더 있다는 것입니다. 희망은 더욱 생생한 미래를 향해 열려 있는 현재를 붙잡고 있습니다. 그러나 하느님에 관해서는 과거와 미래에 대해 이야기하는 것이 아무 의미도 없다는 점을 명심합시다. 하느님께서는 "지나가 버리지 않는 지금 안에" 살아 계십니다. 시간으로 비추어 봤을 때, 하느님의 지금은 우리에게는 과거이자 현재, 미래로 드러납니다. 하느님 생명의 한 측면으로서 희망은 "남아 있습니다"(1코린 13,13). 우리 내면에서 체험되었듯, 희망은 특별한 방식으로 미래와 관련되어 있습니다. 희망은 두 가지 의미에서 우리가 미래에 대해 열린 가슴을 가지게 합니다. 바로 시간 안에서의 미래와 시간 너머의 미래, 즉 하느님의 지금입니다. 이런 하느님의 미래는 나중에 오는 것이 아닙니다. 희망은 바로 이 미래에 대해 우리의 마음을 열어 줍니다. 순간순간을 "영원함과 시간의 교차점"(「네 개의 사중주」)으로 만들면서 말이지요. 엘리엇은 또한 이렇게 노래합니다.

··· 갑작스러운 조명,
우리는 체험했으나 의미를 놓쳤지.
그래서 체험을 회복하는 의미에 접근한다네.
또 다른 모습으로 ···

희망은 과거 안에서 새로운 의미를 발견함으로써 과거조차 변형시킬 힘이 있습니다.

존재했을 수도 있었던 일과 존재해 온 일이

하나의 끝을 가리킨다네.

언제나 현존하는 그 끝을 …

모든 과거가 의미하는 것이 이 하나의 끝이며, 과거가 존재하는 방식이 희망입니다.

지금 우리가 하는 것과 같은 신학적 성찰은 타당한 것입니다. 성 베드로는 다음과 같은 말로 우리를 촉구합니다. "여러분이 품은 희망에 대해서 누가 여러분에게 그 사연을 묻든지 언제나 해명할 준비를 갖추시오"(1베드 3,15). 하지만 궁극적으로 사랑에 대해 우리가 할 수 있는 유일한 설명은 사랑하는 것입니다. 또한 믿음이 어떤 것인지 가장 잘 보여 줄 수 있는 방법은 바로 신실해지는 것입니다. 희망도 마찬가지입니다. 하루하루 "정지해 있으면서 꾸준히 움직이는" 순례자의 삶만큼 희망을 잘 설명해 주는 것도 없습니다. 그리고 우리가 내적 태도나 외적 행동으로 희망을 실행하는 모습만큼 다른 사람들에게 설득력 있게 다가가는 것은 없습니다. 그러므로 우리 삶을 위해 희망이 내려 주는 닻을 바라봅시다.

희망은 현실적입니다. 희망의 현실주의는 겸손이라는 모습을 지닙니다. 우리들 대부분은 현실주의를 덕으로 여깁니다. 하지만 겸손에 대해서는 어떻게 생각하나요? 경건한 척하는 용어로 사용되던 이 아름다운 말을 되찾아야 할 때가 되었습니다. 어쨌든 겸손은 '흙'humus이라는 단어와, 오늘날 재발견되고 있는 현실성/세속성

earthiness과 직접적으로 관련되어 있습니다. 겸손이란 현실적인 것, 바닥으로 내려오는 것입니다. 그러므로 '유머'humor와 꾸밈없는 '인간성'humanness과도 관련되어 있지요. 우리는 현실적일 때에만 자신에 대해 웃을 수 있습니다. 그리고 이런 점이 우리를 인간답게 만들지요. 여기서 말한 어원적 연관성에는 의구심이 들 수 있습니다. 하지만 심리적 연관성은 유효합니다. 참으로 인간다운 것은 겸손한 현실주의의 유머를 보여 줍니다. 그리고 이런 유머야말로 희망의 가장 두드러진 측면입니다.

그럼에도 처음 얼핏 보기에는 희망보다는 비관주의가 더 현실적인 것 같아 보이지 않나요? 적어도 비관주의자들 눈에는 그렇게 보일 테지요. 하지만 낙관주의자들은 비관주의자들이 비현실적이라고 확신합니다. 그런데 이번에는 비관주의자들이 ─ 더 현실적인 정보를 가지고 있다며 ─ 스스로 낙관주의자라고 주장하고 나섭니다. 통계적 증거를 보면 비관주의자와 낙관주의자 비율이 일 대 일로 나타납니다. 그러므로 서로 상쇄하고 현실적으로 처음부터 시작하게 하는 것이 어떨까요?

조금 더 가까이서 살펴보면, 낙관주의와 비관주의는 똑같이 비현실적입니다. 낙관주의자나 비관주의자나 그다지 현실에 개의치 않습니다. 그저 각 진영의 방침을 고수하는 데에만 관심이 있을 뿐입니다. 이들의 관심은 눈앞에 직면한 사실과는 무관하게 그들 특유의 포즈를 취하는 데에 집중되어 있습니다. 낙관주의와 비관주의는 가식적으로 행동합니다. 반면 희망은 관심을 보입니다. 낙관주의자와 비관주의자가 정치인이라면 희망은 어머니입니다. 어머니는 꾸민 모습을 보이지 않습니다. 가식적으로 행동하지 않지요. 희망은 모든 것이 다 잘될 것처럼 꾸미는 일조차 없습니다. 희망은 그저 자기 할 일을 할 뿐입니다. 제 방 책장 한쪽 모퉁이에 붙어 있는 거미처럼 말이지요. 이 거미는 제가 먼지떨이로 거미줄을 치울 때마다 새 거미줄을 다시 치고 또 칩니다. 자기연민이나 자만 없이, 기대 없이, 두려움 없이 말이지요. 저의 의식 차원에서 이런 거미의 태도에 상응하는 마음가짐이라면 희망을 꼽게 될 것이 틀림없습니다. 만약 제가 희망을 품으면 거미보다는 더 많은 대가를 치러야 할 것입니다. 저로서는 걸려 있는 몫이 더 크니까요. 하지만 저는 고개를 숙이며 저 거미를 인정합니다.

　우리 가운데 많은 사람들은 낙관주의가 비관주의보다 최소한 조금이나마 더 희망에 가깝다고 생각하는 경향이 있습니다. 하지만 그렇지 않습니다. 운 좋게도 우리는 낙관주의와 비관주의 중에서 선택해야 할 필요는 없습니다. 하지만 꼭 하나를 선택해야 한다면, 비관주의를 택하는 편이 더 바람직할 것입니다. 여기에는 두 가지 이유가 있습니다. 첫째, 낙관주의를 진짜 희망으로 오인하는 실수를 범하기 쉽기 때문입니다. 비관주의로 무장하고 있으면 이렇게 속을 위험으로부터 안전하지요. 둘째, 만약 우리가 어리석으면서도 마냥 즐겁다면, 우리는 희망 없이 낙관주의에 갇혀 버릴 수 있기 때문입니다. 비관주의는 심지어 비관주의자마저도 못 견디게 만들기에, 비관주의가 폭발하면 갑자기 희망이 될 수도 있습니다.

어떤 사람들은 희망이 낙관주의의 최고봉, 일종의 슈퍼-낙관주의라고 생각합니다. 가장 멋진 낙관주의의 봉우리를 향해 점점 높이 올라가 정상에서 작은 희망의 깃발을 휘날리려고 하는 사람의 이미지가 떠오르는군요. 하지만 이보다 훨씬 정확한 그림은 비관주의가 바닥을 칠 때 희망이 생긴다는 것입니다. 더 이상 떨어질 데가 없으면 오로지 어머니와 같은 하느님의 돌보심이라는 궁극적 현실에 다다를 수밖에 없습니다. 그래서 사도 바오로가 "환난은 인내를 낳고, 인내는 단련을, 그리고 단련은 희망을 낳습니다"(로마 5,3-4)라고 말씀하시는 것입니다. 그런데 우리가 처음 시작하는 데에 필요한 최소한의 희망도 없다면 이런 연쇄 반응이 가동될 수 있을까요? 저 개인적으로는 인내를 통째로 잃지 않으려면 환난에 빠져 있을 때 약간의 희망이 필요합니다. 그렇습니다. 하지만 이러한 초기 희망 안에는 낙관주의가 제법 섞여 있을 수 있습니다. 단련을 통해 모든 가식과 겉치레의 찌꺼기를 타는 불에 던져 없애야 합니다. 그렇게 해야만 희망의 용기가 드러나고 희망이 정말 있는 것처럼 여겨질 것입니다.

이와 같은 정화 과정은 모든 영성 수련의 핵심 부분입니다. 인내는 체험의 용광로 안에서 정적을 유지합니다. 수련이란 이것저것을 하는 것이라기보다는 고요히 정적을 유지하는 것입니다. 이렇게 하면 아무런 노력도 들지 않을 것 같다고요? 아닙니다. 여기서는 아주 중요한 임무를 수행하는 데에 모든 노력이 집중되어 있습니다. 바로 아무 노력을 하지 않는 임무랍니다. 「네 개의 사중주」에 나오는 엘리엇의 표현을 빌리자면 이렇습니다.

나는 내 영혼에게 말했네.
고요하라, 그리고
희망 없이 기다려라.
희망이란 희망해선 안 될 것을 위한 희망일 수 있으니.
사랑 없이 기다려라.
사랑이란 사랑해선 안 될 것을 위한 사랑일 수 있으니.
그래도 여전히 믿음이 있다네.
그러나 믿음과 사랑과 희망은 모두 기다림 안에 있다네.

스승을 기다리는 제자는 아무 말이 없습니다. 선생님과 눈을 맞추고 있는 학생은 오직 집중할 뿐입니다. 이렇듯 정지된 상태는 입을 다물고 있는 것과는 다릅니다. 이것은 햇빛에 꽃잎을 활짝 연 아네모네가 그 상태로 정지해 있는 것과 같습니다. 이러한 정지 상태를 이루도록 수련하다 보면 생각이 내는 소음도 조용해집니다. 엘리엇이 노래합니다.

생각 없이 기다려라.
너는 생각할 준비가 되어 있지 않으니.
그러면 어둠이 빛이 되고 정적이 춤이 되리니.

영성 수련이라는 춤을 가르치는 스승은 가장 까다로운 선생님입니다. 희망은 정적과 어둠 속에서 정화됩니다. 이러한 정적과 어둠은 (모든 것을 희생해야 얻을 수 있는) "완전하게 단순한 상태"(「네 개의 사중주」)입니다. 희망이라는 덕에 관해 뛰어난 글을 쓴 대가 조셉 피퍼는 희망이 젊음과 밀접하게 관련되어 있다고 지적합니다. 희망의 이러한 측면은 춤이라는 이미지로 잘 표현됩니다. 이는 젊은 사람들이 희망으로 가득 차 있으리라 기대된다는 의미에서만이 아닙니다. 나이 든 사람들도 희망의 덕을 배웠다면 예상치 못한 젊음을 발산합니다. 사도 바오로는 "그러므로 우리는 낙심하지 않습니다. 비록 우리의 외적 인간은 썩어 가고 있지만 우리의 내적 인간은 나날이 새로워집니다"(2코린 4,16)라고 했지요. 춤이 우리를 다시 젊어지게 합니다.

희망의 젊음 안에서 기다림의 정적은 춤에서의 정적과 같습니다. 어린아이들은 너무 서툴러서 춤을 제대로 출 수 없지만 그러면서도 참을성이 없어서 잘 기다리지도 못합니다. ("제 여동생은 열 살이 다 됐어요. 그러니까 아홉 살쯤 되었다고요. 왜냐하면 지금 여덟 살이거든요." 저의 꼬마 친구 피터가 한 말입니다. 이 친구는 자기 생일도 기다리지 못해 안달이랍니다.) 이에 비해 나이 든 사람들은 남은 것 중에 기다릴 만한 가치가 있는 것이 무엇인지 의문을 가지는 경향이 많습니다. 게다가 춤추기에는 이제 자신의 몸이 너무 뻣뻣해졌다고 느끼지요. 하지만 어린아이의 낙관주의와 노인의 비관주의 사이의 어딘가에는 희망이라는 젊은 춤이 우아하게 정적에 잠겨 있습니다. 젊은 희망의 춤은 온 정신을 집중해서 새로운 신호를 기다리는 법을 알고 있기 때문이지요.

기다림은 그것이 "주님에 대한 기다림", 오로지 놀라움으로 가득한 하느님에 대한 기다림일 경우에만 희망을 표현할 수 있습니다. 상황이 호전되기를 기다리는 한, 우리의 갈망은 엄청난 소음을 만듭니다. 또 상황이 악화되기를 기다린다면 우리의 두려움이 시끄러워지지요. 어떤 상황에서도 주님이 섬광처럼 오시기를 기다리는 고요함, 이것이 바로 성경에 나타나 있는 희망의 정적입니다. 이 정적은 상황을 바꾸려고 부단히 노력하는 것이 하느님께서 주신 임무라면 이러한 노력과 양립할 수 있습니다. 하지만 그것이 다가 아닙니다. 우리는 이 정적 안에서만 우리의 임무가 무엇인지 명확하게 들을 수 있습니다. 우리가 이 임무를 얼마나 효율적으로 수행하는지도 정적을 통해 드러날 것입니다. 결국 털털거리며 돌아가는 기계는 털털거리는 소리를 내느라 에너지를 소모합니다. 따라서 희망의 정적은 지금 맡고 있는 임무에 에너지를 완벽하게 집중하고 있음을 표현하는 것입니다.

그러므로 희망의 정적은 통합의 정적입니다. 희망은 통합합니다. 희망은 전체를 만들지요. 그렇게 함으로써 희망은 영성 수련에 필요한 건전한 기본 바탕을, 견고하게 붙잡아 둘 수 있는 닻을 마련해 줍니다. (전통적으로 희망의 상징이 닻인 것은 우연한 일이 아니랍니다.) 잠시 기억을 더듬어 보세요. 힘세고 건강한 감정을 지니는 재능이 있으면 한 사람의 내적 삶에 어떻게 통합 효과를 발휘할 수 있는지 생각해 보세요. 희망도 이와 같은 효과가 있습니다. 다만 희망은 단순한 감정보다 더 깊이 더 멀리 작용합니다. 희망은 한 사람의 삶의 모든 부분을 관통하며 공명하고, 이렇게 함으로써 그 삶은 온전하고 견실해집니다.

희망과 감정 사이의 연관성을 인식하는 것이 우리에게는 중요할 수 있습니다. 감정은 주류 그리스도교 영성에서는 도외시되어 온 분야이기에 더욱 그렇습니다. 감정을 바라보는 시각이 한동안 의구심에 가득 찼던 것이 사실입니다. 좋게 말한다 해도, 우리의 내적 성장과 관련해서 감정은 지성과 의지에 비해 훨씬 중요하지 않게 여겨졌습니다. 이러한 불균형은 또 다른 의미심장한 불균형, 즉 믿음과 사랑에 비해 희망이 상대적으로 덜 강조된다는 것을 보여 주는 거울 역할을 합니다. 희망은 최근에 와서야, 이를테면 영성 작가들에 의해 발견되었다고 할 수 있습니다. 이렇듯 희망이라는 덕과 감정이 소홀한 대접을 받는 것이 오늘날 많은 사람들이 고통스럽게 겪고 있는 내적 온전성의 결여와 관련이 있는 것은 아닐까요?

물론 우리는 감정과 덕을 구분해야 합니다. 희망은 그저 하나의 감정이 아닙니다. 희망은 덕이며, 단단히 확립된 마음가짐이자, 전인全人적 인간의 기본자세입니다. 그렇다 하더라도 희망의 반대인 절망에 대해서 생각해야 감정이 이 분야에서 두드러진 역할을 한다는 사실을 깨달을 수 있습니다. 지성, 의지, 감정은 모든 덕에 다 관련되어 있습니다. 가령 믿음이라는 덕은 믿음을 가진 사람의 삶의 모든 측면을 특징짓지요. 그럼에도 여기서는 지성이 지배적 역할을 합니다. 사랑이라는 덕은, 앞으로 살펴보게 되겠지만, 인간의 전모를 변화시킵니다. 그러나 그 중심을 들여다보면 사랑은 의지가 만들어 낸 태도입니다. 이와 마찬가지로 희망이라는 덕에서도 감정적 측면이 지배적 역할을 합니다. 비록 지성과 의지 역시 영향을 받는 것이 분명하지만요. 지성이나 의지가 마치 독립한 개체처럼 우리의 정신을 구성하고 있다고 오인해서는 안 됩니다. 이런 식으로 감정을 잘못 이해하는 일은 말도 안 됩니다. 감정이 인격적 완성에 어떻게 영향을 주는지는 너무도 명백합니다. 이렇듯 우리 감정이 지니고 있는 전인적 특성을 보면 희망이 어떻게 영적 온전함의 표시가 되는지 이해하는 데에 도움이 됩니다.

지성은 진리라는 측면에서 현실을 인식합니다. 의지는 선의라는 측면에서 현실에 접근합니다. 우리의 감정에 호소하는 것은 아름다움이라는 측면입니다. 아름다움의 체험은 우리의 감각에서 시작하지만 심미적 감각을 넘어서게 됩니다. 우리의 감정도 마찬가지입니다. 우리의 존재 전체는 우리가 아름다움이라고 부르는 실재의 화려함에 반응하여 울립니다. 한동안 우리가 눈앞에서뿐만 아니라 내면에서 주시하는 광채 때문에 우리의 모습이 바뀌었다고 느낄 수 있을 정도입니다. 우리의 지성은 진리를 찾기 위해 열심히 일해야 합니다. 우리의 의지는 선의를 향해 열심히 노력해야 합니다. 하지만 우리 감정은 아름다움을 향해 힘들이지 않고 우아하게 유유히 흘러갑니다. 이 부분을 보면 춤추는 희망의 정적이 다시금 떠오르지요.

희망과 아름다움이 다다르는 다른 지점들도 있습니다. 그중 하나가 아름다움에 대한 우리의 마음가짐 안에 세워진 역설, 희망에 새로운 빛을 비추는 역설입니다. 한편 아름다움은 늘 우리를 놀라움으로 사로잡습니다. 아름다움 안에는 예상 밖인 데다 자격도 없는 선물의 광채가 늘 있습니다. 하지만 다른 한편으로 우리는 아름다움을 기대합니다. 우리 마음 깊은 곳에서는 우리 자신의 아름다움을 일종의 박탈 불가능한 생득권이라 기대하기까지 하지요. 그렇지 않습니까?

… 왜 우리는 추하고 불공정한 것을 발견하는가.
이는 육체가 상속받아 마땅한 것이 전혀 아니지 않은가.
그리고 왜 아름다움에 대해서는
잊지 못할 가보家寶처럼 소유권을 주장하는가.

20세기 미국의 시인이자 수필가인 도로시 도넬리는 아름다움과 희망의 연관성을 탐구하는 시 「거울 속의 트리오」에서 이렇듯 호기심을 자극하는 질문을 던집니다. 그리고 그에 대해 다음과 같은 답을 제안하지요.

"너희가 신이다!"라고 하느님이 말씀하셨다.
"하지만 너희는 어둡다. 구름 한 점이 별 위에 앉아 있다.
세상의 어떤 거울도 너희의 아름다움을 보여 줄 수 없다."

희망은 세상의 어떤 거울도 보여 줄 수 없는 것을 볼 수 있습니다.

> 복된 잘못과 결함이 죄를 짓게 하니,
> 우리에게는 완벽함을 알아보는 눈이 있음을 알자 …

완벽함을 감식할 수 있는 우리의 눈은 희망의 눈입니다. 희망은 어머니가 자식을 바라보는 것과 같은 눈빛으로, 가능한 것에 대한 열정을 지닌 채 모든 것을 바라봅니다. 그런데 이런 식으로 바라보는 것은 창조적 방식입니다. 이런 식으로 바라보면 완벽함이 드러날 수 있는 공간을 창조하기 때문이지요. 여기에 그치지 않고, 희망의 눈은 만물의 중심에 이르기까지 모든 불완전한 것을 꿰뚫어 보고 그 중심이 완벽하다는 것을 발견합니다.

희망의 눈은 감사하는 눈입니다. 우리 눈이 감사하는 마음으로 세상을 바라보는 법을 배우기 전에는, 우리는 보기에 좋은 것에서 아름다움을 발견할 것으로 예상했습니다. 하지만 감사하는 눈은 **모든** 것 안에서 아름다움을 발견하는 놀라움을 기대하고, 실제로 그 놀라움을 발견하지요(그리고 줄곧 놀라워하지요). 괴테는 말년에 다음과 같은 시를 쓸 때 이 사실을 알게 되었습니다.

> 행운의 두 눈이여!
> 너희가 무엇을 보았건
> 그것이 무엇처럼 보이건

그것은 얼마나 아름답던가!

희망이 정화되기 전에 우리는 최상의 것을 기대하거나, 적어도 두 번째나 세 번째 것을 기대했습니다. 하지만 순수한 희망은 최악의 일이 벌어진다 해도 그 최악마저도 최상이 될 것이라는 놀라움을 기대합니다. 그리고 감사함을 품은 순수한 희망은 이런 기대 속에서 결코 실망하지 않습니다.

우리가 이 역설을 '가슴속 깊이' 알아차리고 있다는 말은 이 역설에 대한 단서였습니다. 우리 가슴속 가장 깊숙한 곳은 완전한 통합의 영역이며 그곳에서 우리는 우리의 참된 정체성, 곧 우리 안에 계시는 하느님의 생명을 발견합니다. 여기에서는 믿음이 곧 하느님의 생명이며 이는 가슴의 지식이 알려 준 것으로, 신실함을 의미합니다. 그런데 가슴은 어떻게 희망을 인지할까요? 아마도 우리는 희망을 가리켜 가슴으로 느끼는 하느님의 생명이라고 부를 수 있을 것입니다. 이는 아름다움 – 예상하면서도 여전히 놀라움을 자아내는 아름다움 – 과 우아함으로 느껴지는 하느님의 생명을 뜻합니다. 기품 있는 젊은 왕자를 한번 상상해 보세요. 타고난 특권과 놀라움이 어떻게 공존하는지 알게 될 것입니다. 우리는 가슴에서는 모두 젊은 왕자와 공주입니다. 희망의 영은 웅장한 왕자의 영입니다. 성 히에로니무스는 "굳건한 영을 제 안에 새롭게 하소서"(시편 51,12)라는 구절을 번역하면서 '위대한 영'이라고 이름 붙였습니다. 굳건한 희망은 가슴속에 닻을 내리고 정박해 있습니다.

가슴을 바탕으로 산다는 것은 감사하는 삶과 믿음이 깊은 삶뿐만 아니라 희망으로 가득한 삶을 사는 것을 의미합니다. 희망은 세상의 큰일에 참여할 수 있는 힘을 줍니다. 앞으로 우리는 희망의 이러한 측면을 더욱 면밀히 살펴볼 것입니다.

가능한 것에 대한 열정으로서 희망은 실질적 가능성에 대한 현실적 경각심을 일깨워 줍니다. 희망은 계속 경계가 넓어져서 한계가 사라지는 것을 보는 젊음을 우리에게 줍니다. 웅장한 희망의 영은 우리의 도덕적 참여를 일으키고 결정합니다. 이 영은 가슴속에 뿌리를 내리고 있기 때문이지요. 이 가슴속에서 우리들 각자는 다른 모든 이들과 가장 친밀하게 하나가 되며 그래서 모두에 대한 책임감을 갖게 됩니다. 물론 모든 것은 우리의 희망이 얼마나 순수한지, 그리고 얼마나 깊게 가슴속에 뿌리내리고 있는지에 달려 있습니다. 그런데 여기에는 자기기만에 빠질 수 있는 위험도 있습니다. 그렇다면 우리는 스스로를 어떻게 점검할 수 있을까요?

우리의 희망을 시험할 손쉬운 방법이 있습니다. 그런데 이 방법은 지나치게 간단하지도 않고 아주 정확한 것도 아닙니다. 그래도 우리에게 단서를 줄 수는 있습니다. 여러분이 특히 좋아하는 프로젝트 중 하나에 이를 적용해 보고 싶으실 겁니다. 먼저 이 특정한 프로젝트를 고려해서 여러분이 품고 있는 다양한 희망 목록을 만듭니다. 이것이 1단계이지요. 다음으로 상상력을 발휘하여 이 희망 사항들 하나하나가 모두 배수구로 빠져나가는 모습을 그려 봅니다. 여러분은 이런 가능성에 대해 곱씹어 생각하고 싶을 수 있습니다. 그러다 보면 절망을 느끼기 시작하거나 절망에 빠지고 싶은 유혹을 느낄 수도 있습니다. 이렇듯 여러분의 희망 사항이 모두 사라진 뒤에 남아 있는 희망, 이것이 바로 가슴속에 뿌리를 두고 있는 순수한 희망입니다.

우리는 여기서 '희망'과 '희망 사항'을 구별하는 중요한 작업을 했습니다. 이것은 앞에서 믿음과 신조를 구별했던 것과 같습니다. 우리는 믿음이 신조로 이어지는 것을 보았습니다. 희망이 희망 사항으로 이어지는 것처럼 말이지요. 그러나 믿음은 신조에 의존하지 않으며, 희망은 희망 사항에 의존하지 않습니다. 심지어 우리는 신조가 믿음을 방해할 수 있다는 것도 알게 되었습니다. 이와 같은 의미에서 희망 사항도 희망에 방해가 될 수 있으며, 우리의 희망이 놀라움을 받아들이는 열린 자세를 취하는 것을 막아 세울 수 있습니다. 우리가 무엇에 비중을 두느냐에 따라 엄청난 차이가 생깁니다. 우리보다 앞선 곳에 있는 희망 사항을 중시할 것인지 아니면 '내면에 있는 희망'을 중요하게 생각할 것인지에 따라서 말이지요.

희망을 중시하는 사람에게는 생기 넘치는 희망 사항이 모두 있을 것입니다. 하지만 이러한 희망 사항은 많은 것을 이야기하지 않습니다. 마지막 결전은 모든 희망 사항이 산산조각 날 때 찾아옵니다. 그러면 희망 사항을 중시하는 사람은 조각난 희망 사항과 함께 산산이 부서질 것입니다. 그러나 희망을 중시하는 사람은 폭풍이 지나가자마자 새로이 많은 희망 사항을 키워 갈 것입니다.

이러한 작은 희망 사항들은 첫눈에 보기에는 해롭지 않아 보입니다. 심지어 인상적일 만큼 이타적으로 보일 수도 있답니다. 우리가 도와주고 싶어 하는 사람들에게 가장 이익이 되는 방향으로 일들이 처리되지 않는다고요? 그런데 곧 알게 됩니다. 바로 그 사람들은 우리가 그들을 위해 품었던 희망 사항을 똑같이 공유하지 않는다는 사실을 말이지요. 안타깝지만 그들에게는 그것이 최선입니다. 그리고 인간 본성이 그러하듯, 우리가 너무 높은 희망 사항을 품어 줬던 이들 자체보다 우리는 우리의 희망 사항을 더욱 열심히 추구하게 될 것입니다. 부모는 자식을 위해 품은 희망 사항 때문에 자식의 삶을 망칩니다. 부부는 서로에게 최상이라고 여겼던 희망 사항들로 인해 상대방의 삶을 망칩니다. 우리 조국을 포함해서 선진국들은 다른 사람들의 시신 – 찢기고 훼손되고 타 죽은 수백만 구의 시신들 – 을 넘어 그들이 가졌을 희망 사항들을, 그들의 확신이 아니라 우리의 확신에 따라 이 희망 사항들을 추구했던 것으로 잘 알려져 있지요.

희망 사항들은 땅 위에 평화가 빨리 찾아오게 만들지는 못합니다. 오직 희망만이 그렇게 할 수 있지요. 우리 모두는 쉽사리 희망 사항에 몰두할 수 있지만, 누구도 희망에 맹렬히 빠져들 수는 없습니다. 희망은 해방합니다. 가장 먼저 희망 사항들의 구속으로부터 해방하고, 그런 다음에는 다른 모든 구속으로부터 해방합니다. 순수한 희망은 워낙 굳건하게 가슴속에 닻을 내리고 정박해 있기에 희망 사항들을 가볍게 끌어안고 있을 수 있습니다. 이것은 마치 어머니가 자식을 가볍게 안고 있는 것과 같습니다. 아무리 아이를 단단히 끌어안고 있더라도 언제든 아이가 자랄 수 있도록 아이에게서 마음을 내려놓을 준비가 되어 있지만 결코 아이를 실망시키는 일은 없는 것처럼 말이지요. 희망은 희망 사항을 낳는 어머니입니다. 그리고 희망이 가장 사랑하는 자식은 평화입니다.

나중에 오지 않는 미래에 대한 개방성으로서 희망은 가톨릭 노동자의 좌우명을 온전히 이해합니다. "평화로 가는 길이란 없다. 평화가 바로 그 길이다." 희망은 평화를 낳습니다. 희망은 평화에 뿌리를 두고 있으며, 우리가 다른 모든 사람들과 이미 하나를 이루고 있는 가슴 안에 뿌리를 두고 있기 때문입니다. 희망은 하나로 결속합니다. 반면 희망 사항은 각자 달라서 우리를 나누려는 경향이 있습니다. 하지만 우리는 "하나의 희망"(에페 4,4) 안에서 하나를 이룹니다. 그리고 여기서 '우리'는 모든 피조물과 우주 전체를 뜻합니다. 사도 바오로는 "희망을 간직한 채 … 모든 피조물이 지금까지 다 함께 탄식하며 진통을 겪고 있다"(로마 8,20-22)고 표현합니다. 20세기 초 미국의 신학자 클라렌스 조던은 그의 유쾌한 작품 『코튼패치판 바오로 서간』*Cotton Patch Version of Paul's Epistles*에서 로마서의 이 핵심 구절을 "사실 우주가 가장 좋아하는 꿈은 참으로 살아 있는 하느님의 아들과 딸을 흘깃 보는 것"이라고 해석합니다. 이러한 희망은 우주적인 것입니다. 만물의 중심에 신실함이 있듯, 희망도 마찬가지이기 때문입니다.

그럼에도 희망은 얼마나 현실적입니까? 여러분 주변을 한번 둘러보십시오. 그리고 귀를 기울이십시오. 세상 모든 곳에서 "시간이 없어요!"라고 외치는 소리가 들리지 않나요? 세상 어디든 다 마찬가지입니다. 낭비를 일삼는 우리의 탐욕 때문에 이 세상은 쓰레기로 뒤덮여 있지요. 우리는 두려움 때문에 우리가 가장 두려워하는 것을 불러올 위험이 있는 위협들을 차곡차곡 쌓아 가지요. 우리의 무관심 때문에 우리가 **돌보아야 할 때** 행동하지 못하게 되고, 그래서 마침내 우리가 **돌보는 일을 할 때** 차이를 만들 수 있는 스스로의 힘을 제대로 발휘하지 못하게 만들지요. 믿기 어려운 일이지만, 멸종 위기의 식물이나 동물이 하루에 한 종씩 세상에서 영원히 사라집니다. 단 하루 동안 이 세상은 유엔이 세계기아기금을 위해 일 년 동안 모금하는 금액보다 더 많은 돈을 무기 구매에 사용합니다. 매일매일 기아로 수많은 남자와 여자, 아이들이 죽어 갑니다. 지도상에서 인구 5만 7천 명의 도시 하나가 매일 사라지는 것과 맞먹는 실정이지요. 낭비와 두려움과 무관심이 빠른 속도로 우리를 망치고 있습니다. 이제 시간이 없습니다.

이런 사실들을 직면했을 때 다시 한번 눈을 질끈 감는 것이 도움이 될까요? 그러면 고통스러운 진실이 눈꺼풀 아래에 있게 됩니다. 달리 치료 방법은 없습니다. 오로지 우리 가슴의 눈, 희망의 눈을 여는 것뿐입니다. 희망은 촌각을 다투며 사라지고 있는 시간 안에서 이와는 다른 종류의 시간을 발견합니다. (이 시간은 우리의 시간이 아니라) 충만함에 이르는 시간이지요. 매 순간 희망이 "때가 차는 것"(갈라 4,4)을 보고 찬미할 때에는 어머니와 아이의 이미지를 빌립니다. 성모님의 시간이 "날이 차서"(루카 2,6) 해산을 하자 성탄이 일어났지요. 그리고 현시점에서도 우리가 내면에서 왕자 같은 아이를 낳는 순간 또다시 성탄이 일어납니다. 어머니와 아이! 탐욕과 두려움과 무관심에 도전장을 던지는 이미지랍니다. 세상 어디에서도 어머니는 자식을 먹여 키웁니다. 어머니는 용감합니다. 어머니는 돌보아 줍니다. 세상의 어머니들로부터 자극받은 우리는 희망으로 "하느님의 자녀들이 누리는 영광의 자유"(로마 8,21)를 탄생시키려고 도전합니다.

그런데 전 세계적으로 겪고 있는 문제들을 다루는 특정한 방법이나 모델, 기술이 존재하나요? 우리는 그 해답을 서둘러 찾아야 합니다. 이보다 더 시급한 일은 없습니다. 하지만 이 모든 것이 태도의 변화 하나만으로 시작될 수 있습니다. 강조점을 희망 사항에 두던 것을 희망으로 옮기는 것 말이지요. 먼저 우리는 더욱 어머니다워져야 합니다. 이 말은 거대한 임무 전체를 직시하여, 우리가 할 수 있는 작은 일 하나를 찾고, 이 일을 어머니가 헌신하듯 수행하는 것을 의미합니다. 이 과정에서 희망은 "때를 선용"(에페 5,16)합니다. 희망은 시간을 최대한 활용하고, 시간의 가능성을, 심지어 예상치 못한 시간의 차원들까지 샅샅이 살핍니다. 늙어 가는 시간 안에서 희망은 아이를 잉태한 시간을 봅니다. 시간이 모자라게 되는 바로 그 순간, 희망이 개입하여 시간의 충만함을 허락합니다.

시간의 충만함, 때가 되어 밝아 오는 '하느님의 날'을 위해, 1세기 그리스도인들은 '우리는 어떤 부류의 사람이 되어야 하는가?'라는 의문을 품었습니다. 그리고 두 가지 측면을 지닌 해답을 제시했습니다. 즉, 우리는 "하느님의 날이 도래하기를 기다리고 재촉"(2베드 3,12)해야 한다는 것이지요. 기다리는 것은 경각심을 불러일으키는 희망의 비전에 해당합니다. 그날을 앞당기는 것은 경각심을 불러일으키는 희망의 행동에 해당합니다. 희망의 가슴으로 자녀를 바라보고 현시점에서 필요한 작은 일 하나를 행하는 어머니처럼, 희망의 경각심은 비전과 행동을 하나로 모아 줍니다. 그러므로 희망의 행동은 이미 우리 '안'에 있는 평화의 왕국에 대한 비전으로부터 샘솟습니다. 바로 이러한 방식으로 교황 요한 23세, 도로시 데이, 마틴 루터 킹, 마더 데레사 같은 사람들이 이미 희망 안에서 품고 있는 것을 발산해 온 것이 아닐까요? 이렇게 함으로써 그들은 힘을 얻습니다. "평온과 신뢰 속에 너희의 힘이 있으리"(이사 30,15).

침묵과 희망, 이 둘은 서로에게 속합니다. 우리는 오직 희망의 침묵 속에서만 가장 깊은 친교를 발견할 수 있습니다. 토머스 머턴은 "우리는 모두 하나의 침묵이며 다양한 목소리"라고 했습니다. 우리가 가진 희망 사항들이 내는 분산된 목소리들 때문에 분심이 들 때, 어떻게 하면 우리가 가진 공통된 희망의 침묵에 귀를 기울일 수 있을까요? 어떻게 하면 가슴의 귀에만 들리는 궁극적 조화에 우리의 주파수를 맞출 수 있을까요? 고요함만이 답입니다. 우리 가슴속에서 고요함을 잘 보살펴서 모순적인 희망 사항들까지도 수용할 수 있을 정도로 크게 키워 내는 것이 유일한 방법입니다. 또한 희망 안에서 모든 희망 사항을 넘어설 정도로 고요함을 강하게 키워 내야 합니다.

바흐의 「마태수난곡」은 이중 합창단이 서로 주거니 받거니 하면서 시작합니다. 이렇게 합창이 복잡하게 서로 얽히면서 더 이상 올라갈 곳이 없어 보이는 클라이맥스로 치닫는 순간, 놀라운 요소가 하나 끼어듭니다. 바로 소년 합창입니다. 기존의 이중 합창이 계속해서 강렬하게 노래를 주고받는 가운데 그 위로 정선율cantus firmus이 추가되는 것이지요. 이렇게 해서 삼중 합창이 되고 여기에 오케스트라 선율까지 합쳐져서 각 파트가 각자의 선율을 연주합니다. 이런 유형의 연주 효과를 데시벨로 측정하면 극심하게 큰 소리가 됩니다. 그럼에도 놀랍게도 연주를 듣는 사람들은 뭉클한 고요함을 느끼지요.

희망이라는 음악 안에서 희망 사항들로 이루어진 다성 음악을 성경 용어로 표현하면 '영광'입니다. 신약성경을 보면 희망과 영광이 같이 등장하는 경우가 얼마나 많은지 모릅니다! 초기 교회에서는 하느님의 '영광'이라는 개념이 희망의 비전과 궁극적 희망의 실현 사이를 연결하는 역할을 했습니다. 무려 세상을 변화시키기 위한 지렛대도 '영광'이라는 개념을 중심점으로 삼았습니다. 오늘날 사람들이 생각하는 – 그런데 대부분 잘못 이해하고 있는 – '영광'은 다락방에 처박힌 물건처럼 다소 무미건조한 개념입니다. '장엄함'처럼 영광은 거창한 의식 그 이상을 나타내지 못해요. 그래서 책임감 있는 그리스도인의 삶에는 그다지 적절해 보이지 않습니다. 하느님의 영광이라는 개념이 예전에는 희망의 비전과 궁극적 희망의 실현을 연결했었다는 사실을 누가 짐작이나 할까요? 그럼에도 초기 교회에서는 하느님의 영광을 이해하는 것을 세상을 변화시킬 지렛대의 중심점으로 삼았습니다.

"그리스도의 영광에 관한 복음의 빛을 보는 것"(2코린 4,4)이 초기 그리스도인들에게 무엇을 의미했는지를 알 수만 있다면, 어째서 빛을 보고 깨달음을 얻는 것이 오래된 세상을 변화시키는 힘이 되는지 알게 될 것입니다. 또한 이것이 지금 우리 시대의 사회구조까지도 변화시킬 수 있는 힘을 가지고 있음을 알게 될 것입니다. 이와 함께 우리는 영광이 아름다움과 얼마나 밀접한 관련이 있는지도 알게 될 것입니다.

영어에서는 '영광'glory이라는 단어가 아름다움이라는 의미를 충분히 표현하지는 못하는 것 같습니다. 20세기 미국의 출판인이자 작가인 J.I. 로데일이 발간한 『동의어 사전』Synonym Finder은 제가 신뢰하는 글쓰기의 동반자입니다. 이 책에는 영광이라는 단어의 동의어로 92개 단어가 소개되어 있습니다. 하지만 그중에 아름다움beauty이라는 단어는 없답니다. 신약성경에 나오는 영광이라는 개념 안에는 히브리어 '카보드'kabod에 담겨 있는 '무게'라는 관념과 그리스어 '독사'doxa에 담겨 있는 '모습'이라는 관념이 하나로 녹아 있습니다. 말하자면, 영광스러운 자리에 유명 스타가 등장해서 권위를 드러내는 모습을 상상해 보면 이런 개념이 마음에 잘 와닿을 테지요. 그런데 성경적 의미에서 영광은 확실히 이보다 더 중요한 의미를 담고 있습니다. 영광은 하느님의 강렬한 존재, "영광의 하느님"(시편 29,3)의 압도적인 모습을 드러내는 것입니다. 이 모든 것 안에 아름다움은 내재되어 있지요. 빛, 불, 구름, 무지개, 별이 빛나는 하늘 안에 있는 하느님의 영광은 빼어난 미적 감각을 드러냅니다. 성경에 인쇄되어 있는 '영광'이라는 글자를 보면서 때때로 '아름다움'이라고 읽어야 할 것입니다. 그렇게 하면 영광이라는 이 핵심 용어를 더 깊이 이해할 수 있게 될 것입니다. 앞서 이야기한 바 있는 아름다움과 희망 사이의 연관성을 마음에 새기고 있다면 더더욱 그럴 것입니다.

릴케의 「두이노의 비가」에 나오는 유명한 구절을 보면, 성경에 나오는 하느님의 영광을 특징짓는 찬란함과 힘의 혼합을 현대어로 표현하고 있습니다.

… 아름다움은 다만
우리가 여전히 감당할 수 있는 공포의 시작일 뿐이니,
우리가 그것을 그리 흠모하는 이유는
그것이 고요히 우리를 파괴하는 것을 거부하기 때문이라네 …

그러므로 하느님의 영광을 경외감을 주는 매혹적인 기운으로 생각하면, 하느님의 영광을 장엄한 의식의 영역에서 구출하여 더 정확하게 아름다움에 결부시킬 수 있게 됩니다. 하지만 우리는 폭풍우나 지진, 화재 현장에서뿐만 아니라 "조용하고 부드러운 목소리"(1열왕 19,12) 안에서도, 말하자면 새끼 사슴의 우아함 안에서도 아름다움을 '엄청나게 충격적인 것으로' 체험한다는 사실을 명심합시다. 우리는 이제 막 쌓인 눈 위에 어둡게 대비되어 보이는 가녀린 새끼 사슴의 미동 없는 모습에 '무장해제'됩니다. 사도 요한이 "우리는 그분의 영광을 보았다. 아버지로부터 오신 외아들다운 영광"(요한 1,14)이라고 하듯이, 우리는 이렇듯 압도적인 아름다움을 만나면서 여전히 떨림을 느낄 수 있습니다.

이러한 하느님의 영광에 대한 비전은 행동으로 이어집니다. 그러므로 영광은 초대교회의 입장에서 그리스도교 사도직을 이해하는 데에 필요한 핵심 용어가 됩니다. 예를 들어 코린토 신자들에게 보낸 두 번째 서간을 읽음으로써 우리는 이러한 사실에 대한 확신을 얻을 수 있습니다. 다음 두 문단에서 인용된 문구들은 모두 초기 교회 시절의 자료인 이 편지에서 발췌한 것입니다. 여기서는 영광이라는 용어가 열두 번 이상 반복되어 사용되었습니다. 이 문서에는 세상에 그리스도를 증언하는 본질과 목표와 방법이 분명하게 설명되어 있습니다. 그런데 그 모든 것이 전적으로 영광에 달려 있습니다.

무엇보다도 그리스도인으로서의 소명은 무엇입니까? 그것은 "하느님의 모상이신 그리스도의 영광에 관한 복음"(2코린 4,4)을 통한 "화해의 봉사직"(5,18)입니다. 그렇다면 이 직분의 목표는 무엇일까요? 바로 "은총이 좀 더 많은 이들 사이에 불어나서, 하느님의 영광을 위한 감사도 그만큼 더 넘치게 하려는 것입니다"(4,15). 그러나 사도 바오로는 묻습니다. "영광이 넘치는 의로움의 봉사직"(3,9)은 "과연 뉘라서 감당할 수 있겠습니까?"(2,16). 이에 대한 대답은 바로 "우리 모두"(3,18)입니다. "우리의 자격은 하느님으로부터 비롯합니다"

(3,5). 그런데 왜 그럴까요? "어둠 속에서 빛이 비치라고 말씀하신 하느님께서는 친히 우리 마음속을 비추시어 그리스도의 얼굴에 드러나는 하느님의 영광을 알아보는 빛을 주셨기"(4,6) 때문입니다.

하지만 결정적 질문은 방법에 관한 질문입니다. 우리의 임무는 어떻게 완수되어야 할까요? 이에 대한 대답은 한 문장으로 짧지만 그 안에는 의미가 무궁무진합니다. "우리는 모두 너울을 벗은 얼굴로 거울을 보듯 주님의 영광을 바라보는 가운데 그분과 같은 모상으로 모습이 바뀌어 갑니다"(3,18). 이 중요한 구절은 두 부분으로 나뉘는데, 하나의 소명이 지니고 있는 두 가지 측면, 즉 비전을 변화시키는 것과 비전에 따른 변화를 나란히 배열하고 있습니다. 이 두 가지 측면을 연결해 주는 것은 그리스도 안에서 드러난 하느님의 영광입니다. 그리스도는 "하느님의 모상"(4,4)이시며, 하느님의 모습을 따라 우리도 창조되었습니다. 바로 이러한 이유 때문에 우리 모두는 믿음 안에서 우리 가슴이라는 작은 우주의 거울에 비친 그분을 볼 수 있습니다. 그런데 주의해야 할 점은 큰 우주와 작은 우주가 변화하는 형태는 하나이며 같다는 사실이랍니다. 그리스도 역시 우주 전체의 근원적 형상이며, 이는 하느님의 아름다움을 현실적으로 그리고 역사적으로 거울에 비추듯 보여 주기 위해서이지요.

믿는 자들은 그리스도 안에서 하느님의 말씀과 하느님의 지혜, 하느님의 이미지를 보았기 때문에, 이들은 "만물이 그분 안에서 … 그분으로 말미암아 그분을 위해서 창조되었"(콜로 1,16)다고 천명했습니다. 여기서 '그분 안에서'라고 한 이유는 그분은 영원한 원형이시며 "보이지 않는 하느님의 모상이시며 모든 조물의 맏이이시기"(콜로 1,15) 때문입니다. 또한 '그분으로 말미암아'라고 한 이유는 그분은 하느님께서 한 처음에 "빛이 생겨라"(창세 1,3)라고 말씀하실 때 "어둠 속에서 빛나는"(요한 1,5) "(하느님) 영광의 광채"(히브 1,3)이시기 때문입니다. '그분을 위해서'라고 한 이유는 천지창조가 낳은 이미지가 마치 암실 속의 사진 이미지가 현상되는 것처럼 천천히 모습을 드러내면서 하느님 영광의 온 광채가 "장차 우리에게 드러날 것"(로마 8,18)이기 때문입니다. 이미 모든 인간은 "하느님의 모상이요 영광"(1코린 11,7)입니다. 우리의 모습이 "영광에서 영광으로"(2코린 3,18) 그분과 같은 모습으로 바뀌어 가는 것은 하느님의 의지가 "하늘에서와 같이 땅에서도" 항상 눈부시게 실현되는 것으로 이해될 수 있습니다. 이러한 변모 과정은 하느님의 아름다움을 항상 믿음이 충만한 우주의 거울처럼 비추는 것으로 이해될 수 있습니다.

아름다움은 보는 사람을 변화시킵니다. 아름다움은 마음을 끕니다. 그리고 여러분을 설득하여 지지를 얻어 냅니다. 선의와 진리조차 이들을 아름답게 만드는 우아함과 느긋함을 갖추고 있지 않다면 인간의 마음을 완전히 사로잡을 정도로 설득력을 지니지 못할 것입니다. 인류 역사에서 아무 시기나 한번 골라 보세요. 그 시대의 정치인이나 철학자, 심지어 신학자의 주장에 지금도 설득당하는 사람이 어디 있을까요? 반면 같은 시대에 살았던 시인을 떠올리거나 그 시대의 음악을 들어 보세요. 우리는 십자군에게 영감을 주었던 희망 사항들을 낮게 평가합니다. 하지만 그들이 지녔던 희망은 대성당들에 영감을 주었으며 지금도 성당 안의 모든 아치와 문턱, 갓돌에서 빛을 발하고 있습니다. 아름다움은 가장 제한된 범위에서 실현될 때조차 한없는 충만을 약속합니다. 가령 샤르트르대성당의 위대한 장미 그림 스테인드글라스를 감상하면 "우리는 하느님의 영광에 대한 희망을 자랑으로 여기고 있습니다"(로마 5,2)라는 구절이 무슨 의미인지 간단히 알 수 있지요.

아름다움은, 우리 삶 속의 모든 위대한 것들이 다 그렇듯 쓸모없고 불필요합니다. 아니, 우주 자체가 하느님의 영광을 경축하는 과잉 불꽃놀이가 아닐까요? 그렇기 때문에 그만큼이나 값을 매길 수 없는 것이 아닐까요? 유용한 것들에는 가격이 있습니다. 하지만 시 한 편의 가치를 그 누군들 값을 매길 수 있겠습니까? 그 누가 입맞춤에 가격표를 붙일 수 있겠습니까? 하느님의 영광이 진정으로 가장 중요한 것이라면, 완전히 쓸모없는 일을 한 달에 한 번 시간 남는 일요일로 이관하지 말아야 합니다. 우리는 무용한 것이 가장 중요한 시간대를 차지할 자격이 있다는 사실을 배워야 할 것입니다. 불필요한 것이야말로 중요도 면에서 가장 먼저 꼽힙니다. 필요한 것들이야 어떤 식으로든 주목해 달라고 요구할 테지요. 이 사실을 인정하는 것은 우리가 겪으리라 각오하고 있는 것보다 훨씬 더 철저하게 하느님의 영광으로 변모되는 것을 의미할 수도 있습니다. 또한 우리가 수립해 놓은 일련의 가치들을 완전히 뒤집어서 뒤죽박죽으로 만들 수도 있지요. 예수께서는 "들의 나리꽃들이 어떻게 자라는지 관찰해 보시오"(마태 6,28)라고 하시면서, 우리 각자에게 아름다움을 완전히 쓸모없는 것으로 진지하게 받아들이라고 촉구하십니다. 그렇다면 이것은 우리의 일상생활에서는 어떤 의미를 가지게 될까요?

심미주의자에게는 나리꽃을 보는 일이 아무런 위험도 수반하지 않습니다. 따라서 아무리 나리꽃을 보아도 그의 마음에 변화가 생기는 일은 없을 것입니다. 그가 보는 방법은 빈약합니다. 보면서 즐거움은 취하지만 그 대가로 아무것도 주지 않습니다. 특히 그의 마음을 주는 일은 더더욱 없지요. 그런데 우리가 보는 것에 마음을 주는 순간 놀라운 일이 벌어집니다. 그때까지 우리는 우리 자신이 나리꽃을 보고 있다고 생각했는데, 갑자기 나리꽃이 우리를 보고 있는 것이 아닙니까? 릴케는 바로 이러한 체험을 그의 시 「고대의 아폴론 토르소」에 담고 있습니다. 열두 줄 반의 시행을 읽는 동안 독자들은 시인이 묘사했다기보다는 그들 앞에 놓아둔 아폴론 조각상을 응시하고 있다는 느낌을 받습니다. 그들은 모두 이 대상을 보는 주체가 됩니다. 그 순간 갑자기 시인은 관점을 완전히 바꾸더니 이렇게 말합니다. "당신을 보지 않는 / 그런 부분이 토르소에는 없다네." 그러더니 불쑥 "당신은 삶을 바꿔야 한다네"라는 말로 시를 마무리합니다. 그렇습니다. 나리꽃은 여러분을 지켜봅니다. 그리고 꽃잎 하나하나가 여러분에게 도전하는 혀가 됩니다.

바로 이러한 도전과 함께 우리가 사는 세상의 변화가 시작됩니다. 일단 우리가 이 도전에 응수하여 위험을 받아들이면, 변화가 우리를 움켜잡습니다. 변화는 마음의 변화로 시작해서 사회질서의 변화를 거쳐 결국에는 본질 자체의 변화에 이르게 됩니다.

심미주의자는 너무 타성에 젖어 있어서 이런 위험을 감수하지 못합니다. 반면 공상적 개혁가는 너무 바쁩니다. 그래서 꽃 같은 것에 신경 쓸 시간이 없습니다. 하느님의 영광은 나리꽃 하나하나마다 여섯 개의 혀로 우리에게 소리칩니다. "멈추어, 보아라!" 혹은 시편의 표현대로 "너희는 멈추고 … 알아라"(시편 46,11)라고 합니다. 하지만 주제넘게 나서는 참견꾼(공상적 개혁가)은 이렇게 침묵으로 웅변을 하는 나리꽃의 언어를 이해하지 못합니다. 그래서 계속해서 서두를 뿐이지요. "미안합니다. 저는 나리꽃 말은 할 줄 몰라요." 그의 귓가는 온통 자신의 프로젝트와 의견, 거창한 계획들이 내는 소음으로 윙윙거립니다.

우리 안에 있는 심미주의자가 공허한 비전의 함정에 빠진다고 한다면, 우리 안에 있는 공상적 개혁가는 무용한 행동의 함정에 빠집니다. 이 두 사람의 반대편에는 희망을 품은 자가 밝은 눈을 가지고 소매를 걷어 올린 모습으로 서 있습니다. 희망은 나태한 비전과 맹목적 행동이라는 이중의 함정에서 우리를 구해 주는 덕목입니다. 심미주의자와 참견꾼은 서로 반대되는 입장에서 간절합니다. 심미주의자는 행동력은 단념해 버리고 비전에만 취해 있습니다. 반면 참견꾼은 길잡이가 되는 비전은 버리고 활동에만 빠져 있지요. 하지만 희망은 우리를 곧장 관상적 변화의 핵심, 즉 영광으로 되돌려 보냅니다.

영광은 희망의 씨앗이자 열매이며, 희망을 밝히는 첫 번째 불꽃이자 최후의 불길입니다. 초기 그리스도인들이 "하늘 아래 모든 피조물에게 선포된 복음"을 압축해서 보여 주려 했을 때, 희망과 영광, 이 두 단어는 없어서는 안 되는 핵심어였습니다. 그들이 "과거의 모든 시대와 세대에 감추어져 있었으나 이제는 명백히 드러난 신비"를 정형화된 문구로 표현한 것이 바로 "여러분 안에 계시는 그리스도이시니, 그분은 곧 영광에 대한 희망"(콜로 1,27)입니다. 그들은 이것을 "다른 민족들 가운데 나타난 하느님의 신비"라고 이야기합니다. 이는 여러분께서 원한다면 사회 변화를 위한 하느님의 마스터플랜이라고 표현할 수 있겠네요. 하지만 이 "영광의 희망"은 비밀스러운 청사진을 능가하는 것입니다. 이것은 밀가루 반죽 안에 "감추어져" 있는 누룩과 같습니다. 그래서 사도 바오로는 이를 두고 "내 안에서 힘차게 작용하는 그분의 힘"(콜로 1,29)이라고 표현합니다.

"여러분 안에 계시는 그리스도"가 지니신 변화의 힘에 온몸을 던지는 것은 자기 수용을 시사합니다. 하느님께서는 여러분을 ─ 있는 그대로의 모습으로 ─ 받아들이셨습니다. 왜냐하면 하느님께서는 여러분의 가슴속 중심을 들여다보시면서 그 안에서 거울처럼 비추어진 당신의 영광 ─ 그리스도 ─ 을 보시기 때문입니다. 하느님께서 우리를 받아들이심을 받아들이면 자기 수용이 가능해집니다. 또한 하느님의 수용을 받아들이는 것은 믿음의 기본자세이기도 합니다. 우리에게 모든 것을, 심지어 우리 자신까지 주시는 베푸시는 분에 대한 우리의 신뢰를 보여 주는 기본자세라는 말이지요. 이와 더불어 하느님께서 수용하심을 받아들이는 일은 희망의 기본자세이

기도 합니다. 이는 놀라움을 받아들일 수 있는 우리의 개방성을 보여 주는 모습이지요. 그리고 이 놀라움 안에는 우리가 예상치 못한 우리 자신의 가능성에 대한 놀라움도 포함됩니다. 이러한 자기 수용에서 참자기는 "우리 안에 계시는 그리스도"입니다. T.S. 엘리엇은 「네 개의 사중주」에서 이것을 다음과 같이 노래합니다.

> 완전한 단순함의 상태,
> (모든 것을 대가로 얻을 수 있는 것)
> 그리하여 모든 것이 잘되리라.
> 만사가 잘되리라.

하지만 만사가 잘되기 전에, 가장 고통스러운 희망의 시험이 아직 우리를 기다리고 있습니다. 하느님께서 여러분을 부르실 때에 주신 하나의 희망(에페 4,4 참조)으로 인해 하나이신 그리스도의 몸 안에서 여러 희망 사항이 서로 갈등을 일으킬 때 우리는 바로 이런 시험에 들어야 합니다. 이러한 사례로 들 수 있는 것이 바로 오늘날 라틴아메리카에서 우리 형제자매들 사이에 긴장이 고조되고 있는 것입니다. 이곳에서는 희망과 희망 사항들, 사회 변화가 위태로운 상황에 처해 있지요. 사도 바오로는 "하긴 여러분 가운데에는 분쟁도 있어야 시련을 견디어 낸 이들이 여러분 가운데서 밝히 드러나게 될 것입니다"(1코린 11,19)라고 합니다. 우리의 제한된 비전 때문에 제한된 희망 사항들이 생겨납니다. 그리고 이러한 희망 사항들이 서로 충돌해야 하느님의 모든 것을 능가하는 계획이 떠오르게 됩니다. 그러니 우리는 희망 사항들에 목숨을 걸 듯한 태도를 지니면서도 이와 동시에 희망 사항들을 가볍게 안아야 하는 것입니다. 사실 이보다 더한 괴로움은 없습니다. 그러나 괴로움이 있어야 무게감이 생깁니다. 이런 무게감이 없으면 영광은 그저 조잡하게 빛나는 광채에 불과할 따름이지요.

모든 것을 능가하는 하나의 희망을 위해 희망 사항들끼리 서로 충돌할 때, 어떤 의미에서 우리가 "우리 주 예수 그리스도의 십자가 외에는 아무것도 자랑할 것이 없는지"(갈라 6,14)가 분명해집니다. 우리는 보석 박힌 승리의 상징으로서 십자가를 자랑하는 것이 아니라, 우리들 각자 자신만의 최악의 고통으로 십자가를 자랑합니다. 마틴 루터 킹의 고통, 미국에서 핵 시설 근로자들의 건강 문제에 대한 경각심을 불러일으킨 화학 기술자이자 환경 운동가인 카렌 실크우드의 고통, 엘살바도르의 해방신학자이자 군사독재 정권에 맞서 싸운 오스카 로메로 대주교의 고통, 그리고 여러분 자신의 고통으로 말이지요. 희망의 궤도는 '영광에서 영광으로' 잇는 끊어지지 않은 선이 아닙니다. 희망의 궤도는 십자가의 역설을 통과하게 이끌어 줍니다. 십자가 자체가 모순의 표지입니다. 십자가를 이루는 두 개의 선은 갈등 속에서 서로 만납니다. 이는 마치 충돌하는 희망 사항들과 같지요. 십자가는 이러한 충돌을 나타냅니다. 그 안에서 우리의 희망 사항들이 내려가야 셋째 날에 희망이 떠오를 수 있습니다. 부활하신 주님은 풀이 죽은 사도들에게 이렇게 말씀하십니다.

"그리스도는 이런 고난을 겪고 자기 영광을 누리게 되어 있지 않습니까?"(루카 24,26).

"찬송하라, 거룩한 십자가, 단 하나의 희망." 이것은 오래된 그리스도교 성가 중 하나입니다. 라틴어로 노래하면 "오 쿠룩스 아베, 스페스 우니카!"(O curx ave, spes unica!)라고 하지요. 그런데 십자가는 어째서 희망 없음보다 희망의 상징이 되어야 하나요? 예수께서 십자가에 못 박히셨을 때 그분의 모든 희망 사항이 산산이 부서졌는데도 말이지요. 도대체 왜 그리스도께서는 이 모든 고통을 받을 '필요'가 있었을까요? 우리는 우리가 상상할 수 있는 것을 바탕으로 희망 사항을 만듭니다. 하지만 희망은 상상할 수 없는 것에 대해 열려 있습니다. 우리를 위해 "하느님께서 준비해 주신 것을 그 누구도 보지 못했으며 그 누구도 듣지 못했습니다". 그러한 이유로 모든 것을 능가하는 놀라움이 들어설 자리를 만들어 주려면 우리의 간절하고 작은 희망 사항들을 지워 버려야 합니다. 이 놀라움은 바로 '희망의 하느님'이시며, 그분은 죽음과 부활을 통해 우리 삶 속에 들어오십니다.

제가 쓴 이 원고를 읽어 본 어느 친구는 바로 이 대목에서 "삶의 체험을 예로 들라"는 메모를 여백에 적어 주더군요. 좋은 뜻이 담긴 충고이지만, 불가능한 임무입니다. 어떠한 삶의 체험도 하느님께서 우리 삶 속에 들어오시는 것의 예가 될 수는 없습니다. 하느님께서 들어오시는 것은 죽음의 체험이기 때문이지요. 그 이면은 부활입니다. 하지만 부활은 회복도, 생존도, 소생도 아닙니다. 부활은 이러한 죽음의 삶으로 되돌아오는 것이 아닙니다. 그렇다면 부활의 요점은 무엇이 될까요? 부활이란 죽음 속으로 그리고 죽음을 지나 전진하는 것입니다. 그리하여 우리가 아는 삶과 죽음을 뛰어넘는 곳에 있는 충만함에 도달하는 것이지요. 희망 사항이라는 신기루를 제대로 바라보지 않는 한, 부활과 나뉘어 있는 이쪽에서 우리가 볼 수 있는 것이라고는 죽음밖에 없습니다. 희망은 놀라움을 향해 열려 있는 문과 같은 죽음을 정면으로 응시합니다.

예수께서 부활하신 날 아침, 천사는 "여기 그분이 계신다. 그분께서 다시 살아나셨다!"라는 말로 예수의 부활을 전하지 않습니다. 이런 식으로 그분을 찾는 것은 죽은 자들 가운데에서 산 자를 찾는 것을 의미할 것입니다. 그러나 그분은 여기 계시지 않습니다. 그뿐만 아니라 그분은 삶보다는 죽음에 더 가까운 우리네 인생처럼 살아 계시지 않습니다. "그분이 부활하셨다." 기쁜 소식이 전해집니다. 그리고 그 뒤로 이어지는 소식은 "그분은 여기 계시지 않는다"입니다. 죽음을 바탕으로 한 삶의 관점에서 우리가 체험할 수 있는 것은 무덤이 열려 있고 비어 있다는 사실입니다. 활짝 열려 있는 희망을 표현하기에 알맞은 이미지이지요.

희망은 예수의 십자가가 전하는 불명확함을 공유합니다. 희망은 가능한 것에 대한 열정입니다. '열정'passion이라는 말에 담긴 이중적 의미는 그리스도의 십자가를 고려할 때 새로운 의미를 지닙니다. 가능한 것에 대한 열정으로서의 희망 안에는 가능한 것에 대한 열정적 헌신과 함께 이것이 실현되기 위한 고통도 내포되어 있습니다. 오직 인내만이 이 같은 이중의 임무를 완수할 수 있습니다. 인내는 조바심만큼 전염성 있는 것이기에 우리는 인내로 서로의 희망을 강하게 만들 수도 있을 것입니다. 하지만 인내는 우리에게 목표에 대한 - 그리고 목표를 위한 - 열정을 요구할 것입니다. 그렇습니다. 심지어 희망에 대한 열정까지도 말입니다. 우리는 이러한 목표와 희망에 집착하지 않으면서 우리 삶을 바쳐야 할지도 모릅니다.

헌신 없음으로 통할 수도 있는 집착 없는 헌신,
천천히 물이 새어 들어오는 떠도는 배 안에서.

T.S. 엘리엇이 묘사한 천천히 물이 새어 들어오는 상황. 이것은 시간 속에서 움직이는 속성을 지닌 우리의 희망 사항들에게는 시간이 얼마 없다는 사실을 의미하지요. 하지만 "머무르는" 속성을 지닌 희망의 입장에서는 시간은 지금 여기에서 시간의 충만함을 향해 채워지고 있습니다.

존재의 영역들의 불가능한 합일이
여기서는 실제가 된다.
…
우리들 대부분에게, 이것은
결코 실현될 수 없는 목표이다.
그러나 우리는 쉼 없이 노력해 왔기에

패배하지 않는다.

우리들 대부분은 말의 과잉에 너무도 익숙해져 있어서 침묵을 접하면 무서움을 느끼는 경향이 있습니다. 침묵은 마치 텅 비고 광활한 공간처럼 느껴지지요. 우리는 넓게 트인 침묵의 공간을 내려다보며 현기증을 느낍니다. 혹은 우리에게 당혹감을 남기는 침묵을 향해 기묘한 매력을 느낍니다. "나한테 무슨 일이 일어난 건지 모르겠어요." 혹자는 말합니다. "예전에는 기도가 편하게 느껴졌는데, 최근 들어 하느님의 현존 안에서 그냥 그 자리에 있고 싶은 마음뿐이에요. 기도 중에 무언가를 말하거나 행하거나 생각하고 싶지가 않네요. 하느님의 현존마저 내가 상상할 수 있는 모든 것의 부재에 더 가까운 것처럼 느껴져요. 나한테 무슨 문제가 생긴 게 틀림없어요!" 문제라고요? 저는 그렇게 생각하지 않습니다. 그 침묵 또한 하느님의 선물입니다. 그리고 이 침묵을 놀라움을 향한 개방성의 표현으로 받아들일 때, 우리는 희망의 커다랗고 텅 빈 공간이 이미 상상할 수 없는 것으로 넘치도록 채워져 있음을 발견합니다.

침묵은 역설적인 것이 틀림없습니다. 침묵이 우리를 희망에 관한 이 장의 출발점이었던 우리 안에 살아 계시는 하느님의 역설로 되돌려 보내기 때문이지요. 조용한 우리 가슴의 중심에서, 삶의 충만함이 커다랗고 텅 빈 공간이 되어 우리를 강타합니다. 그래야만 합니다. 이러한 충만함은 눈으로 보고 귀로 들은 것을 능가하기 때문입니다. 오직 감사만이, 놀라움을 향해 무한히 개방된 모습으로,

희망 안에서 삶의 충만함을 붙잡을 수 있습니다.

7
사랑

소속됨에 대한 긍정

앞의 두 장에서 우리는 감사하는 마음을 가질 때 믿음과 희망이 항상 존재한다는 사실을 알게 되었습니다. 또한 고마움을 표하려면 주는 사람에 대한 신뢰가 있어야 한다는 것도 알았지요. 그런데 이런 종류의 신뢰가 바로 믿음의 핵심입니다. 또한 놀라움을 향한 개방성을 가져야 감사하는 마음을 가질 수 있음도 인식하게 되었습니다. 사실 선물은 모두가 다 놀라움이지요. 그런데 놀라움을 향한 개방성은 희망의 본질입니다. 이러한 의미에서 믿음과 희망은 우리 안에 살아 계시는 하느님이 지니신 두 가지 측면입니다. 흔히 이들에 연이어 언급되는 세 번째 측면이 바로 사랑입니다. 사랑 역시 감사를 표하는 것과 밀접하게 연결되어 있습니다. 사랑과 감사 사이의 유대 관계가 바로 이 장에서 탐색할 내용이랍니다.

앞서 믿음과 희망의 뿌리에 도달하기 위해 시도했던 것처럼, 여기서도 같은 방법을 사용할 예정입니다. 우리는 믿음과 희망에 대한 흔한 오해로부터 이 두 개념을 조심스럽게 구분해야 했습니다. 앞서 살펴보았듯이, 믿음과 신조, 희망과 희망 사항은 너무도 쉽게 혼동될 수 있습니다. 그렇게 되면 결국 우리는 완전히 길을 잃게 될 것입니다. 우리는 믿음과 희망 또는 사랑과 같은 기본적 개념의 의미를 잘 알고 있다고 생각하는 경향이 있습니다. 하지만 이들 개념이 그렇게 기본적이라는 바로 그 이유 때문에 우리는 이 개념들이 정말로 무엇을 의미하는지 때때로 재점검할 필요가 있답니다. 우리가 사는 집 지붕에 물이 새면 누구나 다 압니다. 유리창이 깨지면 피해 상황은 명백합니다. 따라서 우리는 더 큰 피해가 생기기 전에 수리를 하지요. 그런데 기둥과 함께 건물 무게를 지탱하고 있는 내력벽에 변화가 생기기 시작하면 곤란해집니다. 우리가 이상을 눈치챌 때면 이미 너무 늦었기 때문이지요. 경미한 변화라 하더라도 시간이 지나면 건물 전체가 무너지는 원인이 됩니다.

앞서 우리가 발견한 개념상의 변화는 그야말로 경미했습니다. 하지만 그 결과는 대단합니다. 희망에서 희망 사항으로, 또 누군가를 믿는 것에서 무언가를 믿는 것으로 아주 경미하게 강조점이 옮겨 간 것을 발견했지요. 그 결과, 우리가 희망 사항이나 신조에 매달리면, 결국에는 희망 사항이 희망을 가로막고 신조가 믿음의 장애물이 될 수 있음을 알게 되었습니다. 한 걸음 가까이 들여다보면, 우리가 일반적으로 이해하는 사랑에서도 이와 같은 강조점 변화가 있다는 사실을 발견할 수 있답니다. 사실 사랑의 경우 문제를 포착하기가 더 어렵기 때문에, 여기에 내재되어 있는 문제도 앞선 경우보다 더 위험하면 위험했지 덜하지는 않습니다. 그렇다면 우리가 사랑을 이해하는 과정에 무슨 일이 일어난 것일까요? 이 기본적 개념에 무슨 변화가 생긴 것일까요?

원수를 사랑하라는 계명을 대할 때 우리들 대부분이 경험하는 곤란함에 초점을 맞추면 이 문제에 대한 일말의 힌트를 얻을 수 있습니다. 다만 명심해야 할 것이 있습니다. 이 책에 나와 있는 내용은 모두 여러분 자신의 경험이라는 시험을 거쳐야 합니다. 제가 제안하는 내용은 여러분의 체험으로 입증되기 전에는 그저 하나의 제안에 불과합니다. 만약 여러분의 체험으로 입증되지 않는다면 그것은 진실이 아닙니다. 어쨌건 여러분에게는 진실이 아니라는 말이지요. 혹시 여러분이 원수를 사랑하는 데에 그 어떤 어려움도 느낀 적이 없다면, 제가 펼치는 주장은 여러분에게는 아무 필요도 없는 것이 됩니다. 그러나 우리들 대부분에게 이 문제는 그야말로 문제가 된답니다. 단지 원수를 사랑한다는 생각을 하는 것만으로도 우리는 이미 모순에 빠져 고민합니다. 우리가 통상 사랑이라는 말에 부여하는 의미에 따르면, 사랑은 단순히 원수에게는 적용할 수 없는 말이기 때문이지요.

보통 우리는 사랑이라고 하면 선호와 욕구를 떠올립니다. 우리들 대부분에게 온전한 의미에서 사랑은 열정적 끌림을 뜻합니다.

이러한 사랑의 개념을 고려할 경우에는, 사랑이라는 말을 원수를 사랑하라는 극단적 시험에 대입할 필요가 없습니다. 길을 오가다 만나는 우리 이웃을 열정적 끌림을 느끼며 사랑하는 것도 이미 충분히 터무니없는 생각이니까요. 성경을 펼치기 훨씬 전부터라도 우리는 사랑이란 선호하는 욕구라고 생각하는 것이 무언가 잘못되었음을 압니다. 사실 이런 관념은 우리가 사랑이라고 이야기하는 많은 경우 중 극히 일부에만 적용됩니다. 이런 관념이 아주 명백하게 맞아떨어지는 경우는 연인 사이일 때입니다. 이 경우를 제외한다면 문제의 소지가 많아지지요.

그리고 연인들의 경우에도 이러한 사랑 관념은 그들의 사랑이 무르익을수록 두 사람 사이의 관계에 적용하기가 힘들어집니다. 독특했던 편애가 줄고 점점 약해지는 것이지요. 욕구는 상호 소속감 속에서 충족됩니다. 그럼에도 그들의 사랑은 계속 커 갑니다. 이렇게 가장 전형적인 경우에도 선호하는 욕구로서의 사랑이 그저 조금만 들어맞는다고 하면, 그 밖의 경우에는 어떻게 설명해야 할까요? 우리가 부모님을 사랑할 때 열정적 끌림이 작용하던가요? 그럼에도 우리는 부모님을 사랑합니다. '사랑'이라는 말은 형제자매 사이에도 확실히 적절한 말입니다. 그러나 이 경우 우리가 말하는 사랑이 욕구를 의미할까요? 현재 통용되는 일반적 사랑에 대한 관념에는 비뚤어진 면이 분명히 있습니다.

그렇다면 무엇이 잘못된 걸까요? 도대체 '사랑'이라는 말에 왜 이렇게 좁은 의미를 부여해서 우리가 실제로 사용하는 수많은 경우

중에 극히 일부에만 적합하게 만든 걸까요? 제게는 어쩌다가 사랑에 대한 관념의 폭이 이렇게 좁아졌는지 설명할 수 있는 이론(모두의 공감을 얻진 못해도 제게는 만족스러운)이 있습니다. 우리는 사랑에 대한 생각을 시작하기 훨씬 전에, 심지어 말을 배우기도 훨씬 전에, 사랑을 합니다. 우리는 부모님을 사랑하고, 놀이 친구, 애완동물, 장난감을 사랑하지요. 이러한 관계들 중 어떤 것도 열정적 끌림이라는 말로 특징지어지는 경우는 거의 없습니다. 게다가 그 누구도 이런 사랑에 대해서는 크게 주목하지 않아요. 그러니까 이런 사랑은 우리가 숨 쉬는 공기와 같다고 할까요? 그런 뒤, 유치원에 들어가면서 우리는 사랑에 빠집니다. 이제 이 사랑은 축소된 형태이긴 하지만 열정적 끌림이 됩니다. 그리고 갑자기 모든 사람들이 이 풋사랑에 야단법석을 떨지요. 같은 반 꼬마 친구들이 킥킥거리며 우리를 놀리고 벽에다 '조니가 베시를 사랑한대요'라고 씁니다. 어른들은 미소를 지으며 이걸 보고 첫사랑이라고 합니다. 마치 우리가 그 전에는 사랑을 해 본 적이 없기라도 하듯 말이지요. 바로 이런 경험이 우리에게 너무도 강하게 각인되어서, 우리 마음속에서 사랑의 한 형태에 불과한 이 사랑이, 적합하든 그렇지 않든 간에, 다른 모든 경우에도 적용되는 규범이 되었습니다. 놀라운 일도 아니지요.

자, 그럼 선호하는 욕구가 사랑의 개념으로서는 너무 편협하다면, 이보다 적절한 개념은 과연 무엇일까요? 모든 경우에 적용 가능한 개념이어야 한다면, 앞에 나온 조니의 풋사랑에도 적용될 수 있어야 합니다. 그러므로 우리는 그가 체험하는 것 가운데에서 — 그리고 우리의 기억력이 꽤 괜찮다면 우리 자신의 경험 중에서 – 모든 형태의 사랑을 특징지을 수 있는 요소를 찾을 수 있어야 한답니다. 이 요소는 과연 무엇일까요? 확실히 이것은 가장 강렬하게 우리를 강타하는 열정적 끌림 때문에 빛을 잃었습니다. 하지만 진실은 좀 다릅니다. 갑작스럽게 베시에게 속하는 체험을 한 조니는 기쁜 마음으로 이를 받아들이지요. 사실 이러한 소속감은 워낙 압도적이어서 이를테면 넘쳐 날 정도입니다. 우리 중에 대가족 안에서 성장한 사람들은 우리 형제자매가 언제 사랑에 빠졌는지 즉각 알아챌 수 있었던 기억을 갖고 있을 것입니다. 어떻게 알았을까요? 사랑에 빠진 그들은 갑자기 모든 가족에게 잘해 주었습니다. 조니는 설거지를 하고 자기 차례가 되면 쓰레기를 내다 버리는 것도 잊지 않지요. 그렇습니다. 이것은 조니가 사랑에 빠져 있다는 결정적 증거입니다. 그런데 도대체 조니는 왜 그런 행동을 할까요? 그 이유는 조니의 마음속에서 소속감이 발동되었고, 다른 사람에게 속하게 되는 상황을 받아들이는 기쁨이 넘쳐흐르게 되었기 때문입니다. 평소 같았으면 당연하게 생각했던 가족에 대한 소속감조차 그에게는 기쁨이 된 것이지요. 우리는 모든 형태의 사랑에서 소속됨에 대한 '긍정적' 태도를 발견합니다.

그런데 사랑 안에는 소속감과 소속됨에 대한 '긍정적' 의지가 내포되어 있음을 보여 주기 위해, 우리가 생각할 수 있는 모든 경우의 사랑을 다 확인해 봐야 한다면 아마 끝이 없을 것입니다. 그래서 여기 좀 더 손쉬운 방법이 있습니다. 우리는 사랑의 반대가 증오라

기보다는 무관심이라는 데에 모두 동의할 수 있을 것입니다. 사실 때때로 우리는 누군가를 사랑하는 것인지 미워하는 것인지 딱 잘라 말하기 어려운 경험을 합니다. 하지만 이때 그 대상이 되는 사람은 절대로 우리가 무관심한 사람이 아니지요. 무관심은 소속되는 것을 명백히 '부정'합니다. 사랑과 증오는 두 가지 경우 모두 관심을 가지는 것입니다. 반면 무관심은 "상관없어. 난 이 사람과 아무런 관계가 없어"라고 말하지요. 따라서 소속되는 것을 '긍정'하는 자세가 무관심과 정반대가 되는 사랑의 보편적 특성이 되어야 한다고 생각하는 것이 이치에 맞습니다.

우리는 사랑에 대한 이런 해석을 원수를 사랑하라는 계명과 견주어 시험해 볼 수 있습니다. 자, 이제 상황은 달라 보입니다. 로맨틱한 사랑이라는 생각은 어울리지 않겠지요. 우리와 우리 원수가 서로에게 소속되는 상황이 벌어집니다. 분명한 것은 친구들끼리 서로 소속되는 것과는 다른 식이라는 점이지요. 하지만 그럼에도 이 또한 소속되는 것은 맞습니다. 게다가 우리는 친구를 선택함으로써 적도 선택하게 됩니다. 만약 우리에게 적이 없다면 우리는 아마 절대로 편을 가르는 용기를 내지 않았을 것입니다. 원수를 사랑하라는 계명 안에는 우리에게 원수가 있어야 한다는 사실이 내포되어 있습니다. 그렇지 않다면 우리가 어떻게 원수를 사랑할 수 있겠습니까? 하느님께도 원수가 있는 것이 확실합니다. 성경에도 "내가 야곱은 사랑하였지만 에사우는 미워했다"(말라 1,2-3; 로마 9,13)라고 기록되어 있으니까요. 하지만 바로 이 하느님께서는 사랑이십니다.

시편 저자는 하느님의 원수를 자신의 원수로 삼으면서 이렇게 노래합니다. "더할 수 없는 미움으로 그들을 미워합니다"(시편 139,22). 완벽한 증오가 있으면 분노와 단호함, 교활함으로 원수들을 대할 테지요. 그러면서도 아울러 인내와 존중, 공정함으로 그들을 대할 것입니다. 완벽한 증오는 관심을 기울입니다. 그래서 적과 소통할 수 있는 가능한 모든 라인을 구축할 것입니다. 만약 우리가 '증오'라는 말에서 그 안에 조금이라도 내포되어 있는 무관심이라는 의미를 없애 버릴 수 있다면, 다음과 같은 식으로 표현하는 것도 가능할 테지요. '완벽한 증오는 사랑하는 증오다.' 증오는 원수들을 분명하고 강하게 서로 대립시키지만, '우리는 서로에게 속해 있다'고 단언하기를 절대 잊지 않아요. 내가 상대방에게 무엇을 하든 그것은 궁극적으로 나 자신에게 하는 것입니다.

우리가 사랑의 진정한 의미를 이해하게 되면 바로 자기self의 개념이 확장됩니다. 현재 우리가 생각하는 사랑은 우리의 자기를 우리 안에 있는 작고 개인주의적인 자아ego와 동일시합니다. 이 작은 자아는 "네 이웃을 네 몸과 같이 사랑하라"는 말씀을, 불가능한 정신적 묘기를 부리라는 말로 여깁니다. 1단계, 네가 다른 사람이라고 생각해라. 2단계, 이 상상 속의 인물에게 열정적 끌림을 느끼도록 애써라. 3단계, (2단계를 성공했다면) 네가 다른 사람이라고 상상했을 때 너 자신에게 느꼈던 것과 같은 열정적 끌림을 이번에는 진짜 다른 사람에게 느끼도록 애써라 …. 그런데 이렇게 요구하는 것은 조금 과한 것이 아닐까요? 그렇다 하더라도 계명은 지극히 단순합니다. "네 이웃을 네 몸과 같이 사랑하라." 이것은 여러분의 자기가 여러분의 자아에만 제한되어 있지 않다는 사실을 깨달으라는 뜻입니다. 여러분의 진정한 자기 안에는 여러분의 이웃이 포함됩니다. 여러분은 서로에게 속합니다. 근본적으로 그렇습니다. 자기가 무엇을 뜻하는지 알면 소속됨이 무슨 의미인지 알 수 있습니다. 여러분이 자신에게 속하는 데에는 아무런 노력도 들지 않습니다. 여러분은 가슴속에 있는 자신에게 즉각적으로 "예"라고 대답합니다. 그런데 진실로 여러분은 다른 모든 사람과 하나입니다. 여러분의 가슴은 여러분의 진정한 자기 안에 여러분의 이웃이 포함된다는 것을 압니다. 사랑이란 여러분이 가슴으로부터 이 진정한 자기에게 "예"라고 말하고 이에 따라 행동하는 것을 뜻합니다.

소속감은 언제나 상호적인 것입니다. 심지어 우리가 소유하는 물건들의 경우에도 마찬가지입니다. 대개 우리는 우리의 소지품과 우리가 맺는 관계를 일방적 소유권으로 생각합니다. 이런 생각은 물건들에 대한 우리의 사랑에도 영향을 줍니다. 특히 잘못된 영향을 주지요. 물건에 대한 사랑을 올바로 이해하면 이것 역시 소속되는 것에 대해 "예"라고 답하는 것입니다. 이때 소속됨은 우리가 알든 모르든 간에 상호적으로 이루어집니다. 여러분은 여러분의 자동차가 단지 여러분의 필요에 부응하는 재산이라는 의미에서만 여러분에게 속한다고 생각할지 모릅니다. 하지만 여러분의 차는 더 많은 것을 알고 있습니다. 만약 여러분이 차가 필요로 하는 것을 채워주지 않는다면 차는 여러분의 필요에 오랫동안 응하지 않을 것입니다. 그러니까 여기서도 상호적 관계가 성립합니다. "당신이 나에게 연료를 채워 주면 거기까지 데려다줄게요." 만약 여러분이 여러분의 자동차를 정말로 사랑한다면 자동차가 필요로 하는 것에 민감할 것입니다. 여러분은 양쪽이 서로에게 속한다는 사실을 직관적으로 알게 될 것입니다. 사랑은 관심을 가지고 배려합니다. 그 대상이 물건이라 하더라도 말이지요.

물론 상호 소속감에는 깊이와 친밀함의 정도 차이가 존재합니다. 물건과의 관계에서는 요구되는 것이 가장 적고 요구를 해소하는 방법도 가장 쉽지요. 제가 가지고 있는 스위스 만능 칼은 저한테 요구하는 바가 거의 없지만 매우 뛰어나게 역할을 다합니다. 제가 만약 이 칼을 분실한다면, 이 칼을 손에 넣는 사람은 금세 행복한 주인이 되겠지요. 이에 비해 제가 키웠던 화초들은 다른 사람 손을 그리 쉽사리 좋아하게 되지는 않을 것입니다. 애완동물을 잃어버리게 되는 경우에는, 상호 소속감의 정도가 훨씬 강함을 깨닫게 됩니다. 개를 잃은 사람이나 주인을 잃은 개 중에서 누가 더 큰 상실감을 느끼는지는 딱 잘라 말하기 어려울 것입니다. 제 어린 조카는 휴가지에서 자기가 키우는 푸들 강아지에게 '너의 주인 리자로부터'라고 서명을 한 그림엽서를 보내기도 했답니다. 하지만 이 푸들이 자신을 리자의 주인으로 생각할 것이라는 데에는 의심의 여지가 없습니다. 시인 데니스 레버토프의 유쾌한 시 작품들 속에 등장하는 돼지가 자신을 키우는 가족을 "나의 인간들"이라고 부르는 것처럼 말이지요.

사람과 사람 사이에서 느끼는 상호 소속감의 강도는 우리가 물건, 식물, 동물과의 관계에서 체험했던 것을 훨씬 뛰어넘습니다. 바로 여기가 사랑이라는 말을 가장 적절하게 사용하는 경우가 되지요. 사실 어떤 사람들은 '사랑'love이라는 말을 사용할 수 있는 범위는 인간과 신에게만 한정되어야 한다고 주장하기도 합니다. 그래서 저는 관찰을 해 보았습니다. 제가 아는 사람들 가운데에서 사랑하는 것과 좋아하는 것을 문법적으로 구별해야 한다며 이 문제에 가장 많이 얽매여 있는 사람들이 있습니다. 그런데 이들은 소속감이 언제나 어느 정도는 상호적이라는 사실에 가장 둔감한 경향을 보였습니다. 이들은 우리가 하느님과 맺는 관계가 순수하게 상호적이라고 생각하는 것도 어려워하는 경우가 많았답니다.

사실 제가 시인해야 할 것이 있습니다. 오랫동안 저는 기도 중에 하느님을 부를 때 "나의" 하느님이라고 하는 것이 다소 주제넘다고 생각했습니다. 그 당시 저는 "나의"와 "나의 것"이라는 말 안에서 소유의 의미가 주된 것이라고 생각했습니다. 그리고 저에게 소유란 곧 소유권을 의미했습니다. 이때 권리에 동반되는 의무에 대해서는 생각이 미치지 못했지요. 하지만 점차 저는 저 자신이 저에게 속하는 모든 것에 어느 정도 속한다는 사실을 알게 되었습니다. 그리고 소속된다는 것은 주고받는 것을 함축한다는 것도 깨닫게 되었지요. 아마 제가 이러한 통찰을 가지게 된 것은 저의 집 정원 한 모퉁이에서 자라는 토마토에 제가 물을 주지 않으면 토마토가 시들어 버릴 수 있다는 사실을 알게 된 때였던 것 같습니다. 또한 저의 집에 사는 흰 쥐에게 먹이를 주지 않으면 그 쥐는 제가 먹이로 주고 싶지 않은 것을 갉아먹을 수 있다는 사실을 깨달은 때였을 것입니다. 심지어 제가 타는 롤러스케이트도 어느 정도 관리를 해 줘야 한다는 사실을 알게 된 때였지요. 그리고 저는 이 밖에 다른 사실도 발견했습니다. 물건들은 내가 그 물건들에 속하는 만큼 나에게 속하게 된다는 사실입니다. "나의"라는 한마디 말은 나의 신발보다는 나의 애완 동물 거북이에게 사용할 때 더 큰 의미를 지닙니다. 그리고 제가 속하는 친구들에게 사용할 때 더 의미심장해집니다. 무엇보다도 내가 하느님에게 속하면, 내가 나의 것이라고 부를 수 있는 그 어떤 것보다도 하느님께서는 더 온전하게 저에게 속하게 되십니다. 사실 저는 그때부터 "나의"라는 말이 정말로 진심으로 들리는 유일한 때는 우리가 "나의 하느님"이라고 할 때임을 깨닫게 되었습니다.

이 말은 "나의"라는 단어에 대해 새로운 사실을 알게 해 줍니다. "나의"가 가장 배타적이지 않은 의미로 사용되었을 때가 가장 적절하게 사용된 경우라는 사실입니다. 달리 표현해 볼까요? 어떤 것이 진정으로 나의 것이 될수록 그것은 점점 나의 독점에서 벗어납니다. 우리는 이러한 사실을 우리가 가장 선명하게 깨어 있을 때, 가장 생생할 때, 우리가 하느님을 알아챈 순간에 깨닫습니다. 이러한 순간에 우리는 완전한 소속감을 체험합니다. 단순히 말해 우리는 한 순간 우리가 모든 것에 속하기 때문에 모든 것이 우리에게 속한다는 것을 압니다. 이러한 체험에 비추어서 우리는 우리 가슴으로부터 "모든 것이 다 내 것"이라고 말할 수 있습니다. 그런데 여기서 "나의 것"이란 조금도 독점적이지 않습니다. 이것은 각자가 모두와 하나를 이루는 곳, 바로 가슴으로부터 나옵니다. 가슴은 이런 보편적 소속감에 "예"라고 대답하면서 그 즉시 "예"가 하느님의 이름 중 하나라는 사실을 압니다. 저는 이 사실이 "하느님은 사랑이시기 때문입니다"(1요한 4,8)라는 진리를 새롭게 밝혀 준다고 생각합니다.

우리가 이것을 체험하는 순간들은 삶의 충만함이 무엇을 의미하는지 깨달을 수 있는 핵심적 순간들입니다. 그래서 우리가 몇 번이고 되풀이해서 이런 순간들을 언급해야 하는 것입니다. 이 순간들은 또한 압도적인 감사의 순간들이기도 합니다. 앞서 살펴본 것이지만, 이제는 왜 그런지 우리가 더 잘 이해할 수 있는 입장에 있습니다. 감사에 대한 탐구를 처음 시작했을 때 우리가 가장 먼저 발견한 사실이 있습니다. 선물을 받고 감사를 주는 것 사이의 전환점은 주는 자와 받는 자 사이의 상호 의존을 '긍정'하는 것이라는 사실이었지요. 선물하기와 감사하기는 바로 이 '긍정'을 축으로 삼아 돌아갑니다. 감사를 표하는 가운데에서 주는 자와 받는 자는 서로에게 속하게 됩니다. 그리고 이렇게 소속되는 것에 "예"라고 하는 것이 바로 사랑의 "예"입니다. 우리는 때때로 일상생활에서 감사의 "예"를 말하는 것이 얼마나 어려운지 살펴보았습니다. 하지만 우리의 가슴이 생기에 차서 빠르게 박동하는 순간, 우리는 자유, 기쁨, 성취처럼 모든 것이 모든 것과 상호 의존하는 것을 체험합니다. 이때 우리 가슴은 집의 모습을 얼핏 보게 됩니다. 집은 모두가 모두에게 의존하는 곳이지요. "예"라는 긍정의 대답이 깊은 안도와 해방, 귀향의 한숨처럼 우리 가슴에서 샘솟는 것은 전혀 놀랍지 않습니다. 이 것은 우주 전체와 사랑에 빠지는 것과 같답니다.

사랑에 빠진다고요? 자, 여기서 다시 조니와 베시 이야기로, 사 랑에 빠지는 체험에 대한 이야기로 돌아가 보겠습니다. 이제 우리 는 사랑에 빠지는 것이 삶의 차원에서 우리에게 어떤 영향을 미치 는지 압니다. 바로 우리의 눈을 열어 주지요. 누군가는 사랑이 눈을 멀게 한다고 이야기합니다. 상당히 맞는 말이지요. 우리는 사랑에 빠질 때 선별적으로 눈이 머는 즐거운 경험에 강타당합니다. 하지 만 이와는 또 다른 점에서 사랑은 우리의 눈을 뜨게 해 줍니다. 소속 감이 가져다주는 더없는 행복을 갑자기 보게 되는 것이지요. 그리 고 가슴속 깊은 곳에서 이 소속감은 모든 것을 아우릅니다. 표면적 으로만 보면 이러한 소속감은 우리가 앓는 열병의 한정된 대상, 즉 주근깨투성이의 그 매력적인 아이에게만 초점이 맞춰져 있는 것 같 습니다. 하지만 이것은 마치 열려 있는 창문 너머 보이는 경치가 사 실은 넓디넓은 풍경의 한쪽 작은 귀퉁이인 것과 같습니다. 그렇습 니다. 여기가 바로 출발점입니다. 창문 밖을 계속 내다본다면 우리 는 곧 새로운 세계 전체를 발견하게 될 것입니다. 사랑에 빠졌을 때 잠시 보았던 것을 계속 탐색해 나간다면, 우리는 사랑과 감사 속에 서 성장할 것이고 살아 있다는 생동감 속에서 자라날 것입니다.

사랑 안에서 성장한다는 것은 우리가 가장 좋은 상태에 있을 때 자연스럽게 우리 가슴이 노래하는 "예"에 함축되어 있는 의미를 끄집어내는 것과 같습니다. 하지만 이런 함축된 의미를 끄집어내는 것은 쉽지 않은 과제이지요. 사랑에 빠지는 일은 저절로 일어납니다. 반면 사랑이 정점을 향해 올라가려면 노력이 필요합니다. 이를 위해서는 제라드 맨리 홉킨스의 명시 중 한 편을 탄생시킨 "바람을 타고 나는 매"가 나선을 그리며 위로 솟구치는 모습보다 더한 결단력과 주의력, 정확성이 필요합니다. 사랑이 상승하려면 정확성과 주의력이 요구됩니다. 매 순간 우리의 "예"가 함축하고 있는 예상밖의 의미에 직면하여 재빨리 올바른 응답을 할 준비가 되어 있어야 하기 때문이지요. 몹시도 거세게 이는 바람을 막고 무관심이 우리를 압도하려고 위협할 때 고개를 높이 치켜들려면 결단력이 필요합니다. 사랑에 빠지는 것은 위대한 사랑의 시작에 불과합니다. 우리가 경험한 위대하고 그지없이 행복한 소속감은 관계를 성장시키기 위한 도전, 우리가 온전한 인간의 모습으로 성장하기 위한 도전에 불과합니다.

넓은 날개를 펴고 하늘 높이 날아오르는 커다란 새의 이미지는 고요하지만 온전히 헌신적인 의지를 연상시킵니다. 그리스도교 전통에서 사랑에 대해 이야기할 때에는 인간의 감정이 아니라 의지에 강조점이 붙습니다. 이것을 보면 사랑의 본질을 탐구할 때 열정적 끌림은 과녁과는 한참 동떨어진 것임을 다시금 알 수 있습니다. 사랑은 하나의 감정이 아니라 자유롭게 선택된 하나의 마음가짐입니다. 그래야만 "사랑하라"는 계명이 의미를 지니게 됩니다. 누구도 우리에게 이런 식으로나 저런 식으로 느끼라고 명령할 수는 없습니다. 감정은 명령의 대상이 아니니까요. 우리의 생각도 마찬가지입니다. 오직 우리의 의지만이 복종할 수 있습니다. 우리의 의지가 무관심의 타성을 극복하기 위해 힘차게 노력할 때 단계별로 우리의 생각과 감정도 함께 동원될 것입니다.

"사랑하라"는 계명을 지키려면 세 가지 단계를 거쳐야 합니다. 첫째, 소속되는 것에 대해 "예"라고 응답해야 합니다. 둘째, 우리가 말한 "예" 안에 내포된 의미가 무엇인지 보고 깨달아야 합니다. 셋째, 이렇게 "예"라고 말한 대로 행동해야 합니다. 한 단계가 끝나면 다음 단계로 이어집니다. 첫 단계에서 완전한 확신을 가지고 "예"라고 했으면 우리는 우리에게 귀속된 사람들에 대한 관심이 꽤 생겨서 그들에 대해 알려고 할 것이 분명합니다. 여기에는 국내외에서 착취를 당하는 형제자매들도 포함됩니다. (심지어 그들을 착취하는 자들 가운데 우리도 들어 있다는 사실을 발견하게 될 수도 있지요.) 해달과 고래도 포함되며 열대우림도 포함됩니다. "사랑하라"는 계명은 주어진 상황에서 소속되는 것에 대해 "예"라고 응답한 대로 행동하기 위해 내가 개인적으로 무엇을 할 수 있는지 알아내는 데에 필요한 모든 노력을 암시합니다. 그리고 비록 작더라도 내가 할 수 있는 일은 언제나 있습니다. 그러므로 가장 중요한 사실은 "사랑하라"는 계명에 함축되어 있는 의미입니다. 곧, 나는 속해 있으며 "예, 하겠습니다"라고 말했기 때문에 일에 뛰어들어서 내가 할 수 있는 일을 해야 한다는 뜻입니다.

이러한 사랑의 응답은 감사를 전하는 응답입니다. 자, 여기서도 사랑과 감사가 만나게 되는군요. 소속되는 것에 대한 "예"라는 응답이 내포하는 의미에 따라 사랑이 행동한다면, 이러한 "예"라는 응답을 봉사 후에 감사 인사 받을 생각을 하는 공상적 개혁가들의 부산스러운 행동으로 오인하는 일은 없게 됩니다. 여기서 봉사는 그 자체가 봉사할 수 있는 기회를 얻은 것에 대한 감사의 표현이니까요. 이것은 깊은 내면의 들음에서, 주어진 순간에 포함된 모든 것에 열린 가슴에서 솟아납니다. 우리는 이 모든 것에 속해 있으니 여기에 관심을 가지고 배려하는 것입니다. 모든 순간이 선물입니다. 우리는 이 사실을 앞에서 알게 되었습니다. 이제는 각각의 선물 안에 들어 있는 선물이 기회라는 사실을 강조해야 합니다. 이것은 즐길 수 있는 기회일 수 있고, 바꾸지 않는 것을 참을성 있게 받아들일 수 있는 기회일 수도 있습니다. 하지만 바꿀 수 없는 일이더라도 이와 관련해서 무언가를 하기 위해 자리를 박차고 일어날 기회일 수도 있답니다. "사랑은 강한 날개로 모든 기회를 향해 날아오르고 스스로 그 모든 기회에 대해 감사를 드러냅니다." 만약 우리가 이 부분을 놓친다면, 감사는 그저 수동적이고 무감각한 일이 되어 버립니다. 그러나 우리가 모든 순간을, 그 안에 내포된 모든 의미를 간직한 채 다시 새롭게 "예"라는 사랑의 응답을 하는 기회로 생각한다면, 사랑은 세상을 바꿀 수 있는 힘이 될 것입니다. 그렇지만 사랑은 사랑을 하는 사람을 먼저 변화시킬 것입니다.

감사 안에서 성장할 때 사랑 안에서도 성장합니다. 그리고 사랑 안에서 성장할 때 감사 안에서도 성장하지요. 그런데 감사와 사랑, 이 둘 사이를 연결해 주는 것은 무엇일까요? 감사는 자립심을 뛰어

넘어서 주는 자와 감사하는 자 사이의 주고받음을 인정하는 의지를 중심축으로 삼습니다. 그런데 우리의 상호 의존성을 인정하는 "예"라는 응답은 소속되는 것에 대한 "예"라는 응답, 바로 "예"라는 사랑의 응답입니다. "고마워"라는 간단한 한마디 말을 할 때마다 우리는 "예"라고 하는 내면의 몸짓을 실천합니다. 많이 실천할수록 점점 더 쉬워지지요. 그뿐만 아니라 감사하는 마음으로 "예"라고 하기가 어려울수록 우리는 그렇게 하는 법을 배움으로써 더 많이 성장합니다. 이것은 고통과 그 외의 다른 어려운 선물들을 이해하는 실마리가 됩니다. 어떤 의미에서 보면 가장 힘든 선물이 가장 좋은 선물입니다. 왜냐하면 우리를 가장 많이 성장시켜 주기 때문이지요.

가장 심오한 기쁨은 사랑하는 삶에서 솟아난다는 사실을 우리는 잘 압니다. 이러한 기쁨의 문을 열 수 있는 열쇠는 사랑과 감사가 공통적으로 지니고 있는 "예"라는 응답입니다. 감사를 표하는 것은 이러한 "예"를 가장 자연스럽게 실천하는 환경을 조성하는 것입니다. 그렇게 되면 감사는 사랑을 배우는 학교가 됩니다. 이 학교에서 주는 유일한 학위는 '살아 있음'이라는 학위입니다. "예"라고 할 때마다 관계는 깊어지고 넓어집니다. 그리고 우리가 맺은 관계의 정도와 깊이, 다양성만이 살아 있음을 측정하는 척도가 될 수 있습니다. 감사가 충만하면 사랑과 생명도 충만해질 것입니다.

감사하는 사랑 안에서의 성장은 기도 안에서의 성장이기도 합니다. 믿음과 희망과 마찬가지로 사랑에도 고유한 기도의 세계가 있습니다. 우리는 믿음이 과감히 전진하여 기도의 세계로 들어가는 것을 보았습니다. 여기에는 "하느님의 말씀으로 사는" 수많은 방법에 따라 셀 수 없이 다양한 모습의 기도가 있습니다. 희망은 고요한 기다림 속에서 기도의 세계를 향해 문을 엽니다. 이 세계는 아직 시작되기 직전의 상태에 있으며, 말로 다 할 수 없는 가능성들, 즉 침묵의 기도를 향해 여전히 열려 있습니다. 사랑은 말씀과 침묵이 교차하는 지점에 있는 기도의 세계에 속합니다. 사랑의 기도는 활동입니다. 믿음 안에서 받아들인 말씀이 씨앗이 되어 침묵하는 희망의 흙 속으로 떨어져 사랑 안에서 결실을 맺습니다. 사랑의 활동에는 계획성이 없고 오직 열매를 맺겠다는 의향만 있습니다. 그럼에도 여기서는 능동적 측면이 워낙 강렬한 울림을 지니기 때문에 기도에서 비롯된 사랑의 세계는 '활동 중의 관상'이라는 이름으로 통합니다.

그런데 앞에서 관상을 다루었던 내용을 떠올려 보면 이런 이름이 다소 이상하게 들릴 것입니다. 활동은 관상을 이루는 구성 요소, 즉 관상의 양극 중 하나입니다. 나머지 극은 비전이지요. 관상contemplation이라는 말의 접두어 'con'은 비전과 행동을 하나로 결합했음을 나타냅니다. 활동으로 비전을 유효하게 만들지 않으면 비전은 이 세계에서 아무 열매도 맺지 못하고 그저 무력한 상태로 남게 됩니다. '활동 중의 관상'의 반대말이 '비활동적 관상'은 될 수 없습니다. 이렇게 말한다면 눈먼 관상이라고 하는 것과 마찬가지로 모순적인 것이 됩니다. 활동은 비전만큼 관상에 속합니다. 그렇다면 활동 중의 관상이라고 하면서 활동이라는 말을 따로 끄집어내는 이유는 무엇일까요? 그 이유는 다음과 같습니다. '기도에서 비롯된 사랑의 세계'에서는 활동이 관상적 비전으로부터 흘러나오기만 하는 것이 아니라 바로 이 비전도 관상적 활동으로부터 흘러나옵니다. 우리의 일상 경험 중에 이와 똑같은 경우가 있습니다. 여러분은 때때로 무언가를 하고 싶은데 "어떻게 해야 될지 모르겠어"라고 말하게 되는 경우가 있을 것입니다. 그럴 때 일단 그 일을 시도해 보게 되는데, 막상 하다 보면 어떻게 해야 할지 길이 보여서 "알겠어!"라며 무릎을 탁 치게 되지요. 이와 마찬가지로 비전은 활동으로부터 샘솟을 수 있으며, 하느님 영광의 비전도 그러합니다.

진정한 관상이라면 모두 그 비전을 활동으로 옮기는 데에 전념합니다. 하지만 비전이 적극적 참여 그 자체로부터 항상 솟아나는 것은 아닙니다. 우리가 비전을 탐색할 때 우리 자신을 활동으로부터 유리해야 하는 경우가 종종 있습니다. 그러나 기도에서 비롯된 사랑의 세계에서는 활동하면서 관상에 치열하게 참여하는 것이 가장 전형적인 모습입니다. 물론 관상에 참여하지 않는다고 해서 사랑이 부족하다는 의미는 아닙니다. 전혀 그렇지 않습니다. 하지만 소속되는 것에 대해 "예"라고 응답함으로써 사랑은 지금의 모습을 하게 됩니다. 그리고 이 "예"라는 말 안에는 참여가 가능하다는 의미도 내포됩니다. 그러므로 사랑은 관상 안에서 가장 쉽게 인식되며, 참여라는 측면이 강조될수록 더 쉽게 인식됩니다. 여러분이 연필 그림을 그리고 싶어 한다고 가정해 봅시다. 아마 십중팔구는 평행하게 두 줄을 긋고 앞쪽에 점을 찍을 테지요. 하지만 그냥 작은 원을 그리고 가운데에 점을 찍을 수도 있습니다. 연필을 정면에서 바라본 모습이지요. 정면에서 보건 측면에서 보건 우리가 보는 것은 같은 것입니다. 하지만 하나는 다른 것보다 훨씬 쉽게 알아볼 수 있습니다. 바로 이 때문에 우리는 활동 중의 관상을 기도에서 비롯된 사랑의 세계라고 말한 것입니다. 사랑은 활동 중의 관상 안에서 가장 쉽게 알아볼 수 있기 때문이지요.

자, 여기서 확실히 짚고 넘어가야 할 것이 있습니다. 활동 **중의** 관상은 활동을 **하는 동안의** 관상과는 다릅니다. 이것은 아주 예리한 문제일 수 있지만, 이 부분을 확실히 하고 넘어가면 우리가 말하고자 하는 바를 훨씬 더 분명하게 정의할 수 있을 것입니다. 우리 어머니는 자식과 손자, 증손자를 위해 뜨개질로 온갖 종류의 스웨터를 만드십니다. 그리고 뜨개질을 하는 동안 묵주기도를 올리는 것을 좋아하시지요. 이것이 바로 행동을 **하는 동안의** 관상입니다. 우리 어머니는 뜨개질을 하시는 동안 묵주기도를 바치며 하나하나 신비를 묵상하면서 하느님의 진실함을 맛보시고, 이 양식은 어머니의 믿음에 자양분이 됩니다. 어머니는 믿음이 속하는 가장 전형적인 기도의 세계에 들어가시는 것입니다. 우리는 이것을 두고 하느님 말씀으로 사는 것이라고 했지요. 하지만 어머니는 이와 동시에 기도에서 비롯된 사랑의 세계에도 들어가십니다. 손가락 마디마다 관절염의 통증을 느끼면서도 사랑하는 마음으로 뜨개질을 함으로써 말이지요. 이렇게 함으로써 어머니는 자신의 활동 안에서 그리고 그 활동을 통해서 하느님의 사랑을 점점 더 깊이 이해하게 됩니다. 이것이 바로 활동 **중의** 관상, 즉 하느님의 사랑을 행동으로 실천함으로써 내면에서부터 하느님의 사랑을 알게 되는 방법이랍니다.

　이 외에도 우리 어머니의 사례를 보면 여러 기도의 세계가 서로 서로를 포함한다는 사실을 알 수 있습니다. 그렇습니다. 뭐니 뭐니 해도 기도는 기도입니다. 중요한 것은 우리가 기도를 한다는 사실이지, 우리가 드리는 기도에 이름표를 정확히 붙일 수 있다는 것이 아니지요. 하지만 때때로 다양한 기도의 세계를 각기 따로 떼어서 이야기하는 법을 아는 것도 도움이 될 수 있답니다. 어떤 사람들은 진정한 관상가이면서도 막상 자기 자신은 이 사실을 모르는 경우가 있습니다. 그런 사람들은 바쁜 일상 속에서 활동 중의 관상을 실천하고 있지요. 그러나 이들은 자신이 실제 몸담고 있는 기도의 세계에서 점점 더 편안함을 느끼기보다는 다른 기도의 세계에 속하는 형식들을 갈망합니다.

　학급 학생들을 인솔해서 동물원으로 소풍을 다녀온 한 초등학교 교사의 예를 들겠습니다. 이 선생님은 하루 종일 아이들을 인솔하느라 녹초가 되어 집에 들어왔지요. "그래서 하루 온종일 기도할 시간이 잠깐도 없었네요." 선생님이 불만스럽게 이야기합니다. 하지만 사실 이 선생님은 하루 종일 **오직 기도만** 했을 가능성이 큽니다. 선생님의 마음은 활동 중의 관상에 푹 젖어 있었지만, 그녀의 머리는 이 사실을 알아채지도 못하고 있는 상황이니까요. 이 선생님이 온 정신을 집중해서 아이들을 하나하나 돌보게 만든 사랑은 선생님을 통해 흐르는 하느님의 사랑이었습니다. 선생님은 가슴속으로부터 이 사랑을 맛봄으로써 이날 하루 전체를 기도의 날로 보낼 수 있었습니다. 이런 사실조차 눈치채지 못할 정도로 조금도 분심이 들지 않는 기도였지요. 선생님은 아이들에 대한 집중을 분산시키는 위험을 무릅쓸 수 없었으니까요. 이 경우 선생님이 마음을 담아 이렇게 일편단심으로 아이들에게 집중하는 것이라면 이는 기도하는 마음으로 하느님에게 집중하는 것과 같습니다.

"그런데 제가 하느님에 대해 생각조차 하지 않고 있으면 어쩌지요?" 이렇게 질문하는 사람도 있을 것입니다. "그래도 여전히 기도라고 할 수 있을까요?" 그럼 이렇게 묻겠습니다. 여러분은 자신이 숨 쉬는 공기에 대해 생각하지 않으면서도 여전히 숨 쉬고 있지 않나요? 활동은 활동으로 실현되는 것이지, 그 활동에 대한 생각으로 실현되는 것이 아닙니다. 따라서 활동 중의 관상은 우리가 사랑 안에서 활동함으로써 하느님을 깨닫는 그런 관상입니다. 물론 하느님에 대해 생각하는 것은 중요합니다. 하지만 하느님 안에서 활동해야 더 깊이 알 수 있게 됩니다. 사랑에 대해 성찰만 하는 학자보다는 직접 사랑을 하는 연인들이 사랑에 더 가까이 있는 법이지요. 키스를 하는 동안 키스에 대해 생각한다면 조금 이상하지 않겠습니까?

사람들은 뜨개질 같은 단순한 활동 ─ 우리 어머니에게나 그렇지 저에게는 해당되지 않는 사항이군요 ─ 을 하는 동안 하느님을 생각하면서도 여전히 그 일을 잘할 수 있습니다. 만약 여러분이 하는 일이 타이핑이라면 일하는 동안 관상을 하기란 더 어렵겠지요. 하지만 '주지사님' 대신 '두지사님'으로 오타를 내는 경우를 제외하면 관상을 함으로써 큰 문제가 일어나는 일은 거의 없습니다. 다만 스물두 명의 학생을 데리고 동물원에 가는 선생님이라면 인솔하는 동안 관상을 하려고 애써서는 안 될 것입니다. 그랬다가는 집에 올 때 학생을 한 명쯤 잃어버릴 수도 있으니까요. 이때 선생님이 할 수 있는 유일한 선택은 활동 **중의** 관상뿐입니다. 게다가 사랑으로 봉사하는 행동을 하는 동안이 아니라 그런 행동 안에서 하느님을 발견할 수 있다는 사실을 알게 되는 것은 얼마나 기쁜 놀라움이 될까요? 그 누구도 표면적 상황 때문에 관상의 삶이 차단당하는 경우는 없습니다. 많은 사람들이 지극히 활동적인 삶을 기도하는 삶으로 만들기 위해 고군분투합니다. 이런 사람들이 활동 중의 관상을 알게 되면 커다란 안도와 격려를 얻을 수 있을 것입니다.

그런데 여기에는 숨겨진 함정이 하나 있습니다. 우리가 하는 활동들은 원심력 같은 것을 만들어 냅니다. 활동을 하다 보면 우리 마음은 중심을 이탈해서 주변 관심사로 끌려 나가는 경향이 생깁니다. 우리의 일상적 활동이 더 빨리 돌아갈수록 밖으로 끌어당기는 힘은 더 강해지지요. 따라서 우리는 고요한 가슴의 중심에 닻을 내리고 자신을 정박시켜서 이에 맞설 필요가 있습니다. 누군가 이런 말을 합니다. "내가 하는 일이 나의 기도입니다." 글쎄요. 존재하는 게 더 낫지요! 결국 우리는 "언제나 기도"해야 합니다. 일이 우리의 기도를 멈추게 해서는 안 됩니다. 하지만 내가 일할 때가 나의 유일한 기도 시간이 된다면 그것은 더 이상 기도가 되지 못합니다. 그 무게가 나를 중심으로부터 밖으로 끌어당길 것이기 때문이지요. 우리는 빨래 건조기가 고르지 않게 돌아가면 금세 소리로 알 수 있습니다. 그렇다면 이와 마찬가지로 우리 삶이 제대로 돌아가지 않는 소리는 왜 알아채지 못할까요? 그런 소리가 나는 것 같으면 돌아가던 것을 멈추고 다시 시작해야 할 때입니다. 오로지 기도만을 위한 시간이 된 것이며, 가슴으로부터 자신을 자유롭게 하여 자신의 중심을 찾은 뒤 다시 뛰어들어야 할 시간이 된 것이지요. 그렇게 하면 우리가 하는 일은 진실로 기도가 될 것입니다. 활동 중의 관상이 될 것입니다.

셰이커교 전통 안에서 내려오는 말 중에는 관상의 개념을 가장 단순하게 표현한 것이 있습니다. "가슴은 하느님께, 손으로는 일을." 이것은 셰이커교도들이 사는 방식이기도 합니다. 단순하고 실용적인 디자인의 셰이커 의자만 보더라도 이들이 관상이 무엇인지 잘 이해하고 있음을 알 수 있지요. "가슴은 하느님께"란 길을 안내하는 비전에 집중하라는 의미이며, "손으로는 일을"은 이 비전을 현실로 만들라는 뜻입니다. 비전과 활동을 분리할 수 없게 접합시키면 바로 관상이 됩니다. 기도에서 비롯된 사랑의 세계에서 비전이란 소속감을 깊이 인식하는 것입니다. 그리고 행동은 이러한 소속감의 결과를 실천으로 옮기는 것이지요. 사랑의 활동이란 사랑의 비전이 지닌 통찰에 대해 감사를 표현하는 것입니다. 이것이 바로 고대 로마인들이 감사를 표하는 말, '그라티아스 아게레'gratias agere에 담긴 뜻입니다. 단순히 고마워하기만 하는 것이 아니라 고마움을 행동으로 옮기는 것입니다. 하느님을 향한 가슴을 지닌 채 사랑은 내가 속해 있음을 봅니다. 일에 집중하는 손을 지닌 채 사랑은 그에 맞춰 행동합니다.

고대 로마인들에게는 정확히 이러한 태도를 표현하는 사랑에 해당하는 단어가 있었습니다. 바로 라틴어 '피에타스'pietas입니다. 이 말은 '가족애'로 번역될 수 있습니다. 소속감에서 발현되어 그에 맞게 행동하는 가운데 표현되는 마음가짐, 태도라고 번역될 수 있지요. 피에타스는 우선 가장pater familias의 태도를 말합니다. 가족은 가족의 성을 물려주는 아버지에게 속합니다. 피에타스는 신앙심이 깊은 아버지pius pater에게 권리와 의무를 부여합니다. 동시에 피에타스는 모든 가족 구성원이 공유하고 각자 서로서로를 연관시키는 태도입니다. 남편과 아내가 서로 사랑하는 데에는 열정과 욕구가 포함되어 있을 수 있지만, 두 사람을 가장 강하고 깊게 이어 주는 것은 피에타스입니다. 형제자매 간의 사랑도 마찬가지이고 부모 자녀 간의 사랑도 마찬가지입니다. 하지만 피에타스는 하인과 노예 등 한 가정에 속하는 모든 이들에게까지 확장됩니다. 한 가족으로서 그들은 바로 이 피에타스, 즉 가족애로 가문의 조상과 수호신과 연관되어 있습니다. 이 **가족애**는 가족이 키우는 애완동물이나 가축, 땅, 도구, 가구, 그 밖의 가보까지도 모두 아우르지요. 하지만 영어에는 이와 같은 개념이 없습니다. 라틴어 피에타스에 담겨 있는 활력을 이 단어에서 파생된 영단어 '동정'pity과 '경건함'piety에 집어넣을 수 있다면, 영어에서의 연민과 헌신이라는 개념은 분명 풍요로워질 것입니다. 이 개념들은 소속감과 아주 깊은 관련이 있습니다. 우리 마음대로 옛 단어를 살려 내지는 못하더라도 우리는 피에타스라는 단어에 담겨 있는 소속감을 회복해야 합니다.

고대사회에서 이방인을 환영하는 과정을 추적해 보는 것은 대단히 흥미로운 작업입니다. 이를 통해 우리는 사랑과 소속감, 감사에 대해 많은 것을 배우지요. 외부인은 가족에 속하지 않기 때문에 친숙하지 않다는 의미에서 이방인입니다. 친숙하지 않은 것은 의심스럽고 낯설지요. 이방인은 원수가 될 혐의가 있는 사람입니다. 그래서 이러한 혐의가 있음을 아는 선의의 이방인은 선물을 가져옵니다. 이것은 지불해야 하는 대가가 아니라 무상으로 받는 선물입니다. 이런 선물은 받아들여질까요? 만약 그렇다면 감사를 주고받음으로써 상호 소속되는 유대 관계가 구축됩니다. 이방인이었던 사람이 이제는 손님이 됩니다. 그리고 손님은 그 가족에 속하게 되지요. 손님과 관련된 피에타스의 유대 관계 안에는 특별한 신성함이 깃들어 있습니다. 우리가 모든 이방인이 **선물이라는** 사실을 알게 되면, 이방인들은 사회에 받아들여지기 위해 선물을 주는 의식을 더 이상 거행할 필요가 없습니다. 우리는 이방인들을 환영할 것이며, 가슴에서 우러나는 이러한 환대는 감사하는 가운데 주는 자와 받는 자를 하나로 만드는 일치의 축제가 될 것입니다.

우리가 마음을 돋우어 "하늘에 계신 우리 아버지"라고 부르는 하느님께 향하면, 우리는 모든 피조물을 아우르는 한 가족에 속한다는 사실을 알게 됩니다. 게리 스나이더의 힘찬 시어로 표현하자면 '지구 가족'이지요. 그리고 우리가 손을 내밀어 이 지구 가족을 위해 일하는 데에 착수한다면, 비전과 활동이 관상이라는 틀 안에서 짝을 이루어 "하늘에서와 같이 땅에서도" 하느님의 평화를 전파할 것입니다. 그런데 이 대목에서 가장 중요한 의문이 생깁니다. 과연 우리 가족은 얼마나 큰 것일까? 우리가 소속되는 범위는 얼마나 넓은 것일까? 이 범위를 가장 넓은 의미의 하느님 가족으로 확장시킬 수 있을까? 우리의 관심과 배려가 확대되어 이 지구 가족을 구성하는 모든 구성원 – 우리가 지금도 여전히 낯설어하는 사람, 동물, 식물 – 을 아우르게 될까? 우리 모두의 생존은 아마도 이러한 질문에 대해 우리가 어떻게 대답하느냐에 따라 달라질 것입니다.

평화는 사랑의 결실입니다. 하느님의 위대한 가족에 속하는 것에 대해 우리가 "예"라고 응답하면 이것이 씨앗이 되어 여기서 평화가 드러나게 됩니다. D.H. 로렌스는 이러한 내용을 '평화'라는 뜻의 라틴어 「팍스」PAX라는 제목의 시에서 노래합니다. 고대 로마의 **팍스**와 **피에타스**라는 두 개념은 긴밀히 연관되어 있습니다. 로렌스의 시는 바로 이 두 개념의 연관성에 바탕을 두고 있지요.

가장 중요한 것은 살아 계신 하느님과 하나가 되는 것,
생명이신 하느님의 집에서 하나의 피조물이 되는 것.

의자 위에서 잠든 고양이처럼
평화로이, 평화 속에서
집주인과 안주인과 하나 되어

편안하게, 살아 있는 자들의 집에서 편안하게
난롯가에서 잠들고 난로 앞에서 하품하며
잠들어 있는 고양이처럼.

살아 있는 세상의 난롯가에서 잠자고
생명의 불 앞에서 편안히 하품하며
위대한 편안함과 같은
살아 계신 하느님의 현존을 느끼네.
가슴속 깊은 고요,
현존,
마치 탁자에 앉아 있는 주인처럼
스스로 그리고 더욱 위대한 존재로
생명의 집에 있는.

이 시를 소리 내어 읽어 보면 마치 주문을 외우는 것 같은 힘이 느껴
집니다. 우리는 반복되는 부분들 때문에 마법에 걸리는 듯한 기분
이 들지요. 이 마법은 우리를 구속하는 마법이 아니라 우리를 자유
롭게 해 주는 마법이랍니다. "평화로이, 평화 속에서 … 하나 되어
… 편안하게, 편안하게." 주문처럼 들리는 반복되는 부분에 우리 마
음이 느긋해집니다. 그리고 "가슴속 깊은 고요" 속으로 우리를 정착
시킵니다. 이것은 마치 "생명의 집", "살아 있는 자들의 집", "생명이
신 하느님의 집"에 우리가 속하고 우리가 진정으로 편안함을 느끼

는 곳으로 귀향하는 것과 같지요. 이 구절들은 완전한 고요 속에서 역동적인 힘으로 생생히 살아 있습니다. 그 안에 불을 품고 있지요. 고양이의 하품조차 "불 앞에서" 하는 하품이니까요. 자존심 강한 고양이가 하품하는 것은 생명력으로 충만한 스트레칭과 아치형을 이루는 의식의 일부입니다. 지루하거나 피곤해서가 아니라 "가슴속 깊은 고요" 때문에 하품하는 것은 "생명의 불 앞에서" 하품하는 것입니다. 이 시의 핵심어는 바로 "생명"입니다. "생명"과 "살아 있는"이라는 말이 다섯 번이나 반복해서 등장하지요. 참된 평화가 주는 고요함은 죽은 침묵이 아니라 밝게 타오르는 불꽃의 살아 있는 고요함입니다.

"가장 중요한 것", 절대적으로 가장 중요한 것은 "살아 계신 하느님과 하나가 되는 것"입니다. 그리고 "생명이신 하느님"은 "생명의 집"에서 "생명의 불"로 현존하십니다. (이 세 구절은 각각 시의 시작과 중간, 끝부분에 배치됨으로써 부각되어 있지요.) 흔히 불은 사랑의 이미지로 사용됩니다. 하지만 이 시에 등장하는 불은 걷잡을 수 없는 격렬한 열정의 불길이 아니랍니다. 집에 있는 모두에게 환영받고 편안하다는 느낌을 주는 것은 난로에 있는 고요하고 생명을 주는 불입니다. 자, 그럼 가장 중요한 것이 "살아 계신 하느님과 하나가 되는 것"이라면, 이렇게 되기 위해 우리는 어떻게 해야 할까요? 난롯불이 우리를 뼛속까지 따뜻이 만들게 해야 합니다. 그리고 이 온기로 우리가 편안함을 느끼게 해야 합니다. 또한 그냥 "편안하게, 살아 있는 자들의 집에서 편안하게" 있어야 합니다. 사랑으로 따뜻해진 세상에는 천상과 지상이 나뉘어 있지 않습니다. 생명의 집이란 바로 생명이신 하느님의 집입니다. 지구 가족 안에 계신 하느님의 현존은, "마치 탁자에 앉아 있는 주인처럼 / 스스로 그리고 더욱 위대한 존재로 / 생명의 집에 있는" 현존입니다.

이 구절에서 드러나는 '파테르 파밀리아스', 즉 **가장**의 이미지는 이 구절에 의미를 부여할 뿐만 아니라 이 시가 다신교적인 것으로 오인되지 않게 하는 역할을 합니다. 가족이 "집주인과 안주인과" 하나가 되는 것보다 덜하지도 더하지도 않게, 딱 그만큼 세상도 하느님과 하나가 됩니다. 여기서 관건은 피에타스 개념으로만 전달할 수 있는 그런 사랑을 통해서 이루는 것을 넘어 "하나가 되는 것"입니다. 이렇게 하나를 이루는 것을 깨닫게 되면 얼마나 커다란 경외심이 생기는지 모릅니다. 지구 가족을 하늘에 계신 우리 아버지의 "더욱 위대한 존재"라고 생각하면, 우리는 존경심을 가지고 모든 자갈돌과 모든 통나무집을 보게 되고, 그에 맞게 행동하게 될 것입니다. 그렇게 되면 믿음과 신조, 희망과 희망 사항 사이의 관계에서 그랬던 것처럼, 사랑도 좋아하는 것과 싫어하는 것을 가볍게 다루게 될 것입니다. 결국 "가장 중요한 것은 살아 계신 하느님과 하나가 되는 것"이라고 한다면, 좋아함과 싫어함은 어떤 차이를 만들어야 하는 걸까요? 우리가 좋아하는 사람이나 싫어하는 사람은 똑같이 "살아 있는 자들의 집에서 편안하게" 지냅니다. 가장 심오한 자신의 갈망을 따르고 자신의 가슴으로 되돌아온다면 우리는 모두 평화 속에서 함께 살 수 있습니다.

여기서 다시 한번 가슴의 신비에 대해 잠시 언급하고자 합니다. 가슴은 집입니다. "집이란 당신이 의미를 붙이기 나름이지요." 로버트 프로스트의 『어느 피고용인의 죽음』*Death of a Hired Man*에 등장하는 인물이 대답합니다.

집이란 당신이 그곳에 가야 할 때
사람들이 당신을 맞아 주어야 하는 곳이지요.

그러자 다른 인물이 답합니다.

집이란 것이
꼭 당연한 자격이 있어야 하는 곳은 아니라고
말할 걸 그랬네요.

앞의 두 구절에서 집은 모두 가슴을 가리킵니다. 가슴이란 우리가 속한 곳이지요. 아무리 멀리 떨어져 있더라도 우리는 그곳이 제자리인 것처럼 그곳에 속하지요. 그리고 우리가 속해 있는 그곳에 있을 때, 우리는 속하게 됩니다. 각자가 모두에 속하고 모두가 각자에 속해야 집이 집이 되기 때문이지요.

"집이란 우리가 출발하는 곳"이라고 T.S. 엘리엇이 말했습니다. 그런데 이것은 사랑이 끝만이 아니라 모든 것의 시작이기도 하다는 말이기도 합니다. 우리가 우리 가슴을 발견하면서 (여기서는 감사가 핵심

이라는 사실을 기억하세요) 만나는 것은 우리 내면에 있는 하느님의 생명입니다. C.S. 루이스가 즐겨 표현했듯, 하느님의 생명은 "항상 먼저" 존재했습니다. 믿음, 희망, 사랑은 삼위일체이신 하느님의 생명을 탐구하는 방법입니다. 믿음 안에서 우리는 하느님의 모든 말씀으로 삽니다. 그 안에서 영원한 말씀은 자연과 역사 안에서 드러나지요. 희망 안에서 우리는 성부의 침묵에 우리 자신을 내맡깁니다. 말씀은 이 침묵에서 나와 다시 이곳으로 돌아가지요. 사랑 안에서 우리는 말씀과 침묵이 서로에게 속한다는 사실을, 하느님의 자기이해적 self-understanding 성령 안에서 이해하기 시작합니다. 그리고 소속감이 삼위일체 하느님의 또 다른 이름이라는 사실을 깨닫게 됩니다. 우리의 가슴은 바로 이 궁극적 소속감에 뿌리내리고 있습니다. 우리가 소속감을 얻기 위해 애쓰거나 자격을 갖출 필요는 없습니다. 이는 거저 주어지는 것으로, 순수한 은총이요 순수한 선물입니다. 우리는 다만 감사를 통해 이 충만함으로 들어가기만 하면 됩니다.

하지만 이러한 감사 자체가 우리 안에 계시는 삼위일체 하느님의 생명을 체험하는 한 방법입니다. 하느님의 생명은 신성의 원천이자 샘이시며 궁극적 증여자이신 성부로부터 솟아나지요. 성부의 전적인 자기 증여가 바로 성자입니다. 성자는 모든 것을 성부로부터 받으며, 하느님의 베풂이라는 신성한 흐름 속에서 전환점이 됩니다. 성령 안에서 성자는 성부의 궁극적 베풂에 궁극적 감사로 답합니다. 삼위일체의 하느님은 베푸시는 분이시며, 선물이시고, 감사입니다. 성부로부터 시작해서 성령 안에서 성자를 통해 다시 근

원으로 되돌아가는 이 움직임을 일컬어 니사의 그레고리우스는 "복되신 삼위일체의 원무圓舞"라고 했습니다. 그렇습니다. 춤, 이것이 바로 하느님께서 기도하시는 방법입니다. 주고 감사를 표함으로써 소속됨을 찬양하는 위대한 방법 중 하나가 바로 춤입니다. 우리는 감사를 통해 지금 당장 우리 가슴속에서 이 춤에 동참할 수 있습니다. 이것 말고 무엇을 충만한 삶이라고 할 수 있겠습니까?

충만과 비움

이 책은 더욱 충만하게 사는 법을 탐구하는 책입니다. 자기실현은 오늘날 사람들이 특히 관심을 가지고 있는 가치 중 하나입니다. 하지만 우리는 충만한 삶을 사는 사람들이 놀라울 정도로 몰아적이라는 사실을 종종 놓친답니다. 우리는 이타적이거나 적어도 자기를 잊을 때 충만한 삶을 체험합니다. 우리 모두 경험으로 이런 사실을 잘 알고 있지 않나요?

인간의 가슴이 그토록 갈망하는 충만함은 언제나 손이 닿는 곳에 있습니다. 하지만 우리가 그것을 움켜쥘 수는 없습니다. 손으로 잡고 있을 수는 없지요. 충만함은 우리가 비어 있는 상태에서 우리 안으로 흘러듭니다. T.S. 엘리엇은 이렇게 말합니다.

가지고 있지 않은 것을 가지기 위해서는

탈취라는 방법을 써야 한다.

도착하지 않은 곳에 이르기 위해서는

지금 가지 않는 길을 통해서 가야 한다.

우리는 앞에서 감사, 믿음, 기도와 더불어 충만한 삶의 다른 양상들에 대해서도 이야기했습니다. 하지만 모든 형태의 충만에는 비움이 꼭 필요합니다. 이를 염두에 두면서 몇몇 핵심어를 모아서 간단한 설명과 함께 알파벳순으로 정리해 보았습니다. 이렇게 목록을 만든 이유는 책을 읽은 독자들이 그 내용을 기억하는 데에 도움을 주려는 것입니다. 좀 더 나아간 내용도 있고, 말로 전달할 수 있는 충만함을 넘어서 침묵 안에서만 맛볼 수 있는 비움을 시사한 부분도 있습니다.

살아 있음 Alive

아직 죽지 않았다는 사실만으로는 살아 있다는 충분한 증거가 되지 못한다. 살아 있으려면 그 이상이 필요하다. 용기, 무엇보다도 죽음을 대면할 용기가 필요하다. 살아 있는 자만이 죽을 수 있는 법. 살아 있음의 척도는 죽을 수 있느냐이다. 충만하게 살아 있는 자는 충만하게 죽을 수 있다. 살아 있음이 절정에 달하는 순간, 우리는 죽음과 화해한다. 우리 가슴속 깊은 곳에서 무언가가 우리에게 말한다, 우리 삶이 완수되는 순간 우리는 죽을 것이라고. 우리가 충만한 삶을 살지 못하게 가로막는 것은 바로 죽음에 대한 두려움이다.

권위 Authority

우리 사회에는 아주 오랫동안 권위와 관련해서 오해가 있었던 것 같다. 사람들은 인간이 외적 권위에 저항감을 느끼는 것이 본성이라고 맹신한다. 하지만 사실은 이와 정반대다. 평균적인 사람은 외적 권위의 압력에 굴복하기가 대단히 쉽다. 심지어 이 외적 권위가 내면의 양심의 권위와 갈등을 일으키는 경우조차 그렇다. 그런 사례는 많다. 나치 치하의 독일에서나 다른 독재 체제 아래에서 평범한 시민들이 잔혹 행위를 저지르는 것, 또는 소위 따돌림이라고 하는, 동료 집단의 압력에 굴복하는 행위가 모든 사회에서 만연하는 것 등을 들 수 있다. 이러한 인간의 약점을 고려했을 때, 외적 권위의 임무는 그 권위를 구축하고 강요하는 것이 아니다. 그보다는 외적 권위의 대상이 되는 사람들을 지속적으로 격려하여 그들이 두 발로 일어서게 함으로써 책임감 있게 내면의 권위를 일으켜 세우는 것이다. 말을 활자화하면 말에 권위가 있어 보인다. 이 책은 단 하나의 권위에만 호소한다. 바로 독자 자신의 경험이다. 그리고 이 책은 가슴의 체험을 다루고 있기에 가슴의 권위에 호소한다. 그런데 이 호소는 질문과 도전이라는 양면으로 작용한다. 즉, '이것이 당신의 가슴이 체험한 것에 비추어 보았을 때 사실처럼 들리는가?'라는 질문을 던지는 동시에, '깨어서 당신의 가슴이 실재를 온전히 다 체험하게 하라'는 도전을 던지는 것이다.

되어 감 Becoming

'있음'에 대해 우리가 아는 것이라고는 무엇이 되어 간다는 것이 전부다. 살아 있음, 감사함이란 살게 되는 것, 감사하게 되는 것을 의미한다. 인간으로 있다는 것은 우리의 현재 모습대로 되는 것을 뜻한다. 만약 당신이 되어 가기를 멈춘다면 당신은 존재하기를 그만두게 되는 것이다. 그러나 되어 가는 과정 중에서 당신은 과거의 모습으로 존재하기를 멈춘다. T.S. 엘리엇이 이렇게 말했다.

도착하지 않은 곳에 이르기 위해서는

지금 가지 않는 길을 통해서 가야 한다.

삶의 움직임은 무엇이 되어 감의 과정이다. 그러나 이 과정 안에서 존재와 비존재, 충만과 비움은 떼려야 뗄 수 없이 하나다. 이 사실을 기억하면 우리는 삶의 충만함에 대해 함부로 말하지 않고 말을 아끼게 될 것이다.

소속됨 Belonging

소속된다는 것은 우리에게 '주어진' 사실이다. 그러니까 사실인 동시에 선물이기도 하다는 의미다. 소속됨은 가장 중요한 기본 사실이다. 다른 모든 사실들은 소속됨에 달려 있다. 그리고 소속됨은 기본 선물이다. 다른 선물은 모두 나름의 방법으로 소속됨을 기린다. 소속됨은 상호적이며 모든 것을 포괄한다. 존재하는 것은 무엇이건 다른 존재에 속한다. 모든 열망은 더욱 충만하게 소속되고자 열망하며, 그래서 더욱 충만히 존재하고자 열망한다. 소속됨은 분명한 실재이기에, 자기 자신을 찾을 수 있는 곳이라면 어디든지 편하게 느껴진다. 또한 소속됨은 하나의 선물이기에, 무슨 일이 벌어지더라도 삶에 대한 올바른 응답은 감사이다.

가톨릭 Catholic

'가톨릭'catholic의 문자적 의미는 '모든 것을 포용하는'이다. 나는 복음이 모든 것을 포용하지 않으면서 어떻게 좋은 소식으로 남을 수 있는지 이해하지 못하기 때문에 가톨릭 그리스도인으로서 글을 쓴다. 분명한 것은 이 용어를 광범위한 의미로 다루어야 한다는 것이다. 예수께서는 누구도 제외하지 않으셨다. "온 세상으로 가서 모든 피조물에게 복음을 선포하시오"(마르 16,15). 복음을 인간에게만 한정하지 않으셨다! 하지만 보편성은 깊이에서도 다루어져야 한다. 이것은 비교적 불분명해 보일지도 모른다. 그러나 복음은 실재의 모든 층을 다 뚫고 들어가게 되어 있다. 비도덕적이라거나 가치가 없다거나 불경스럽다는 이유로 제외되는 것은 아무것도 없다. 우리 내면과 우리 주변에 있는 모든 것은 다 포용과 변화의 대상이 된다. 가톨릭의 반대는 프로테스탄트가 아니라 편협함이다. 세상에는 편협한 가톨릭 신자도 있고 포용력 있는 프로테스탄트도 있다. 한 사람의 편협한 취향은 더 넓게 경험에 노출되는 과정을 통해 포용력이 생길 수 있다. 가톨릭이라는 말이 모든 것을 포함한다는 의미라면 가톨릭 신자들은 참으로 모든 것을 포용해야 하는 도전을 받고 있다.

소통 Communication

우리가 사는 세상에서 소통은 기본적인 것임에도 사람들은 대부분 소통이 이루어지는 과정에 대해 왜곡된 생각을 가지고 있다. 사람들은 소통의 목표가 친교(상호 이해, 공동체 의식, 공동 행동)라는 사실은 인식하고 있다. 하지만 친교가 소통의 결실일 뿐만 아니라 그 뿌리라는 사실은 놓치고 있다. 우리가 소통을 시작하기 전에 이미 무언가 공통점을 지니고 있지 않다면 소통은 불가능하다. 물론 우리의 공통 배경은 우리가 그것을 기반으로 하면서 확장되기도 하고 그 과정에서 풍부해진다. 우리는 소통이 친교의 범위를 확장시키고 깊이를 더한다는 것을 알고 있다. 다만 우리가 쉽게 잊는 점은 소통 역시 친교를 전제로 한다는 사실이다. 소통을 시작할 수 있으려면 그 전에 적어도 공통 언어의 기초는 마련되어 있어야 한다. 완벽한 고립의 틈을 가로지르는 소통은 존재할 수 없다. 다행히 어디에도 이런 틈은 존재하지 않는다. 마음속으로는 모든 것이 서로 잘 통한다. 모든 소통은 가장 기본적인 이러한 친교에 뿌리를 두고 있다. 이와 같은 통찰은 우리가 기도를 하느님과의 소통으로 이해할 때 의의를 지니게 된다. 만약 어떤 틈이 있다면 우리가 이 틈을 건널 다리를 놓기 전에 하느님께서는 우리 편에 와 계신다. 토머스 머턴이 표현했듯, 기도는 하느님께로 건너가려는 노력이 아니라 눈을 떠서 우리가 이미 그곳에 있다는 사실을 보는 데에 있다.

관상 Contemplation

영어로 관상이라는 말에 포함된 'TEMP'의 본디 의미는 '정도' 혹은 '측정'이다. 이 단어 'contemplation'의 어미(-ion)는 이 단어가 진행 중인 과정에 있음을 가리킨다. 접두사(con=cum=with)가 붙음으로써 이 단어는 두 가지를 서로 견주고, 짝을 짓고, 합하는 과정임을 나타낸다. 그러므로 올바로 파악된 의미에서 관상이란 천상과 지상, 보는 것과 행하는 것을 합하는 것이다. 관상은 **하늘에서와 같이 땅에서도** 비전을 활동으로 옮긴다. 비전 없는 활동은 혼란스러운 활동이 될 것이며, 활동 없는 비전은 무력한 비전이 될 것이다. 관상적 비전은 그 기준을 하늘에서 취한다. 관상 중의 활동은 지상의 혼돈에 질서를 부여한다. 길을 잃지 않으려면 시선은 하늘의 별에, 두 발은 땅 위에 고정시켜야 한다. 이 말은 우리 모두 관상가가 되어야 한다는 뜻이다.

죽음 Death

죽음 안에서는 두 가지 일이 동시에 일어난다. 죽임을 당하는 것과 죽는 것이다. 죽임을 당하는 것보다 더 수동적인 일은 없다. 죽임을 당하는 사유가 그저 노환일 경우라도 마찬가지다. 반면 죽는 것보다 더 능동적인 것도 없다. '죽다'라는 동사는 심지어 수동태도 없다. "나는 지금 죽임을 당하고 있다"고는 할 수 있지만, "나는 죽음을 당하고 있다"고는 할 수 없다. 죽는 것은 내가 해야 하는 일이다. 내가 의지를 가지고 변하기 위해 전념하지 않는다면 일어날 수 없는 일이다. 과거의 나는 죽고 미래의 나로 살아나는 것이다. 이런 의미에서 매 순간은 삶으로 들어가며 죽는 것이다. 죽음에 대한 두려움은 삶에 대한 두려움을 뜻하게 될 것이다. 죽는 법을 배우는 것은 사는 법을 배우는 것을 의미한다.

하느님의 생명 Divine Life

하느님의 생명을 두고 체험으로 아는 것이라고 이야기한다면 주제넘게 들릴지도 모른다. 하지만 알지도 못한 채 이야기하는 것이 더 건방진 소리가 될 것이다. 우리는 체험을 통해 무언가를 알게 된다. 만약 그렇지 못하면 그것을 진정으로 아는 것이 아니다. 뜬금 없이 우리 존재의 바탕이 되는 것을 알아차리게 되는 순간들이 있다. 이때 우리는 우리가 있는 그곳이 집인 동시에 어딘가로 향하는 길 위라는 사실을 깨닫는다. 어떤 이들은 용감하게도 우리 마음의 여정의 출발점이자 목적지를 가리켜 '하느님'이라고 부른다. 그 밖의 어느 것도 이 이름으로 불릴 자격은 없다. 우리는 이러한 경험의 양극을 가리켜 하느님의 내재(나보다 더 나 자신에게 가까우신 하느님)와 하느님의 초월(모든 것 위에 있는 것보다 더 위에 계시는 하느님)이라고 부를 수 있다. 하느님이 그냥 초월적인 존재일 뿐이라면, 하느님을 안다는 주장은 참으로 건방진 소리가 될 것이다. 하지만 하느님에게 부합하는 초월은 워낙 초월적인 것이라, 초월에 대한 우리의 논리적 한계를 초월하고 따라서 하느님의 내재와 완벽하게 양립할 수 있다. 이 사실을 부인한다면 그것이 주제넘은 소리가 되지 않을까? '나는 결코 하느님이 아니다'라는 사실을 증명하는 데는 많은 증거가 필요하지 않다. 그러나 여기에 피트 하인의 글을 인용해 본다.

어쩌면
하느님이 나일 수도 있음을
부인하는
나는 누구인가?

감정 Emotions

상당히 많은 사람들이 자신의 감정에 두려움을 느낀다. 특히 기도생활을 할 때 그렇다. 감성주의는 참으로 위험하다. 하지만 이것을 위험으로 인식하는 사람들에게는 거의 위험하지 않다. 만약 당신이 그런 사람들 중 하나라면, 감정을 온전히 발산하도록 격려하는 것이 필요할 수 있다. 우리는 대부분 자신의 감정을 억제하는 편이다. 우리가 받은 교육, 사회적 관습, 심지어 기도에 대한 가르침도 우리에게 감정을 믿지 말라고 하거나 적어도 감정을 숨기라고 한다. 이러한 이유 때문에 우리는 감정이 자유롭게 흐르는 사람들을 보면 감정이 과하다고 여긴다. 왜소증을 가진 사람에게는 보통 키인 사람도 거인처럼 보이는 법이다. 기도 안에서의 감성주의는 감정이 과도한 탓이 아니라 감정 이외의 것이 부족한 탓으로 인한 불

균형 상태다. 따라서 감정을 축소하는 것이 아니라 감정에 지성적이고 도덕적인 에너지를 추가함으로써 균형을 되찾아야 한다. 우리가 가진 모든 것이 다 우리의 기도 안에 들어가야 한다. (여기에는 재치와 좋은 태도도 포함된다. 이 두 가지가 있어야 우리의 감정 표현이 다른 사람들에게 방해가 되지 않을 것이다.)

믿음 Faith

믿음이 있다는 말은 무언가를 믿는다는 의미라기보다는 누군가를 신뢰한다는 의미다. 믿음은 신뢰다. 신뢰는 용기를 필요로 한다. 믿음의 반대는 믿기지 않음이 아니라 불신과 두려움이다. 두려움 때문에 우리는 무엇이건 손에 잡히는 것에 매달리게 된다. 두려움은 심지어 신조에 매달리게 하기도 한다. 그래서 신조가 믿음을 가로막을 수도 있다. 우리는 진정한 믿음 안에서는 자신의 신조를 단단하지만 가볍게 잡고 있다. 우리는 하느님을 신뢰하는 것이지, 우리가 하느님에 대해 이해하고 있는 특정한 내용을 신뢰하는 것이 아니다. 이러한 이유로 믿음이 깊은 사람들은 그들의 신조가 각기 다르더라도 마음속으로는 모두가 하나이다. 신조가 믿음보다 중요해지면, 작은 차이점만 있어도 극복할 수 없는 장벽이 생긴다. 감사가 커지면 믿음도 커진다. 감사 안에는 선물을 주는 사람에 대한 신뢰가 내포되어 있다. 감사하는 사람은 "고마워!"라고 말한 뒤에 선물 포장을 뜯어 본다. 믿음은 베푸시는 하느님에 대한 신뢰를 바탕으로 모든 주어진 상황에 감사하는 마음으로 응답하는 용기다.

두려움 Fear

사회 안에서나, 한 사람의 정신세계나 영성생활 안에서 무언가 일이 잘못될 때마다, 우리는 문제의 근원에 모종의 두려움이 있다고 확신할지 모른다. 우리들 대부분은 두려움에 떠는 사람들이다. 우리 모두는 두려움에 떠는 사회에 살고 있다. 하지만 기존에 가지고 있던 두려움에 더해서 이제 두려움을 두려워하기 시작한다면 이런 사실을 깨닫는다고 얻는 소득은 아무것도 없다. 용기를 얻기 위한 필요조건으로 두려움을 바라보면 차라리 어떨까? 피트 하인은 말한다.

용감하다는 것은
마음이 약할 때 용감하게 행동하는 것.
그러니 정말로 용감하지 않을 때라야
참으로 용감해질 수 있다.

주고받음 Give-and-Take

이 말에서 '그리고'and는 결정적 역할을 한다. 단지 주기만 하거나 받기만 하면 생명력을 잃는다. 만약 당신이 숨을 들이쉰 뒤 거기서 멈춘다면 죽고 만다. 반대로 숨을 내쉰 다음 거기서 멈추어도 죽는다. 삶은 주거나 **또는** 받는 것이 아니라 **주고받는** 것이다. 확실한 예로 숨쉬기를 들었지만, 생명이 있는 곳에서는 어디든 이 주고받기를 발견할 수 있다. 이 용어는 보편적 소속감을 역동적으로 표현한 것이다.

주어진 현실 Given reality

우리는 **주어진** 순간, **주어진** 사실, **주어진** 모든 현실이라고 이야기한다. **주어진** 세상에 대해 적절히 응답하는 방법은 감사를 표현하는 것이다. 여기에는 많은 의미가 함축되어 있다. 이를 이해하고 그 결과를 얻음으로써 감사하는 삶을 살게 된다. 그리고 감사하는 삶은 기쁨을 발견하는 열쇠가 된다.

주는 행위 Giving

나이지리아의 한 부족인 이보족에게는 다음과 같은 속담이 있다. "주는 행위의 주체는 가슴이다. 손가락은 그저 쥐었던 것을 놓을 뿐이다." 주는 것은 오직 가슴만 할 수 있다. 이것은 선물을 줄 때뿐만 아니라 모든 형태의 주는 행위에 다 해당한다. 영어에서는 주는 것giving과 관련된 세 가지 형태의 말이 눈에 띈다. 포기하기giving up, 감사하기thanksgiving, 용서하기forgiving. 가슴은 모든 것이 모든 것에 소속된다는 것을 알고 있다. 그래서 가슴을 바탕으로 해서 살면, 두려워하면서 매달리지 않고 자유롭게 포기할 수 있다. 가슴은 소속되는 것을 편안하게 느낀다. 그래서 가슴을 바탕으로 살면, 우리가 하는 모든 일에 대해 감사를 표하는 과정을 통해 서로 주고받는 행위 안에 담겨 있는 유대를 경축할 수 있다. 가슴은 모든 것이 모든 것에 속한다는 사실에 전적으로 동의한다. 그러므로 가슴을 바탕으로 삼아서 살면, 우리는 가슴으로부터 용서할 수 있게 된다. 가슴은 가해자와 피해자가 하나가 되는 중심이자 치유의 근원이 존재하는 곳이다. 따라서 용서는 그야말로 주는 행위의 완성이다.

하느님 God

이 책은 체험을 바탕으로 하고 체험에 호소하고 있기에, 하느님은 모든 사람의 체험의 근본으로, 오직 이런 관점에서만 다루어진다. "우리 마음이 안식할 수 없나이다." 이것은 인간의 경험과 관련된 기본적 사실 중 하나다. 성 아우구스티누스는 뒤이어 이렇게 말한다. "우리 마음이 안식할 수 없나이다, 하느님 안에 쉬기까지는." 하지만 이 말은 우리가 하느님을 가장 먼저 알기 때문에 하느님에 대한 우리의 갈증도 언급할 가치가 있다는 의미가 아니다. 그보다는 우리가 가장 먼저 알게 되는 것은 안식할 수 없는 우리 마음이라는 것이다. 그리고 우리가 쉼 없이 동경하는 목표에 우리는 하느님이라는 이름을 부여한다. 마음으로 얻은 통찰이 쌓이면서 우리는 하느님에 대해 약간이나마 알 수 있게 된다. 특히 우리가 하느님을 탐색하는 위대한 탐험가들의 말에 귀를 기울일 때 그렇다. 그러나 결코 하느님에 **대해** 아는 것이 중요한 것이 아니라 **하느님을** 아는 것이 중요하다. 인간의 가슴이라는 나침반에서 기준이 되는 하느님 말이다.

무상 Gratuitous

> 우주는
> 사람들이 말하듯 거대하겠지.
> 하지만 존재하지도 않았다면
> 그리워하지도 않겠지.

가슴 따뜻한 미소를 짓게 하는 피트 하인의 이 짧은 시는 절대적으로 모든 것이 무상으로 주어진 것임을 적나라하게 보여 준다. 우주는 아무 대가 없이 주어진 것이다. 우주는 돈으로 얻을 수 있는 것이 아닐뿐더러 그럴 필요도 없다. 경험으로 알게 된 이 단순한 사실로부터 감사하는 삶, 은총으로 가득한 삶이 솟아 나온다. 감사는 존재하는 모든 것이 무상으로 주어진 데에 대한 가슴의 온전한 응답이다. 그리고 감사는 두 가지 의미에서 우리를 은혜롭고 우아하게 만든다. 감사를 지닌 우리는 무상으로 주어진 이 우주에 우리 자신을 열어 우주와 더불어 온전히 은혜로워진다. 그리고 이렇게 함으로써 마치 우주의 춤을 추듯 우주의 흐름과 함께 우아하게 움직이는 법을 배운다.

가슴 Heart

우리가 말하는 가슴이란 언제나 온전함을 의미한다. 오직 가슴에서만 우리는 온전하다. 가슴은 이렇듯 우리 존재의 중심을 나타낸다. 그곳에서 우리는 자신과 하나가 되며, 다른 모든 이들과 하나가 되고, 하느님과 하나가 된다. 가슴은 하느님을 찾는 중에 쉬는 법이 없다. 그러나 가슴 깊은 곳에서는 언제나 하느님 안에서 편안함을 느낀다. 가슴으로 산다는 것은 이러한 열망과 소속됨의 충만함을 바탕으로 산다는 뜻이다. 그리고 이것은 충만한 삶을 의미한다.

희망 Hope

희망과 희망 사항 사이에는 밀접한 연관성이 있으나, 이 두 가지를 혼동해서는 안 된다. 우리는 상상할 수 있는 무언가에 대해 희망 사항을 정한다. 그러나 희망은 상상할 수 없는 것을 받아들일 수 있게 열려 있다. 희망 사항의 반대는 희망 없음이다. 반면 희망의 반대는 절망이다. 우리는 자신의 희망에 간절히 매달릴 수 있다. 하지만 희망이 없는 상황에서조차 희망은 놀라움을 받아들일 수 있도록 열려 있다. 희망을 감사와 연결해 주는 것이 바로 놀라움이다. 감사하는 마음에게는 모든 선물이 다 놀랍다. 희망은 놀라움을 받아들일 수 있도록 열린 가슴이다.

겸손 Humility

오늘날에는 겸손이 인기 있는 덕목이 아니다. 이렇게 된 이유는 순전히 사람들이 겸손을 잘못 이해하고 있기 때문이다. 많은 사람들이 생각하는 겸손이란, 자신이 생각하는 것보다 자기 자신이 더 나쁘다고 주장하는 사람들이 하는 선의의 거짓말이다. 이렇게 함으로써 이들은 자신이 무척 겸손하다며 은근히 자부심을 느낀다. 그러나 사실 겸손하다는 것은 단순히 흙과 같다는 것을 의미한다. '겸손한'humble이라는 단어는 흙을 뜻하는 단어 'humus'와 관련되어 있기 때문이다. 또 인간human과 유머humor와도 관련되어 있다. 만약 우리가 우리 인간사의 세속성을 받아들이고 포용한다면 (그리고 약간의 유머도 도와준다면) 우리는 겸손한 자부심에 대해서도 마찬가지로 받아들일 것이다. 우리가 절정의 순간에 있을 때 겸손은 다만 누군가를 무시할 수 없을 정도로 감사하는 마음이 크다는 자부심일 뿐이다.

나I

영어로 '나'에 해당하는 일인칭 대명사 'I'의 발음이 시각 기관인 '눈'eye과 발음이 같은 것은 단순한 우연이 아니다. 이것은 13~14세기 독일의 신비주의 사상가 마이스터 엑카르트가 남긴 명언, "내가 하느님을 보는 눈은 하느님께서 나를 보시는 바로 그 눈이다"에 또 한 겹의 의미를 덧씌우는 셈이 된다. 이런 의미에서 나를 이해할 때 우리는 나I에 가장 심오한 의미를 부여하고 개인주의적 소아小我의 감옥을 벗어날 수 있다.

개인 Individual

개인과 사람은 분명히 구분해야 할 필요가 있다. 우리는 다른 사람들과 떨어져서 구별될 때 개인이라고 한다. 반면 우리가 다른 사람들과 관련될 때 우리는 사람이 된다. 수많은 개인으로 태어난 우리는 성장하여 사람이 된다. 이 과정을 완수하려면 우리에게는 다른 사람들이 필요하다. 각각의 개인은 어느 정도로 사람이 되었느냐에 따라 서로 다르다. 그들 각자가 다른 사람들과 맺고 있는 관계는 이 관계가 얼마나 복잡하고 강도 높으냐에 따라 천차만별이기 때문이다. 우리가 다른 사람과 맺고 있는 관계가 드러나고 변화함에 따라 우리가 하느님과 자아와 맺고 있는 관계에도 영향이 미친다. 개성을 과도하게 강조하면 우리의 심오한 상호 의존성을 부정하게 되어 소외로 이어지게 된다. 우리가 사람이 될 때, 개성은 강화되는 동시에 초월된다.

기쁨 Joy

일상적 행복은 우연에 따라 결정된다. 이에 반해 기쁨은 우리에게 우연히 일어나는 일과는 독립되어 있는 특별한 행복이다. 행운은 우리를 행복하게 만들 수는 있지만, 지속적 기쁨을 주지는 못한다. 기쁨의 근원은 감사이다. 그런데 우리는 기쁨과 이 감사 사이의 연관성을 오인하는 경향이 있다. 우리는 많이 기뻐하는 사람들이 감사하는 마음을 지니는 것에 주목하여 이들이 자신의 기쁨에 대해 감사하고 있다고 짐작한다. 하지만 진실은 그 반대다. 그들이 느끼는 기쁨은 사실 감사에서부터 샘솟는 것이다. 누군가 세상의 모든 행운을 다 가졌는데도 이것을 그냥 당연한 일로 생각한다면 이는 조금도 기쁨이 되지 못한다. 그러나 불운일지라도 이를 감사할 줄 아는 사람에게는 불운도 기쁨이 된다. 지속적 행복의 문을 여는 열쇠는 바로 우리 손안에 있다. 우리에게 감사의 마음을 심어 주는 것은 기쁨이 아니다. 우리가 기쁨을 느끼는 원인이 바로 감사하는 마음이다.

예수 그리스도 Jesus Christ

우리는 예수나 그리스도를 각각 따로 떼어 이야기하지 않고 예수 그리스도라고 함께 이야기하면서 두 가지 기준 사이의 긴장 관계를 강조한다. 하나는 시간 안에서의 기준으로, 역사 속의 예수를 말한다. 다른 하나는 시간을 초월한 것으로, 그분과 우리 모두 안에 있는 그리스도적 실재를 가리킨다. 우리는 이 두 가지 측면 사이의 창조적 긴장 관계를 유지해야 한다. 만약 이 긴장 상태가 깨져 버리면 우리와 예수 그리스도 사이의 관계가 양극화되기 때문이다. 그렇게 되면 우리는 역사성 너머를 볼 수 없게 되거나, 역사적 근거를 모두 상실하게 될 위험이 있다. 역사의 예수는 그리스도인 삶의 객관적 표준을 제공한다. 덕분에 그리스도인들이 그리스도를 인식할 때 주관성에 빠져 표류하지 않을 수 있다. 그러나 역사의 예수, 예수의 역사성은 예수 그리스도와의 진정한 만남에서 단지 하나의 기준에 불과하다. 나머지 기준은 다음 말씀 안에 표현되어 있다. "그리스도께서 내 안에 살고 계십니다"(갈라 2,20).

앎 Knowing

"아는 것이 힘이다"라고들 한다. 그래서 우리는 지식을 우리 목적을 완수하기 위해 행사할 수 있는 힘이라고 생각한다. 이와 대조적으로 지혜는 우리가 점진적으로 의미에 사로잡혀야 성숙한다. '앎'에 대한 성경적 개념 안에서는 이 두 가지가 화해를 이룬다. 구약성경에서 누군가를 안다는 것은 그와 성관계를 맺었다는 것을 의미하기도 한다. 우리는 성지식을 주고 받는 이러한 행위를 통해 사로잡으면서도 사로잡힌다. 자신이 알려짐으로써 우리가 알게 되는 것이다. 이렇게 주고받는 행위는 감사를 주고받는 것으로 이해될 수 있다. 주는 자와 감사를 표하는 자를 하나로 묶어 주는 끈은 서로 깊이 인식하는 것이다.

여가 Leisure

우리는 여가라고 하면 휴가를 낼 수 있는 사람들이 누리는 특권이라고 생각하는 경향이 있다. 그러나 여가는 하나의 덕목이지 사치가 아니다. 여가란 각 임무마다 마땅히 소요되어야 하는 시간을 투입하기 위해 자신의 시간을 할애하는 사람들의 덕목이다. 여가 안에서는 주는 것과 받는 것, 놀이와 일, 의미와 목적이 완벽하게 균형을 이룬다. 우리는 여유 있게 사는 법을 배우는 정도에 따라 충만하게 사는 법을 배운다.

사랑 Love

우리는 사랑에 빠진 경험을 토대로 일반적 사랑에 대한 개념을 수립한다. 하지만 이것은 잘못된 길로 접어드는 것이다. 열정적 끝림은 여러 형태의 사랑 중 아주 중요한 사례임은 틀림없다. 하지만 이것은 일반적 사랑의 모델이 되기에는 너무 특정한 유형의 사랑이다. 모든 형태의 사랑에 각각 다 적용시킬 수 있는 사랑의 특징은 최소 두 가지를 꼽을 수 있다. 하나는 소속감이며, 다른 하나는 이렇게 소속되는 것과 그것이 함축하고 있는 모든 의미를 온 가슴으로 받아들이는 것이다. 이 두 가지 특징은 조국에 대한 사랑에서부터 애완견에 대한 사랑에 이르기까지 모든 종류의 사랑에서 전형적으로 찾아볼 수 있는 것들이다. 반면 열정적 끌림은 오직 사랑에 빠지는 경우에서만 전형적으로 나타난다. 사랑이란 소속되는 것에 대해 온 가슴으로 "예"라고 응답하는 것이다. 사랑에 빠지면 우리의 소속감이 아주 강해지고, "예"라는 응답은 자발적으로 행복하게 우러난다. 사랑에 빠지는 것은 우리에게는 사랑을 증대시켜야 하는 도전이 된다. 우리는 "예"라는 응답의 범위를 넓힐 수 있고, 비교적 불리한 여건에서도 "예"라고 응답할 수 있으며, 원수를 사랑하는 방법을 통해서도 "예"라는 응답을 끌어낼 수 있다. 히로시마에 원자폭탄이 투하된 1945년 8월 6일 이후로 그 누구도 우리 모두가 이 지구라는 우주선 안에서 다 함께 서로에게 속해 있음을 부인할 수 없다. "만약 최악의 원수와 한배를 타고 있다면, 당신은 그가 탄 쪽에 구멍을 낼 것인가?" 미국의 심리학자 엘리사 멜라메드가 던지는 질문이다.

의미 Meaning

우리 인간들은 삶에서 의미를 찾지 못한다면 가슴의 평화를 찾을 수 없다. 우리의 가슴은 의미 안에서 휴식을 찾는다. 의미는 열심히 일해서 목적을 달성하듯 그렇게 달성하는 것이 절대 아니다. 언제나 순수한 선물로서 주어지는 것이 의미이다. 그럼에도 우리는 우리 삶에 의미를 **부여해야만** 한다. 그러려면 어떻게 해야 할까? 감사를 통하면 가능하다. 감사는 삶을 선물로 **받아들임으로써** 우리 삶에 의미를 **부여하는** 내면의 몸짓이다. 어떤 순간이라도 그 안에 담겨 있는 가장 심오한 의미는 이 순간이 **주어진** 것이라는 사실에 있다. 감사는 이런 의미를 인식하고, 인정하며, 경축한다.

신비체험 Mystic experience

만약 신비체험을 궁극적 실재와의 친교 체험으로 생각한다면, 신비체험에 관한 타당한 정의를 가지고 있다고 보겠다. 우리는 '하느님'이라는 용어를 우리가 내린 정의에 포함시키지 않을 것이다. 모든 사람이 궁극적 실재를 '하느님'이라 부르는 것에 편안함을 느끼는 것은 아니기 때문이다. 하지만 우리 모두는 용어와 무관하게 압도적이고 한계가 없이 소속되는 순간, 보편적 친교의 순간을 체험할 수 있다. 이 순간이야말로 우리만의 신비적 순간이다. 신비가라 불리는 사람들이 우리와 다른 점은 딱 하나다. 그들은 이러한 신비체험이 모두의 삶 안에서 마땅히 누려야 할 자리를 마련해 준다. 중요한 것은 강한 신비체험의 빈도수가 아니라 이 체험이 우리 삶에 미치는 영향이다. 우리의 신비체험 순간들과 이 순간들이 제공하고 또 요구하는 모든 것을 다 받아들임으로써 우리는 우리가 되고자 하는 신비가가 된다. 결국 신비가는 특별한 종류의 인간이 아니며, 모든 인간이 특별한 종류의 신비가다.

자연/초자연 Nature/Supernature

자연적인 것과 초자연적인 것의 구별은 유효하다. 그러나 누구도 이 두 가지를 분리할 수는 없다. 둘 사이를 가르는 선을 그을 수 없다는 말이다. 자연과 초자연은 두 가지 다른 현실의 영역, 두 가지 다른 우주의 층위가 아니다. 똑같은 하나의 현실이지만 우리가 어떻게 접근하느냐에 따라 자연적인 것이 될 수도, 초자연적인 것이 될 수도 있다. 육체적으로나 지성적으로나 우리가 붙잡는 것은 언제나 자연적인 것이다. 우리는 이것을 움켜잡음으로써 제한한다. 반면 초자연적인 것은 한계가 없다. 우리는 초자연적인 것이 우리를 붙잡게 해야 한다. 양동이 안에 가득 담겨 있는 강물은 그 안에 얼마나 많은 물이 들어 있건 더 이상 강이 아니다. 하지만 둑에서 물 속으로 뛰어들면, 그 지점이 수원에서 얼마나 떨어져 있건 우리는 강 속으로 다이빙하는 것이다. 실재의 어느 지류에 우리가 몸을 담그는지와는 무관하게, 우리는 자연적인 모든 것의 초자연적인 원천과 접촉하게 될 것이다.

무 無, Nothing

우리가 마주치는 것은 그것이 무엇이든지 둘 중 하나다. 유有, 즉 있음이거나 무無, 즉 없음이다. 미국의 시인 월리스 스티븐스는

262

자신의 시 「눈사람」에서 "존재하지 않는 무無와 존재하는 무無"를 구분한다. 의미는 "존재하는 무無"다. 의미는 유有가 아니다. 그럼에도 의미라고 하는 무無는 우리 인간들에게는 유有를 다 모아 놓은 것보다 훨씬 더 중요하다.

개방성 Openness

아침 햇살에 꽃잎을 여는 아네모네를 관찰하던 릴케가 묻는다. "그러면 우리는, 언제 마음의 문을 완전히 열고 받아들이는 걸까?" 이런 의미에서 개방성은 삶을 대하는 기본 태도이며, 충만한 삶을 받아들일 수 있는 준비이다. 하지만 개방성 그 자체는 충만함일까 아니면 비움일까? 예를 들어, 놀라움을 받아들일 수 있게 하는 희망의 개방성에 대해 생각해 보자. 희망은 모든 희망 사항들을 다 비워냈을 때에야 온전히 열린다. 영어로 열려 있다는 의미의 단어 'open' 안에 있는 글자 'O'는 심지어 모양조차 애매하다. **비어 있는** 원은 **충만함**의 상징이다. 충만과 비움은 개방성을 중심축으로 삼아 상호작용한다.

기회 Opportunity

상황 속에서 기회가 수행하는 탁월한 역할을 인식하기 전까지는 감사에 대한 개념이 불완전할 수밖에 없다. 기회라는 단어 안에 존재하는 모든 것은 선물이 된다. 그런데 모든 선물 안에 있는 선물이 바로 기회다. 대부분의 경우, 이것은 즐길 기회를 의미한다. 하지만 때로는 노동하고, 괴로워하고, 심지어 죽을 기회를 의미하기도 한다. 우리가 셀 수 없이 많은, 인생을 즐길 기회에 눈뜨지 않는다면, 기회가 삶을 제공하게 될 때 어떻게 깨어 있으리라 기대할 수 있겠는가? 모든 선물 안에 들어 있는 선물이 기회라는 사실을 깨달은 사람들은 감사하는 마음을 수동적인 것이라 생각하지 않을 것이다. 감사란 주어진 순간이 선물하는 기회에 응할 준비가 되어 있는 가슴의 용기이다.

역설 Paradox

니콜라우스 쿠자누스는 인간의 가슴이 줄곧 추측해 온 것을 표현해 냈다. 즉, 모든 반대되는 것들은 하느님 안에서 일치한다고 말이다. 이러한 통찰은 신성한 실재들에 대해 이야기하고자 할 때 상당한 영향을 미친다. 우리가 가치 있는 말을 하려고 하면 할수록, 역설을 통해서만 그런 말을 표현할 수 있는 것처럼 보인다. "내가 약할 때에 오히려 강하기 때문입니다"(2코린 12,10). "자기 목숨을 잃는 사람은 목숨을 얻을 것입니다"(마태 10,39). "그럼에도 우리는 (십자가에 달린) 이 금요일을 좋다고Good Friday 한다네"(T.S. 엘리엇 「네 개의 사중주」).

절정 체험 Peak experience

절정 체험이라는 개념을 심리학의 지도 위에 도입한 에이브러햄 매슬로는 절정 체험은 신비가들이 말하는 신비체험과 구분될 수 없다고 주장했다. 그럼에도 (전부 다는 아닐지라도) 우리들 대부분은 절정 체험을 한다. 우리가 소속감과 보편적 온전함과 거룩함에 압도되는 순간들, 모든 것이 의미를 지니는 순간들이 바로 그때다. 수용이라는 단어는 절정 체험을 설명할 때 자주 사용되는 용어다. 시간 밖에 있는 것 같은 한 순간 동안, 우리는 온전히 받아들여진 것처럼 느끼고 또 존재하는 모든 것을 온전히 받아들일 수 있다. 이러한 절정의 순간에는 감사로 충만해진다. 한 사람의 핵심적인 종교심은 압도적인 감사로 그 힘을 받는다. 종교는 이처럼 고양된 의식의 체험에 비추어 보았을 때 가치 있게 보인다. 종교는 은혜로운 수용의 절정에서 깨달은 기준을 근거로 평가된다. 바로 이러한 이유로 감사를 종교의 뿌리라고 부를 수 있는 것이다.

기도 Prayer

기도와 기도문을 구별해야 한다. 기도문을 낭송하는 것은 여러 활동 중 하나다. 반면 기도는 모든 활동을 변화시킬 수 있는 가슴의 자세, 마음가짐이다. 우리는 언제 어디서나 기도문을 낭송할 수는 없지만, "끊임없이 기도"(1테살 5,17)해야 한다. 이는 삶의 의미를 받아들일 수 있도록 우리 가슴을 계속 열어 두어야 한다는 뜻이다. 감사는 순간순간 이렇게 한다. 그러므로 감사가 기도이다. 우리가 기도의 순간이라고 부르든 부르지 않든 간에 우리가 의미의 원천을 깊이 들이마시는 순간이 바로 기도의 순간이다. 기도하지 않는 인간의 가슴은 없다. 적어도 삶에 의미라는 자양분을 제공하는 깊은 꿈속에서라도 기도한다는 말이다. 중요한 것은 기도이지 기도문을 낭송하는 것이 아니다. 하지만 기도문은 기도하는 삶의 시詩이다. 시가 한 사람이 살아 있음을 생생히 표현하고 그 사람이 더 생기 있게 살도록 만드는 것처럼, 기도문도 한 사람의 기도하는 마음을 생생히 표현하고 그 사람이 더 기도하게 만든다.

질문들 Questions

질문에 짓눌리지 않으려면 질문을 제기해야 한다. 우리가 오래 기다릴수록, 빗속의 초가지붕처럼 질문의 무게는 더욱 무거워진다. 질문을 제기하는 것을 두려워하는 사람들은 질문에 깔려 버릴 위험이 있다. 어떤 식으로든 질문을 제기하다 보면 "왜?"라는 질문의 답은 모두 "예!"라는 사실을 알게 된다. 이 사실은 우리를 자유롭게 한다. 하지만 덜 무거운 질문을 제기해도 자유로워진다. 질문은 잘못된 인식, 무엇보다도 우리가 무엇이건 의문의 여지 없이 알 수 있다는 잘못된 인식으로부터 우리를 자유롭게 한다. 이러한 이유 때문에 우리는 기본적 용어들 – 소통, 소속됨, 의미 등 – 의 진정한 의미가 무엇인지 질문하고자 노력했다. 기본적 용어는 논리적 추론을 펼칠 수 있는 바탕이다. 건물의 기초가 살짝이라도 어긋나면 그 위에 쌓은 구조물은 어느 순간 갑자기 무너져 내릴 수 있다. 그러므로 자세하게 질문하는 것은 절대 사치가 아니다.

종교 Religion

　세상에 존재하는 다양한 종교들은 종교적으로 사는 수많은 방법들을 말한다. 따라서 이러한 '종교들'과 구별해서 '종교'라고 할 때에는 우리 마음속의 근원적 종교성을 염두에 두고 말하는 것이다. 종교가 무엇인지 표현하는 데에 동작을 나타내는 단어, 동사가 필요할 수 있다. 그런데 '종교'religion, '종교적'religious, '종교적으로' religiously라는 말은 존재하는 반면, 누군가 '종교를 하는 중'religioning 이라는 말은 없다. 따라서 종교와 어울리는 동사를 찾는다면 '기도하다'가 된다. (가장 넓은 의미에서) '기도하기'는 종교적 체험이 교회 구조 속에서 메말라 버리지 않게 막아 주는 역할을 한다. 체험은 종교의 출발점이다. 지성과 의지와 감정은 궁극적 소속감을 가지고 각기 나름대로 체험과 씨름해야 한다. 지성은 체험을 해석하고, 그 결과 우리는 종교 교리를 갖게 된다. 의지는 체험이 가져오는 영향을 인정하고, 이로써 종교의 윤리적 측면을 설명한다. 감정은 의례를 통해서 체험을 경축한다. 그러나 어떤 종교가 자동적으로 종교적이 되는 것은 아니다. 앞서 말한 종교의 세 가지 영역은 지속적으로 생생한 체험에 거듭 뿌리내리지 않으면 언제든 교조주의, 율법주의, 의례에 대한 집착으로 위축되어 버리기 쉽다. 생생한 체험에 다시 뿌리를 내리는 과정이 바로 기도다. 기도는 종교를 종교적이 되게 한다.

침묵 Silence

침묵에는 부정적 의미와 긍정적 의미가 있다. 부정적 의미에서 침묵은 소리나 말의 부재를 뜻한다. 여기에서는 침묵의 긍정적 의미에 초점을 맞추고자 한다. 침묵은 말을 생성하는 모태이자, 말이 이해라는 과정을 거쳐서 되돌아가는 집이다. (수다와 대조적으로) 말은 침묵을 깨지 않는다. 참된 말 안에서는 침묵이 말이 된다. 참된 이해 안에서는 말이 다시 제자리로, 침묵으로 돌아온다. 오직 말의 세계만 아는 사람들에게는 침묵은 그저 공허함이다. 하지만 우리의 고요한 가슴은 역설을 안다. 침묵이라는 비움은 무궁무진하게 풍요로우며, 세상의 모든 말은 그저 충만한 침묵의 일부이다.

죄 Sin

우리 시대에는 '죄'라는 단어가 너무 쉽게 오인되어 버려 아주 쓸모없는 단어가 되고 말았다. 하지만 예전에 죄라고 불렸던 현실은 지금도 여전히 존재한다. 따라서 이를 나타낼 수 있는 우리 시대에 맞는 용어를 찾아야 했다. 과거에 죄라고 불리던 것을 현재 우리는 '소외'라고 부른다. 현대어 가운데 적절한 단어를 찾아낸 것이다. 소외란 진정한 자아로부터, 타인들로부터, 하느님(혹은 궁극적으로 중요한 그 어떤 존재)으로부터 뿌리째 뽑히는 것을 암시한다. 이 모든 의미가 소외라는 단어 안에 들어 있다. '죄'라는 단어 역시 근절과 분리를 나타낸다. 이것은 '산산이'라는 단어와도 관련되어 있다. 모든 것이 다 함께 서로 속해 있는 전체를 죄가 산산이 찢어 버리기 때문이다. 죄가 소외시키는 것이다. 한 행동은 소외를 야기하는 정도만큼 죄스러운 행동이 된다. 소외가 없으면 죄도 없다. 이러한 결론을 도출하면 많은 이들이 구속에서 풀려날 수 있다. 범인은 따로 있었던 것이다. 이는 윤리적으로 강조점이 의미심장하게 변화한 것을 뜻하기도 한다. 즉, 개인의 과실에 대한 고민에서 사회적 책임으로 강조점이 옮아간 것이다. 덕분에 우리 시대에 '우리의 구원이 무엇인지 파악하는 것'의 의미가 모든 형태의 소외를 극복하는 것임을 알 수 있다. 구원에 해당하는 현대적 용어는 함께함이다. 소외를 떠나 소속으로 가는 길이 바로 죄에서 구원으로 가는 길이다.

놀라움 Surprise

플라톤에게 철학은 지혜에 대한 애정 어린 헌신을 뜻했다. 이러한 이유로 그는 놀라움과 놀랄 수 있는 능력을 철학의 시작이라고 보았다. 지혜가 단순한 영리함을 능가할 수 있는 것은 바로 이렇게 놀라워하는 능력을 통해서다. 영리함은 대비하는 것이기에 예상치 못한 것에도 놀라지 않는다. 반면 피트 하인이 간파하고 있듯, 지혜는 예상한 것에도 놀랄 준비가 되어 있다.

종종 절반의 진실이 발표되며
종종 옳다고 입증된다.
'예상치 못하는 것에
대비하는 편이 합리적이다.'

다른 절반은 축소되거나
완전히 무시된다.
'당연히 예상한 것에
놀라는 편이 훨씬 더 지혜롭다.'

모든 것이 놀랍다는 사실을 인식하는 것이 모든 것이 선물임을 인식하는 첫걸음이다. 놀라움으로 시작하는 지혜가 감사하는 마음의 지혜이다.

감사를 표함 Thanksgiving

피상적 수준에서 보면 감사를 표하는 행위는 일종의 사회적 관습이다. 그래서 감사를 표하는 형식도 무척이나 다양하다. 어떤 사회는 감사를 표현하는 말이 없는 경우도 있는데, 이는 그 사회에 감사하는 마음이 부족하다는 것을 뜻하는 것이 아니다. 그보다는 오히려 그 사회가 우리 사회보다 상호 소속되는 것을 더 깊게 인식하고 있음을 보여 준다. 우리가 보기에 가족에게 팁을 주는 것이 적절치 않듯이 그 사회 구성원들에게는 "고마워" 같은 표현이 부적절해 보일 수 있다. 대가족에 대한 소속감을 잃어버릴수록, 무언가를 주고받는 가운데 이 소속감이 현실화될 때 이것을 더욱 명쾌하게 표현해야 한다. 감사를 표하는 것은 상호 소속감을 표현하는 것을 의미한다. 진심 어린 감사의 표현은 우리가 우주에 소속될 수 있는 근원이 되는 곳인 가슴에서 나온다.

온 가슴으로 감사를 표하는 일에는 전 인격이 참여한다. 지성은 선물을 선물로 인식하는 역할을 한다. 감사를 표하려면 생각함이 전제되어야 한다. 그다음, 의지는 주는 자와 감사를 표하는 자의 상호 의존성을 인정한다. 마지막으로 감정은 이러한 상호 소속감의 기쁨을 경축한다. 지성, 의지, 감정이 다 함께 모여야 감사를 표하는 것이 진심이 된다. 곧, 온 가슴을 다하는 것이 된다.

진리 Truth

우리 가슴이 갈망하는 것은 진리이다. 그러나 우리가 표현할 수 있는 것은 사실들뿐이다. 진리는 하나다. 하지만 진리의 수많은 측면은 상충되는 사실들 안에서 표현될 수 있다. 사실은 각각 한계를 지니기 때문에 서로 갈등을 일으키게 된다. 진리 가운데 우리가 완전히 파악할 수 있는 것은 제한된 사실이 전부다. 그러나 완전히 파악하는 것만이 진리를 향해 우리가 취할 수 있는 유일한 태도는 아니다. 우리는 사실을 완전히 이해하는 대신, 진리가 우리를 지배하게 할 수 있다. 바닷물로 양동이를 한가득 채우는 것과 바닷속에서 헤엄치는 것은 완전히 다른 일이다. 우리의 이해에 한계가 있기 때문에 우리가 파악할 수 있는 사실은 필연적으로 제한적이다. 하지만 우리가 전념하는 진리는 한계가 없으며 하나이다. 사실들은 우리를 나누는 경향이 있지만, 우리를 지탱하는 진리는 우리를 하나로 결속한다.

이해 Understanding

　우리는 이해하는 과정을 통해 의미를 발견한다. 모든 의미 있는 상황 안에는 의미를 지니는 무언가가 있는 것이 틀림없다. 말씀은 의미가 가장 광범위하다. 말씀의 지평, 말씀이 출현하는 신비한 모태인 침묵도 분명 존재한다. 그리고 틀림없이 이해도 존재한다. 그렇지 않다면 의미는 결코 찾아오지 못한다. 말씀, 침묵, 이해는 이를테면 의미를 이루는 세 가지 차원이다. 그런데 우리가 이해를 할 때에는 무슨 일이 일어나는 것일까? 우리가 온 가슴으로 말씀에 전념하기에 말씀이 우리를 사로잡을 수 있게 된다. 말씀이 우리를 데리고 그 말씀이 나왔던 침묵 속으로 다시 데리고 돌아갈 때 우리는 이해를 한다. 하지만 말씀과 함께하는 것은 노력을 요하는 일이다. 그것은 말씀이 우리에게 전하는 메시지대로 행하는 것을 뜻한다. 말씀이 우리를 보내는 곳이 어디인지 들을 수 있고 그래서 임무를 완수할 수 있을 정도로 깊이 있게 귀를 기울일 때, 우리는 이해하게 된다. 우리는 행동할 때 이해한다. 그 밖에는 어떤 것도 이해 **under**stand라 할 수 없다. 기껏해야 필요 이상으로 과도하게 이해하려고**over**stand 시도하는 것밖에 되지 못한다. 젖지 않고서는 수영하는 법을 이해하기란 불가능하다. 삶을 이해하고자 한다면 살아야만 한다.

유용성 Usefulness

　자신도 모르는 사이에 우리는 유용한 것만이 중요시되는 세상 안에 갇힐 수 있다. 유용성을 자신의 최고 가치로 삼는 사람들의 기대 수명은 은퇴 후에 갑자기 떨어진다. 우리가 가지고 있는 상식에 따르면 생동감은 유용성이 아니라 즐거움의 정도에 따라 측정된다. 그러나 쓸모없는 것은 우리에게 필요하지 않다는 여론이 우리를 열심히 설득한다. 그런데 사실은 그 반대다. 우리에게 가장 시급하게 필요한 것은 우리가 쓸 수 있는 것이 아니라 우리가 즐길 수 있는 것이다. 이렇게 구별하는 것은 매우 중요하다. 우리의 욕구 중 가장 심오한 것은 소비가 아니라 즐거움에 대한 욕구다. 삶에서 가장 즐거운 것들은 흔하디흔한 것들, 이를테면 음악이나 등산, 키스 같은 것들이다. '남아돌다'라는 말은 단어 자체가 암시하듯, 유용한 것이 가득 채워진 뒤에 풍부하게 흘러넘친다는 뜻이다(갈릴래아 카나의 혼인 잔치에 나오는 돌로 만든 물독처럼 말이다: 요한 2,1-12 참조). '풍족'affluence이라는 단어 안에도 마찬가지로 흐른다는 뜻이 들어 있지만, 여기서는 유입되는 것만이 중요시된다. 실리를 추구하는 사회에는 오직 유용성과 더 큰 유용성만이 존재한다. 괴어서 썩지 않도록 지켜 주는 활기찬 넘침이 없다. 즐거움은 흘러드는 것이 아니라 넘쳐흘러 나가는 것으로 측정된다. 우리가 소비 욕구라는 그릇을 작게 만들수록, 즐거움을 느끼는 데에 필요한 흘러넘치는 상태에 더 빨리 도달하게 된다. 이것은 어느 걸인이 한 말을 곱씹어 보면 잘 이해된다. "나는 전 재산이 동전 두 닢뿐이었어. 그 동전 한 닢으로 빵을 사고, 나머지 한 닢으로는 수선화를 샀다네."

방학 Vacation

방학이 아니라면 학교가 학교라는 이름으로 불릴 자격은 거의 없을 것이다. '학교'의 그리스어 어원으로 거슬러 올라가 보면 이는 여유가 있는 곳이라는 의미다. 요즘 이렇게 말하면 농담처럼 들릴 테지만 사실 그 말은 우리에게 해당하는 것이다. 원래 학교는 사람들이 자기 자신을 찾을 수 있는 충분한 여유를 가질 수 있는 곳으로 고안되었다. 그러나 우리 시대에는 많은 젊은이들이 자기 자신을 찾기 위해 오히려 학교라는 생존경쟁의 틈바구니를 1년 동안 떠난다. 이제 학교는 의미보다는 목적에, 지혜보다는 노하우에 초점을 맞춰 돌진하고 있다. 하지만 당신의 삶을 더 풍요롭게 한 것이 무엇인지 생각해 보라. 학교에서 배운 유용한 것들인가 아니면 방학 때 있었던 즐거운 일들인가? 많은 이들에게 방학은 삶의 충만을 의미한다. 그럼에도 방학이라는 말은 '공백', '공석'이라는 뜻으로 격하되었다. 그런데 여기서도 충만과 비움은 밀접하게 관련되어 있다. "너희는 멈추고 내가 하느님임을 알아라!"(시편 46,11). 침묵이라는 비움 속에서 우리는 그분의 충만함을 발견하게 될 것이다. 성 히에로니무스는 '멈추라'는 말 대신 이를 '휴가를 가지라'로 번역했다.

길 Way

초기 교회 시절에는 예수 그리스도를 믿는 사람은 남자 여자 할 것 없이 단순하게 모두 길을 따르는 자(사도 9,2 참조)로 알려졌다. 시간이 지난 후에야 이들은 '그리스도인'이라 불리게 되었다(사도 11,26

참조). 이런 명칭 때문에 제약을 받지 않으려면 우리는 지속적으로 길을 가고 있다는 역동적 체험을 신뢰해야 한다. 예수께서 "나는 길이요"(요한 14,6)라고 말씀하실 때, 어리석게도 우리는 수많은 길 가운데 하나를 생각함으로써 그분의 주장을 제한해 버린다. 그러나 이것이 그분이 하시는 말씀의 의미가 될 수는 없다. 오히려 하느님에게로 '가는 길'을 떠난 사람은 누구라도 예수의 길을 가고 있는 것이다. 예수는 '하느님이 구원하는 자'라는 의미를 지닌 이름이다. 또한 인간의 마음이 가장 갈망하는 것을 따르는 사람은 누구나 '길을 떠나' 있는 것이다. 이 길에 어떤 명찰을 붙이느냐는 거의 중요하지 않다. 이정표를 잡고 있다고 '그 길을 가고 있음'을 의미하지는 않는다. 아무리 표지판이 올바르게 만들어져 있다 하더라도 말이다. 중요한 것은 걸어가는 것이다. 앞으로 나아가는 사람들은 모두 길을 떠나서 가고 있는 것이다. 이 말은 걸음걸음마다 앞으로 내딛고, 지나온 길을 뒤로 함으로써 자신의 길을 찾는 것을 의미한다.

일/놀이 Work/Play

인간의 활동은 두 가지 종류로 나뉜다. 바로 일과 놀이다. 우리는 어떤 유용한 목적을 달성하기 위해 일한다. 반면 놀이의 목적은 즐거움이 전부다. 놀이는 그 자체로 의미가 있다. 우리는 일할 때 워낙 목적에만 치중하는 통에 일을 마친 후에도 더 이상 놀이를 할 수 없는 지경이 되기도 한다. 기껏해야 운동이라는 이름의 또 다른 일에 몰두해 버리고 만다. 유용성이 우리의 즐거움을 몰아내고 있는 것이다. 이 얼마나 시간 낭비인가! 그러나 우리는 일이 단순한 고역으로 전락하지 않게 만들 수 있다. 놀이하듯 재미있게 일하는 법을 배울 수 있는 것이다. 이 말은 단지 유용한 결과만을 얻기 위해 일하는 것이 아니라, 일 안에서 발견할 수 있는 즐거움을 위해서도 일한다는 의미이다. 우리는 마음을 다하고 감사하는 마음으로 일을 할 때 이런 즐거움을 찾을 수 있다. 감사하는 마음으로 임하는 일은 재미있고 여유로운 일이 된다. 장기적으로 보면 오직 여유로운 일만이 효율적이다. 놀이하듯 재미있게 일할 때만이 충만하게 살아 있는 것이다.

경이로움/경탄 Wonderment

G.K. 체스터턴은 우리가 사는 세상에서 경이로워할 만한 일은 결코 부족하지 않을 것이라고 재치 있는 말놀이로 환기한다. 부족한 것은 경탄이다. 우리는 자연의 법칙을 넘어서는 곳에서 경이로움을 찾을 필요가 없다. 자연의 법칙 그 자체가 충분히 경이로우며 경탄할 가치가 있기 때문이다. 피트 하인 역시 이렇게 노래한다.

우리는 자연의 법칙에 대해 술술 잘도 말한다.
그러나 실체에 자연적 원인이라는 것이 존재할까?
노란 사프란이 되는 검은 흙,
그것은 순수한 말장난이라네.

당신이 자연적인 것에 경이로워할 수 없다면, 무엇이 당신을 경탄하게 할 수 있을까? 당신이 자기 자신으로 가득 차 있는 한, 당신은 경탄할 수 없으며 삶은 공허한 것처럼 보일 것이다. 당신은 경탄 속에서 자기 자신을 잊게 된다. '경이로움 속에서 모든 것을 깡그리 잊으면서' 당신의 소아(小我)는 비워진다. 그러면 당신은 모든 것이 얼마나 경이로운지, 얼마나 경이로움으로 가득한지 문득 깨닫게 된다.

말씀 Word

무언가가 의미 있다고 생각할 때 그것은 우리에게 '말을 한다'. 거기에는 메시지가 담겨 있다. 이런 의미에서 보면 어떤 것이건, 사람이건 상황이건 모두 말로 이해할 수 있다. 카를 라너는 말이 의미를 구현하는 표지라 생각한다. 여러 저술과 우정을 통해서 나에게 가르침을 준 라이문도 파니카는, 자기만의 방식으로 말씀, 침묵, 이해가 어떻게 관련되어 있는지를 탐구한다. 그런데 내가 이 책에서 '말씀'이라는 말을 사용하는 데에 가장 결정적으로 작용한 것은 따로 있다. 바로 "하느님께서 말씀하신다"는 기본적인 성경적 진리이다. 하느님께서 말씀하시는 것이라면, 우주 전체와 그 안에 있는 모든 것이 말씀이다. 이는 우리가 가슴으로 귀를 기울이는 순간 모든 것이 이해된다는 말을 성경적으로 표현하는 방법이다. 귀 기울일 용기가 있다면 우리는 이 말이 참임을 알게 될 것이다. 바로 이 용기를 가리켜 믿음이라고 부른다. 귀 기울여 듣는 것은 순명이라고 부른다. 이 용어는 라틴어 'ob-audiens'에서 파생된 것으로, 철저하게 청취한다는 의미다. 그 반대말은 'ab-surdus'로, 철저하게 귀가 멀었다는 뜻이다. 우리는 마주치는 모든 것 안에서 그것이 하는 말에 귀를 기울이는 법을 배움으로써 부조리에서 벗어날 수 있다.

엑스 X

'X'에 두 가지 모순적 기능이 있는 것은 그저 우연일까? 'X'는 지점을 표시하는 동시에, 그 지점에 있는 것이 무엇이건 선을 그어 그것을 지워 버린다. 두 번 선을 그어 그린 'X'는 어디에도 없는 곳 Nowhere이라는 단어 안에 포함되어 있는 역설을 표현한다. 이 단어 중간을 살짝 떼어 놓으면 '지금 여기'Now Here가 되기 때문이다. 그러므로 'X'는 어디에도 없는 곳 한가운데에서 그리고 지금 여기에서 우리가 자기 자신을 찾는 지점을 표시한다. 이렇게 되면 우리는 그 지점에 있게 된다. 또는 갈림길에 서게 된다고 말할 수 있겠다. 'X'는 변장을 하고 있는 십자가, 곧 하나의 다리가 아니라 두 개의 다리로 서 있는 십자가이다. 우리가 그 지점 위에 있을 때, 우리는 "영원과 시간의 교차점"에, "돌아가는 세상의 고요한 지점"(T.S. 엘리엇 「네 개의 사중주」)에, 지금 여기 그리고 어디에도 없는 곳에 서 있는 것이다. 이 책은 충만한 삶에 관한 책이다. 'X'는 충만과 비움이 하나가 되는 지점을 표시한다.

예 Yes

우리는 "예"라는 말을 얼마나 자주 하던가! 그럼에도 대부분의 경우 우리는 조건부로 "예"라고 한다. "예, 만약 … 라면요"라거나 "예, 하지만 …"이라고 말이다. 대부분의 경우 우리가 말하는 "예"에는 줄임표가 따라와 우리를 붙잡고 있다. 그러나 가끔 우리는 하늘에 떠 있는 연처럼 강풍에 휩쓸려서 무조건적으로 "예"라고 말하기도 한다. 그 순간 우리는 "왜?"라는 모든 질문에 대한 대답이 "예"라는 사실을 깨닫게 된다. 그리고 문득 모든 것이 이해가 된다. e.e. 커밍스가 "자연의 모든 것, 무한한 모든 것, '예'라고 하는 모든 것에 대해" 하느님께 감사드릴 때, 그의 마음속에는 이와 같은 무한한 긍정이 담겨 있다. 사도 바오로가 예수 그리스도를 "예"라고 칭할 때도(2코린 1,20 참조) 마찬가지였다. 인간의 가슴속에서 "예"라고 하는 것은 '만물의 중심에 있는 신실함'에 대한 우리의 완벽한 대답이다. 이렇게 "예"라고 말하는 가운데 우리는 지금의 모습을 하게 된다. 우리의 진정한 자기는 바로 "예"라는 응답이다.

당신 You

페르디난드 에브너와 마르틴 부버는 '나'와 '너'의 관계를 탐구한 오스트리아 출신의 철학자들이다. 그런데 이들이 몇 권의 저서를 통해 연구한 내용을 e.e. 커밍스는 연애시 한 행에 다 담아 노래하고 있다. "나는 당신을 통해 내가 됩니다"(당신을 통해 내가 그토록 행복하고 살아 있기만 하는 것이 아니라, "그렇게 내가 된다"는 뜻이다). 확신을 가지고 이 행을 노래하는 순간 나는 알게 된다, 내가 완전히 비어 있을 때 충만해진다는 사실을 ….

영 Zero

'0'이라는 숫자의 모양 자체가 비움을 표현한다. 하지만 완전한 원은 충만을 의미하기도 한다. 영은 아무것도 나타내지 않지만, 숫자 뒤에 영을 붙이면 열 배, 백 배, 천 배로 크기가 늘어난다. 감사는 아무것도 더하지 않음으로써 삶에 충만함을 준다. '0'이 되어 '0'을 이해하는 것, 이것이 바로 감사에 대한 모든 것이다. 이 사실을 이해하게 된 사람은 더 이상 큰 소리로 외치지 않게 된다. 이것이 바로 이 책을 **쓰게** 된 이유 가운데 하나다.